# Crimes CONTRA A ORDEM Tributária

www.saraivaeducacao.com.br
Visite nossa página

Cezar Roberto Bitencourt
Luciana de Oliveira Monteiro

# Crimes CONTRA A ORDEM Tributária

2ª edição
**2023**
Revista e atualizada

Av. Paulista, 901, Edifício CYK, 4º andar
Bela Vista – São Paulo – SP – CEP 01310-100

**SAC** sac.sets@saraivaeducacao.com.br

| | |
|---|---|
| **Diretoria executiva** | Flávia Alves Bravin |
| **Diretoria editorial** | Ana Paula Santos Matos |
| **Gerência de produção e projetos** | Fernando Penteado |
| **Gerência editorial** | Thais Cassoli Reato Cézar |
| **Novos projetos** | Aline Darcy Flôr de Souza |
| | Dalila Costa de Oliveira |
| **Edição** | Jeferson Costa da Silva (coord.) |
| | Deborah Caetano de Freitas Viadana |
| **Design e produção** | Daniele Debora de Souza (coord.) |
| | Camilla Felix Cianelli Chaves |
| | Deborah Mattos |
| | Lais Soriano |
| | Tiago Dela Rosa |
| **Planejamento e projetos** | Cintia Aparecida dos Santos |
| | Daniela Maria Chaves Carvalho |
| | Emily Larissa Ferreira da Silva |
| | Kelli Priscila Pinto |
| **Diagramação** | Cássia Souto |
| **Revisão** | Renata Sangeon |
| **Capa** | Lais Soriano |
| **Produção gráfica** | Marli Rampim |
| | Sergio Luiz Pereira Lopes |
| **Impressão e acabamento** | Gráfica Paym |

---

**DADOS INTERNACIONAIS DE CATALOGAÇÃO NA PUBLICAÇÃO (CIP) DE ACORDO COM ISBD**

B624c    Bitencourt, Cezar Roberto

Crimes Contra a Ordem Tributária / Cezar Roberto Bitencourt, Luciana de Oliveira Monteiro. - 2. ed. - São Paulo : SaraivaJur, 2023.

360 p.

ISBN: 978-65-5362-697-3 (impresso)

1. Direito. 2. Direito Tributário. 3. Crimes. 4. Ordem Tributária. I. Monteiro, Luciana de Oliveira. II. Título.

2022-4072
CDD 341.39
CDU 34:336.2

Elaborado por Vagner Rodolfo da Silva - CRB-8/9410

**Índices para catálogo sistemático:**

1. Direito Tributário      341.39
2. Direito Tributário      34:336.2

**Data de fechamento da edição: 6-3-2023**

Dúvidas? Acesse www.saraivaeducacao.com.br

Nenhuma parte desta publicação poderá ser reproduzida por qualquer meio ou forma sem a prévia autorização da Saraiva Educação. A violação dos direitos autorais é crime estabelecido na Lei n. 9.610/98 e punido pelo art. 184 do Código Penal.

| CÓD. OBRA | 10138 | CL | 608339 | CAE | 818277 |

A **Nilo Batista**, penalista invulgar e professor emérito, Mestre de todos nós!

# Nota à 2ª edição

Transcorridos mais de dez anos da edição anterior do nosso *Crimes contra a ordem tributária (2013)*, com significativas alterações legislativas e jurisprudenciais, justifica-se a necessidade de uma nova edição deste trabalho, especialmente pelo seu bom acolhimento pela comunidade especializada. Desnecessário dizer que a nova edição vem enriquecida com novos e aprofundados comentários relativamente à evolução doutrinário-jurisprudencial durante esse longo período. Esperamos atender à expectativa desse público altamente qualificado, estando abertos e receptivos a críticas e sugestões.

Verão de 2023.

Os autores

# Prefácio da 1ª edição

**CEZAR ROBERTO BITENCOURT** dispensa apresentações. Trata-se de um dos mais respeitados doutrinadores do País, com farta produção acadêmica, tornando-se, por isso mesmo, um dos penalistas mais influentes de nosso tempo.

Em 1980, foi aprovado em concurso público para o Ministério Público do Rio Grande do Sul, onde esteve até maio de 1996.

Lá nos conhecemos. Cezar, Promotor de Justiça em Panambi; eu, em Cruz Alta. Já naqueles idos eram perceptíveis os primeiros sinais de um talento que logo após afloraria em profusão.

As fronteiras não o contiveram!

As inquietações intelectuais o levaram à Espanha. Voltou Doutor pela Universidade de Sevilha.

Durante todo esse tempo jamais abandonou a docência e o culto pelas letras jurídicas.

Jurista renomado, confirma mais uma vez a ousadia dos desbravadores. *Crimes contra a ordem tributária* vem preencher espaços vazios. Definitivamente.

A presente obra espelha a consistência de uma formação jurídica primorosa. Com precisão técnica e conceitual, temas de conhecida complexidade são apresentados de maneira simples, mas profunda.

A obra foi dividida em duas partes. Na primeira, denominada aspectos gerais, o autor trata de questões dogmáticas que orientam a interpretação dos crimes contra a ordem tributária em espécie.

Temas como o conceito de infração tributária e o crime contra a ordem tributária, estrutura típica, elemento subjetivo, consumação e tentativa, extinção da punibilidade pelo pagamento, suspensão da pretensão punitiva do Estado pelo parcelamento e aplicabilidade do princípio da insignificância nos crimes contra a ordem tributária foram nela abordados.

Na segunda parte, além de analisar os tipos penais dos arts. 1º, 2º e 3º, da Lei n. 8.137/90, o autor debruçou-se, também, sobre o crime de descaminho previsto no art. 334 do Código Penal, num claro reconhecimento de que, apesar de elencado no rol dos crimes contra a administração pública no atual Código Penal, a natureza do crime de descaminho sempre foi de índole tributária, já que o núcleo deste tipo encontra-se no ato de iludir o pagamento de tributos devidos pela entrada ou saída de mercadorias.

Após a análise dos crimes tributários em espécie, a obra destaca, ainda, disposições gerais aplicáveis a esta espécie de delito, como a aplicação da pena de multa, o concurso de pessoas, agravantes específicas do crime tributário, natureza da ação penal, delação premiada e efeitos despenalizadores do pagamento do tributo.

Em suma, o tema foi dissecado em todos os seus aspectos com a profundidade e a clareza peculiares ao autor.

A dificuldade do tema encontra-se em sua interdisciplinaridade. A análise dos crimes tributários exige do intérprete conhecimento não apenas de Direito Penal, mas de Direito Processual, Direito Tributário e Finanças Públicas.

O autor soube transpor todas essas fronteiras. Partindo do Direito Penal, abordou aspectos tributários e processuais da norma com absoluta precisão.

A obra mostra que, apesar dos mais de 30 anos da promulgação da Lei n. 8.137/90, ainda é possível repensar sua aplicação e atualizar sua interpretação. Tarefa compatível com a raríssima conjugação das virtudes do grande advogado, do extraordinário jurista e do disputado professor.

Nessa "faena", o ilustre Professor Bitencourt contou com a preciosa colaboração da jovem e talentosa Profª Luciana de Oliveira Monteiro, Doutora pela Universidade Pablo de Olavide de Sevilha, sua discípula, e de Francisco Muñoz Conde, cuja história literária e acadêmica já começa a ganhar corpo, prenunciando um porvir risonho.

Escrever é sempre um risco. É expor a si e a própria alma. É antes de tudo um ato de coragem de assumir seus próprios pensamentos e defendê-los publicamente.

Por isso, dizia WILLIAM SHAKESPEARE, "*depois de um tempo você aprende que o sol queima se se expuser por muito tempo*".

CEZAR ROBERTO BITENCOURT jamais teve receio de sair ao sol!

Daí vem o seu brilho invulgar.

Brasília, dezembro de 2012.

*Eduardo Lucho Ferrão*
Advogado Criminalista

# Sumário

Nota à 2ª edição .................................................................. VII
Prefácio da 1ª edição ............................................................ IX
Introdução ........................................................................... XXI

**PRIMEIRA PARTE** – Aspectos gerais ................................ 1

## Capítulo 1

**Noções gerais aplicáveis aos crimes tributários** ..................... 3
1. Infração tributária e crime contra a ordem tributária ........... 5
2. Bem jurídico tutelado ........................................................... 10
3. Estrutura típica dos crimes contra a ordem tributária .......... 17
   3.1. Consequências sistemáticas na caracterização do erro de tipo e do erro de proibição .............................. 21
   3.2. Estrutura típica quanto ao resultado ............................. 26
4. Elemento subjetivo do tipo .................................................. 27
5. Antijuridicidade genérica e antijuridicidade específica ........ 28
   5.1. Antijuridicidade penal e antijuridicidade extrapenal: ilicitude única e independência de instâncias ....................... 30
6. Consumação e tentativa ....................................................... 37
   6.1. O problema da punibilidade do crime de resultado consumado ............................................................................ 41
      6.1.1. O debate em torno da exigência do lançamento tributário definitivo ................................................... 41
      6.1.2. Condição objetiva de punibilidade e sua relação com a procedibilidade da ação penal ..................... 45

      6.1.3. Nosso posicionamento específico ........................... 49

  6.2. A tentativa nos crimes de resultado contra a ordem tributária e o problema de sua punibilidade ........................ 55

  6.3. Consumação dos crimes de mera conduta contra a ordem tributária e o problema de sua punibilidade .................... 57

### Capítulo 2
**Medidas despenalizadoras: a regularização fiscal e seus efeitos** .. 61

1. Considerações preliminares ...................................................... 63
2. A extinção da punibilidade pelo pagamento .......................... 64
3. A suspensão da pretensão punitiva do Estado pelo parcelamento 68
4. Natureza jurídica da representação fiscal para fins penais ....... 72
5. Aplicabilidade do princípio da insignificância nos crimes contra a ordem tributária .................................................................. 74

**SEGUNDA PARTE – Crimes em espécie** ............................... 81

### Capítulo 3
**Supressão ou redução de tributo** ............................................... 83

1. Considerações preliminares ...................................................... 85
2. Bem jurídico tutelado ............................................................... 93
3. Sujeitos do crime ...................................................................... 94
4. Adequação típica ...................................................................... 99

  4.1. Omitir informação ou prestar declaração falsa às autoridades fazendárias (I) ............................................................ 100

      4.1.1. Tipo objetivo: adequação típica ............................ 100

      4.1.2. Tipo subjetivo: adequação típica ........................... 104

  4.2. Fraudar a fiscalização tributária, inserindo elementos inexatos, ou omitindo operação de qualquer natureza, em documento ou livro exigido pela lei fiscal (II) ................. 105

4.2.1. Tipo objetivo: adequação típica.............................. 105
4.2.2. Tipo subjetivo: adequação típica............................ 110
4.3. Falsificar ou alterar nota fiscal, fatura, duplicata, nota de venda, ou qualquer outro documento relativo à operação tributável (III) ................................................................ 111

    4.3.1. Tipo objetivo: adequação típica.............................. 111
    4.3.2. Tipo subjetivo: adequação típica ........................... 114

4.4. Elaborar, distribuir, fornecer, emitir ou utilizar documento que saiba ou deva saber falso ou inexato (IV).............. 115

    4.4.1. Tipo objetivo: adequação típica.............................. 116
    4.4.2. Tipo subjetivo: adequação típica............................ 118

4.5. Negar ou deixar de fornecer, quando obrigatório, nota fiscal ou documento equivalente, relativa a venda de mercadoria ou prestação de serviço, efetivamente realizada, ou fornecê-la em desacordo com a legislação (V).................... 119

    4.5.1. Tipo objetivo: adequação típica.............................. 120
    4.5.2. Tipo subjetivo: adequação típica............................ 123

4.6. Criminalização do desatendimento de exigência da autoridade fiscal (parágrafo único)............................................ 124

5. Considerações críticas sobre a Súmula Vinculante 24 do STF ... 129
6. Consumação e tentativa ................................................................ 131
7. Classificação doutrinária ............................................................. 138
8. Pena e ação penal ........................................................................... 139

## Capítulo 4
**Crimes de mera conduta – equiparação equivocada** ................. 141

1. Considerações preliminares ......................................................... 143
2. Bem jurídico tutelado..................................................................... 144
3. Tipos penais em espécie................................................................ 146

    3.1. Fazer afirmação falsa ou omitir declaração sobre rendas, bens ou fatos, ou empregar outra fraude, para eximir-se, total ou parcialmente, de pagamento de tributo (I) ......... 146

3.1.1. Bem jurídico tutelado ............................................. 147
3.1.2. Sujeitos do crime ................................................. 148
3.1.3. Tipo objetivo: adequação típica ............................ 149
3.1.4. Tipo subjetivo: adequação típica ........................... 154
3.1.5. Consumação e tentativa ....................................... 156
3.1.6. Delimitação entre o crime do art. 1º e o do art. 2º, I, da Lei n. 8.137/90 ................................................. 157
3.1.7. Classificação doutrinária ...................................... 158

3.2. Deixar de recolher, no prazo legal, valor de tributo ou de contribuição social, descontado ou cobrado, na qualidade de sujeito passivo de obrigação e que deveria recolher aos cofres públicos (II) .................................................... 158

3.2.1. Bem jurídico tutelado ............................................. 160
3.2.2. Sujeitos do crime .................................................... 161
    3.2.2.1. Da inconstitucional ampliação da norma penal incriminadora por equivocada interpretação jurisprudencial .......................... 164
3.2.3. Tipo objetivo: adequação típica............................ 167
3.2.4. Tipo subjetivo: adequação típica .......................... 178
3.2.5. Casos de atipicidade: impossibilidade de agir ........ 180
3.2.6. Consumação e tentativa......................................... 183
3.2.7. Classificação doutrinária......................................... 184

3.3. Exigir, pagar ou receber, para si ou para o contribuinte beneficiário, qualquer percentagem sobre a parcela dedutível ou deduzida de imposto ou de contribuição como incentivo fiscal (III) ......................................................... 184

3.3.1. Bem jurídico tutelado ............................................. 185
3.3.2. Sujeitos do crime .................................................... 185
3.3.3. Tipo objetivo: adequação típica............................ 187
3.3.4. Tipo subjetivo: adequação típica .......................... 188
3.3.5. Consumação e tentativa......................................... 189
3.3.6. Classificação doutrinária......................................... 190

3.4. Deixar de aplicar, ou aplicar em desacordo com o estatuído, incentivo fiscal ou parcelas de imposto liberadas por órgão ou entidade de desenvolvimento (IV) .................... 191

    3.4.1. Bem jurídico tutelado ............................................ 192
    3.4.2. Sujeitos do crime ................................................. 192
    3.4.3. Tipo objetivo: adequação típica ............................ 194
    3.4.4. Tipo subjetivo: adequação típica .......................... 195
    3.4.5. Consumação e tentativa ....................................... 195
    3.4.6. Classificação doutrinária ...................................... 196

3.5. Utilizar ou divulgar programa de processamento de dados que permita ao sujeito passivo da obrigação tributária possuir informação contábil diversa daquela que é, por lei, fornecida à Fazenda Pública (V) ........................................ 197

    3.5.1. Bem jurídico tutelado ............................................ 198
    3.5.2. Sujeitos do crime ................................................. 198
    3.5.3. Tipo objetivo: adequação típica ............................ 199
    3.5.4. Tipo subjetivo: adequação típica .......................... 201
    3.5.5. Consumação e tentativa ....................................... 202
    3.5.6. Classificação doutrinária ...................................... 202
    3.5.7. Pena e ação penal ................................................ 203

4. A punibilidade dos crimes de mera conduta ...................... 203

**Capítulo 5**
**Crimes funcionais contra a ordem tributária** ............... 207

1. Considerações preliminares .................................................. 209
2. Bem jurídico tutelado ............................................................ 210
3. Sujeitos do crime .................................................................... 211
4. Tipos penais em espécie ........................................................ 212

    4.1. Extraviar livro oficial, processo fiscal ou qualquer documento, de que tenha a guarda em razão da função; sonegá-lo, ou inutilizá-lo, total ou parcialmente, acarretando pagamento indevido ou inexato de tributo ou contribuição social (I) ........................................................... 212

4.1.1. Tipo objetivo: adequação típica ............................ 213
4.1.2. Tipo subjetivo: adequação típica ......................... 222
4.1.3. Consumação e tentativa ..................................... 223
4.1.4. Classificação doutrinária ..................................... 224
4.2. Exigir, solicitar ou receber, para si ou para outrem, direta ou indiretamente, ainda que fora da função ou antes de iniciar seu exercício, mas em razão dela, vantagem indevida; ou aceitar promessa de tal vantagem, para deixar de lançar ou cobrar tributo ou contribuição social, ou cobrá-los parcialmente (II) ................................................................. 225

    4.2.1. Tipo objetivo: adequação típica............................ 225
    4.2.2. Elemento normativo especial da ilicitude: vantagem indevida ......................................................... 229
    4.2.3. Destinatário do produto do crime: o ente público. 231
    4.2.4. Tipo subjetivo: adequação típica .......................... 232
    4.2.5. Consumação e tentativa......................................... 233
    4.2.6. Classificação doutrinária ...................................... 235
    4.2.7. Pena e ação penal.................................................. 236

4.3. Patrocinar, direta ou indiretamente, interesse privado perante a administração fazendária, valendo-se da qualidade de funcionário público (III) ................................................ 236

    4.3.1. Tipo objetivo: adequação típica............................ 237
    4.3.2. Tipo subjetivo: adequação típica .......................... 239
    4.3.3. Consumação e tentativa........................................ 240
    4.3.4. Classificação doutrinária ...................................... 240
    4.3.5. Pena e ação penal.................................................. 240

**Capítulo 6**
**Disposições gerais aplicáveis aos crimes contra a ordem tributária** 243

1. Da aplicação da pena de multa nos crimes contra a ordem tributária ................................................................................ 245

2. Do concurso de pessoas ............................................................ 247
   2.1. Responsabilidade penal da pessoa jurídica ...................... 250
   2.2. Peculiaridades do concurso de pessoas nos crimes praticados por pessoas físicas no âmbito da empresa ................ 263
3. Agravantes específicas dos crimes tributários ........................... 271
   3.1. Ocasionar grave dano à coletividade (I) ........................... 272
   3.2. Ser o crime cometido por servidor público no exercício de suas funções (II) ............................................................. 272
   3.3. Ser o crime praticado em relação à prestação de serviços ou ao comércio de bens essenciais à vida ou à saúde (III) ..... 273
4. Natureza da ação penal .............................................................. 273
5. Delação premiada ...................................................................... 274
6. Efeitos despenalizadores do pagamento do tributo ................... 286

## Capítulo 7

**Estudo complementar: descaminho** ............................................. **289**
1. Considerações preliminares ...................................................... 291
2. Bem jurídico tutelado ............................................................... 294
3. Sujeitos do crime ....................................................................... 295
4. Tipo objetivo: adequação típica ................................................ 296
5. Classificação doutrinária .......................................................... 297
6. Crimes equiparados ao descaminho ......................................... 298
   6.1. Prática de navegação de cabotagem fora dos casos permitidos em lei .................................................................... 299
   6.2. Prática de fato assimilado, em lei especial, a descaminho ........................................................................... 300
   6.3. Comercialização, detenção ou uso comercial ou industrial de mercadoria importada, clandestina ou fraudulentamente, ou que sabe ser produto de descaminho ............... 301

6.3.1. Elemento normativo: no exercício de atividade comercial ou industrial ............................................. 303

6.4. Receptação de produto de descaminho ........................... 304

6.4.1. Elementares normativas: "que sabe ser produto de introdução clandestina" (inciso III), "que sabe serem falsos" (inciso IV) ............................................ 305

7. Classificação doutrinária ......................................................... 306

8. Contrabando e descaminho: distinção fática e semelhança jurídica ................................................................................................. 306

8.1. Distinção entre descaminho e crime contra a ordem tributária ............................................................................... 308

9. A regularização fiscal e seus efeitos no crime de descaminho .. 310

10. Tipo subjetivo: adequação típica ............................................. 322

11. Consumação e tentativa ........................................................... 323

12. Figura majorada: descaminho em transporte aéreo, marítimo ou fluvial ................................................................................. 324

13. Descaminho: limite fiscal e princípio da insignificância ........ 325

14. Questões especiais ................................................................... 331

15. Pena e ação penal .................................................................... 331

**Referências bibliográficas** ............................................................. 333

# Introdução

O estudo dos crimes contra a ordem tributária não é um tema novo. Com a entrada em vigor da Lei n. 4.729/65, nosso ordenamento jurídico passou a dispor de uma normativa penal específica para o enquadramento típico daqueles comportamentos dirigidos à prática ilícita de evasão fiscal, definidos como *crimes de sonegação fiscal*. Nasceu assim, naquele momento histórico, o embrião do debate, que ainda hoje se mantém entre os doutrinadores nacionais, acerca de um novo ramo dentro do Direito Penal, qual seja, o do Direito Penal Tributário.

As condutas descritas no art. 1º do referido diploma legal[1], como constitutivas de crime de sonegação fiscal, evidenciavam

---

1. Art. 1º Constitui crime de sonegação fiscal:
I – prestar declaração falsa ou omitir, total ou parcialmente, informação que deva ser produzida a agentes das pessoas jurídicas de direito público interno, com a intenção de eximir-se, total ou parcialmente, do pagamento de tributos, taxas e quaisquer adicionais devidos por lei;
II – inserir elementos inexatos ou omitir, rendimentos ou operações de qualquer natureza em documentos ou livros exigidos pelas leis fiscais, com a intenção de exonerar-se do pagamento de tributos devidos à Fazenda Pública;
III – alterar faturas e quaisquer documentos relativos a operações mercantis com o propósito de fraudar a Fazenda Pública;
IV – fornecer ou emitir documentos graciosos ou alterar despesas, majorando-as, com o objetivo de obter dedução de tributos devidos à Fazenda Pública, sem prejuízo das sanções administrativas cabíveis;
V – exigir, pagar ou receber, para si ou para o contribuinte beneficiário da paga, qualquer percentagem sobre a parcela dedutível ou deduzida do imposto sobre a renda como incentivo fiscal.
Pena: Detenção, de seis meses a dois anos, e multa de duas a cinco vezes o valor do tributo.

um claro posicionamento do legislador sobre a natureza da infração *penal*, possibilitando a nítida distinção entre esta e os ilícitos fiscais. Com efeito, a técnica de tipificação utilizada, com referência expressa a *elementos subjetivos especiais do injusto* – "com a intenção de eximir-se, total ou parcialmente, do pagamento de tributos, taxas e quaisquer adicionais devidos por lei", "com a intenção de exonerar-se do pagamento de tributos devidos à Fazenda Pública", "com o objetivo de obter dedução de tributos devidos à Fazenda Pública", "para si ou para o contribuinte beneficiário da paga" – denotava claramente que os crimes de sonegação fiscal *não eram meros crimes de infração aos deveres instituídos pelas normas tributárias*, mas ilícitos penais cuja relevância típica estava associada à comprovação da fraude empregada ardilosamente pelo agente, com o intuito de ludibriar a Fazenda Pública. A idoneidade e potencialidade ofensiva do comportamento deveriam, nesses termos, ser tecnicamente demonstradas, levando em consideração o caráter fragmentário do Direito Penal, enquanto *ultima ratio* do sistema.

A harmonia sistemática foi, no entanto, rompida com a entrada em vigor da Lei n. 8.137/90, que hoje disciplina nos seus arts. 1º, 2º e 3º os crimes contra a ordem tributária. Esse novo diploma legal, ao regular inteiramente a matéria tratada pela Lei n. 4.769/65, resultou por ab-rogá-la, e os *crimes de sonegação fiscal* passaram a ser identificados como *crimes contra a ordem tributária*, que é nosso tema de estudo na presente obra.

Passados mais de 30 anos de sua entrada em vigor, é certo que a Lei n. 8.137/90 já não se afigura como *nova*, mas nem por isso diminui o interesse no estudo dos crimes contra a ordem tributária, porque muitas são ainda as controvérsias existentes na sua interpretação e aplicação prática. Mormente em razão da evolução do entendimento sobre os elementos que condicionam a tipicidade dos crimes previstos nos arts. 1º e 2º, além das constantes modificações legislativas produzidas em temas cruciais, como o das *medidas despenalizadoras* admitidas através do pagamento e do parcelamento de tributos devidos.

O trabalho aqui realizado, agora atualizado e ampliado nesta segunda edição, *tem a pretensão de apresentar-se* como uma *nova contribuição na discussão dos crimes contra a ordem tributária*, onde priorizamos o aprofundamento no debate das *questões controvertidas*, as quais consideramos fundamentais no entendimento da matéria, posicionando-nos criticamente frente a elas, abordando a postura do STF que resultou na edição da Súmula Vinculante 24, assim como a evolução da jurisprudência do STJ e STF sobre a caracterização, na prática, dos crimes previstos nos arts. 1º e 2º, cuja repercussão vem produzindo um perigoso aumento no âmbito da criminalização e da punibilidade dos crimes contra o sistema tributário nacional. Não descuidamos, contudo, de analisar os aspectos essenciais para a interpretação dos tipos penais em espécies e das normas gerais previstas nos arts. 8º a 16 da Lei n. 8.137/90. A obra encontra-se, por isso, dividida em duas partes: na Primeira Parte, denominada como Parte Geral, tratamos das questões jurídico-dogmáticas necessárias para a interpretação dos crimes contra a ordem tributária e delimitação de seu âmbito de punibilidade; enquanto, na Segunda Parte, intitulada Crimes em Espécie, dedicamo-nos ao estudo específico das figuras penais previstas nos arts. 1º, 2º e 3º, analisamos as disposições gerais aplicáveis aos crimes contra a ordem tributária, e concluímos com o estudo complementar acerca do descaminho, tipificado no art. 334 do Código Penal.

# PRIMEIRA PARTE

## aspectos gerais

# Noções gerais aplicáveis aos crimes tributários

Capítulo 1

**Sumário:** 1. Infração tributária e crime contra a ordem tributária. 2. Bem jurídico tutelado. 3. Estrutura típica dos crimes contra a ordem tributária. 3.1. Consequências sistemáticas na caracterização do erro de tipo e do erro de proibição. 3.2. Estrutura típica quanto ao resultado. 4. Elemento subjetivo do tipo. 5. Antijuridicidade genérica e antijuridicidade específica. 5.1. Antijuridicidade penal e antijuridicidade extrapenal: ilicitude única e independência de instâncias. 6. Consumação e tentativa. 6.1. O problema da punibilidade do crime de resultado consumado. 6.1.1. O debate em torno da exigência do lançamento tributário definitivo. 6.1.2. Condição objetiva de punibilidade e sua relação com a procedibilidade da ação penal. 6.1.3. Nosso posicionamento específico. 6.2. A tentativa nos crimes de resultado contra a ordem tributária e o problema de sua punibilidade. 6.3. Consumação dos crimes de mera conduta contra a ordem tributária e o problema de sua punibilidade.

# 1. Infração tributária e crime contra a ordem tributária

Uma das principais características do moderno Direito Penal é o seu caráter fragmentário, no sentido de que representa a *ultima ratio* do sistema, limitando-se a *punir* as ações mais graves praticadas contra os bens jurídicos mais importantes, decorrendo daí o seu conhecido *caráter fragmentário*[1].

Além disso, o Direito Penal caracteriza-se pela *forma* e *finalidade* com que exercita dita proteção. Quanto à *forma*, o Direito Penal caracteriza-se pela imposição de sanções específicas – penas e medidas de segurança – como resposta aos conflitos que é chamado a resolver. A aplicação dessas sanções decorre da atribuição de responsabilidade através de *critérios de imputação*, objetivo e subjetivo específicos, próprios do Direito Penal. Quanto à *finalidade*, existe hoje um amplo reconhecimento por parte da doutrina de que através do Direito Penal, isto é, da ameaça de imposição de pena e de sua efetiva aplicação, o Estado tem o objetivo de produzir efeitos tanto sobre aquele que delinque como sobre a sociedade que representa[2]. Pode-se afirmar, nesse sentido, que o Direito Penal se caracteriza por sua *finalidade preventiva:* antes de punir o infrator da ordem jurídico-penal, procura *motivá-lo* para que dela não se afaste, estabelecendo normas proibitivas e cominando as sanções respectivas, visando evitar a prática do crime. Também o Direito Penal, a exemplo dos demais ramos do Direito, traz em seu bojo a avaliação e medição da *escala de valores* da vida em comum do indivíduo, estabelecendo ordens e proibições

---

1. Cezar Roberto Bitencourt. *Tratado de Direito Penal:* parte geral. São Paulo: Saraiva, 2022. v. 1, p. 45.

2. Sobre a função do Direito Penal e a finalidade da pena confira a obra de Claus Roxin. *Problemas fundamentais de Direito Penal.* 3. ed. Lisboa: Codex, 1998. p. 15 e s.

a serem cumpridas. Falhando a *função motivadora* da norma penal[3], transforma-se a sanção abstratamente cominada, através do *devido processo legal,* em sanção efetiva, tornando aquela *prevenção genérica,* destinada a todos, numa realidade concreta, atuando sobre o indivíduo infrator, concretizando a finalidade de *prevenção especial,* o que constitui a manifestação mais autêntica do seu caráter coercitivo.

De todos esses aspectos, não há a menor dúvida de que a drasticidade da resposta penal, e seus efeitos sobre o indivíduo por ela alcançado, representam a marca característica do Direito Penal. Por isso, esse ramo do ordenamento jurídico é regido por *princípios* que limitam o exercício do poder punitivo estatal, atendendo a critérios valorativos específicos e a normas jurídicas próprias, tipicamente penais, para levar a cabo o processo de atribuição de responsabilidade penal.

Todas essas questões, que outorgam autonomia sistemática e teórica ao Direito Penal, enquanto ramo do Direito, autorizam deduzir que o *crime tributário* (infração penal) *pode* e *deve* ser diferenciado do *ilícito tributário* (infração tributária). Essa diferenciação deve estar orientada, principalmente, em dois sentidos: (i) em primeiro lugar, o delito tributário deve representar, materialmente, uma ofensa a um determinado bem jurídico, e não uma mera infração das normas impostas pelo Direito Tributário. Se partimos da premissa fundamental de que o Direito Penal tem como função a proteção subsidiária de bens jurídicos importantes, não podemos admitir a criminalização de condutas constitutivas de *mera infração de dever*. De modo que sempre e quando o comportamento tipificado não represente uma ofensa à preservação do bem jurídico *ordem tributária,* não há que se falar na deflagração

---
3. Francisco Muñoz Conde. *Derecho Penal y control social.* Sevilla: Fundación Universitaria de Jerez, 1985. p. 31 e s.

do poder punitivo de Estado; (ii) em segundo lugar, apesar de a antijuridicidade ser uma categoria sistemática transversal, comum a todos os ramos do Direito, dotando o ordenamento jurídico de coerência lógica e impondo a interpretação teleológica e sistemática das normas, a persecução de delitos, entre eles o delito tributário, atende a princípios e regras de imputação específicos, propriamente penais; consequentemente, a constatação da responsabilidade penal objetiva e subjetiva e a declaração de culpabilidade constituem pressupostos necessários e irrenunciáveis para a aplicação de pena.

Nesses termos, relativizando a transcendência das intermináveis discussões acerca do enquadramento sistemático dos delitos tributários (fiscais), magistralmente analisadas por Hector Villegas[4], consideramos que, verdadeiramente, o que outorga autonomia aos crimes contra a ordem tributária é o fato de que eles *não representam meras infrações à norma tributária*, mas comportamentos que afetam a um bem jurídico digno de proteção penal. Esse postulado básico, do qual partimos em razão da concepção do Direito Penal moderno, como Direito Penal mínimo e garantista (limitado, entre outros, pelos princípios da intervenção mínima, da ofensividade, da fragmentariedade e da culpabilidade), no marco de um Estado Democrático de Direito, permite não apenas explicar a diferença que existe entre *crime tributário* e *infração tributária*, mas, principalmente, nortear a interpretação e aplicação das normas penais que preveem e punem crimes contra a ordem tributária, com a consequente atribuição de responsabilidade penal.

A partir dessa base estamos em condições de entender o alcance do princípio da dupla tipicidade, sem confundir, contudo, *infração tributária* com *crime contra a ordem tributária*.

---

4. Hector Villegas. *Direito Penal Tributário*. São Paulo: Resenha Tributária, 1974. p. 29 e s.

No âmbito do Direito Tributário também se aplica a noção de *tipo* e *tipicidade*, que nos são tão familiares na seara do Direito Penal. Com efeito, para a determinação da existência da *obrigação tributária principal*, e identificação do *tributo devido* por determinada pessoa física ou jurídica, é necessário realizar um *juízo de adequação* (juízo de tipicidade) entre um determinado fato e a hipótese de incidência descrita no *tipo tributário*. Nas palavras de Paulo de Barros Carvalho[5], "o tipo tributário é definido pela integração lógico-sistemática de dois fatores: hipótese de incidência e base de cálculo".

Ademais, também se aplica ao Direito Tributário o *princípio da legalidade*, de modo que os *deveres* decorrentes do nascimento da relação tributária são impostos pela lei, de acordo com o disposto nos arts. 5º, II, e 150, I, da Constituição Federal de 1988. Nesses termos, o *tipo tributário* (que não se confunde com o tipo penal), que prevê a hipótese de incidência, é produto de norma legal à qual devemos sempre recorrer para a realização do *juízo de tipicidade*, determinando, então, por meio de um *juízo lógico de subsunção*, se um *determinado tributo é, ou não, devido*.

*Uma vez que conhecemos os elementos do tipo tributário, podemos identificar se um determinado fato da vida fez nascer uma relação jurídica tributária, com o consequente dever de pagar tributo. Além disso, estaremos em condições de valorar se esse dever foi cumprido ou se houve, por parte do sujeito passivo da relação tributária, a prática de alguma infração.*

Como afirmamos inicialmente, os *crimes tributários* não se confundem com as *infrações tributárias*; contudo, sempre e quando o delito fiscal tenha como pressuposto lógico, ou fático, o *de-*

---

5. Paulo de Barros Carvalho. *Curso de Direito Tributário.* 13. ed. São Paulo: Saraiva, 2000. p. 158.

*ver de pagar tributo*, será necessário constatar se houve, ou não, a prática de uma *infração tributária*. Nisso reside a necessidade de constatar a *dupla tipicidade*, qual seja, tanto tributária quanto penal. A nossa doutrina é contundente a respeito: "A concretização da situação-tipo descrita no fato gerador é necessária, no âmbito do Direito Penal Tributário, antes mesmo que se cogite da tipicidade penal, sabido que de regra inexiste figura penal tributária sem prévia obrigação desta natureza, inserindo-se necessariamente o não pagamento (ou o pagamento tão só parcial) do tributo no tipo penal, à guisa de elemento normativo do tipo"[6].

Essa circunstância não significa, contudo, que os crimes tributários representem uma *mera infração das normas tributárias*, e tampouco que a imposição de pena esteja orientada pelos critérios de atribuição de responsabilidade do Direito Tributário. Já vimos que o Direito Penal possui autonomia, regendo-se por regras e critérios de imputação próprios, para a proteção subsidiária de bens jurídicos importantes, frente às ofensas mais significativas à sua preservação. Por isso, também encontraremos tipos penais que punem comportamentos praticados por agentes que não integram a relação tributária, mas cujo comportamento apresenta-se perigoso ou lesivo ao *bem jurídico ordem tributária*, como é o caso, por exemplo, dos crimes tipificados no art. 2º, III e V, e no art. 3º da Lei n. 8.137/90, que serão analisados mais adiante.

A diferenciação mostra-se fundamental em razão da necessidade de impedir que a tipificação de crimes contra a ordem tributária se transforme, na prática, em um perigoso instrumento de coação política para a cobrança de débitos fiscais, por força da vedação constitucional da prisão civil por dívida, consoante disposto no art. 5º, LXVII, da nossa Carta Magna. A temática já

---

6. Juary C. Silva. *Elementos de Direito Penal Tributário*. São Paulo: Saraiva, 1998. p. 89.

foi submetida, inúmeras vezes, à apreciação do STF que, ao longo do tempo, vem reiterando o entendimento no sentido de que os crimes previstos na Lei n. 8.137/90 não violam a referida garantia individual, consagrada na Constituição Federal de 1988, como se verifica no julgamento, entre outros, do HC 81611; RE 630495 AgR; ARE 820993 AgR e, notadamente, do ARE.999425 RG.

Para o adequado entendimento dessas e outras questões que serão abordadas nesta obra, passamos à análise do bem jurídico tutelado pelas normas que preveem *crimes contra a ordem tributária* e sua repercussão sistemática.

## 2. Bem jurídico tutelado

O Direito Penal pode ser concebido sob diferentes perspectivas, dependendo do sistema político por meio do qual um Estado soberano organiza as relações entre os indivíduos pertencentes a uma determinada sociedade, e da forma como exerce o seu poder sobre eles. Nesse sentido, o Direito Penal pode ser estruturado a partir de uma concepção autoritária ou totalitária de Estado, como instrumento de persecução aos inimigos do sistema jurídico imposto, ou a partir de uma concepção democrática de Estado, como *instrumento de controle social* limitado e legitimado através do consenso alcançado entre os cidadãos de uma determinada sociedade.

Tomando como referente o sistema político instituído através da Constituição Federal de 1988, podemos afirmar, sem sombra de dúvidas, que o Direito Penal no Brasil deve ser concebido e estruturado a partir de uma concepção democrática do Estado de Direito, respeitando os princípios e garantias reconhecidos na nossa Carta Magna. Significa, em poucas palavras, submeter o exercício do *ius puniendi* ao império da lei ditada de acordo com as regras do consenso democrático, e colocar o Direito Penal a serviço dos interesses da sociedade, em particular da proteção de bens jurídicos fundamentais, para o alcance de uma justiça equitativa.

Esse ponto de partida indica nosso repúdio àquelas concepções sociais comunitaristas, *predominantemente imperialistas e autoritárias*, reguladoras de *vontades* e *atitudes internas*, como ocorreu, por exemplo, com o *nacional-socialismo* alemão. Esse tipo de proposta se apoia na compreensão do delito como *infração de dever*[7], desobediência ou *rebeldia da vontade individual* contra a *vontade coletiva* personificada na vontade do Estado. Entendimento que consideramos inadmissível inclusive quando a ideia de *infração de dever* apresenta-se renovada pelo arsenal teórico da *vertente mais radical do pensamento funcionalista*. Isso revela o nosso posicionamento acerca da função do Direito Penal num Estado democrático de Direito, qual seja, a *proteção subsidiária de bens jurídicos fundamentais*. Felizmente este entendimento vem sendo predominante na doutrina brasileira[8].

Com esse ponto de partida, os *crimes contra a ordem tributária*, tipificados na Lei n. 8.137/90, devem ser necessariamente interpretados e aplicados também com vistas à proteção subsidiária de um bem jurídico determinado, neste caso, a *ordem tributária* enquanto atividade administrada pelo Estado, personificado na Fazenda Pública dos distintos entes estatais (União, Estados, Distrito Federal e

---

7. Sobre o conceito de *delitos de infração de dever*, veja, por todos, Claus Roxin. *Autoría y dominio del hecho en Derecho Penal*. 7. ed. Trad. Joaquín Cuello Contreras e José Luis Serrano González de Murillo. Madrid/Barcelona: Marcial Pons, 2000. p. 385 e s., 742 e s.

8. Francisco de Assis Toledo. *Princípios básicos de Direito Penal*, 5. ed. São Paulo: Saraiva, 1995. p. 3 e 6; Frederico Marques. *Tratado de Direito Penal*. Campinas: Millenium, 1999. v. 3, p. 143; Basileu Garcia. *Instituições de Direito Penal*, 4. ed. São Paulo: Max Limonad, 1976. v. 1, t. 2, p. 406; Damásio E. de Jesus. *Direito Penal: parte geral*. 19. ed. São Paulo: Saraiva, 1995. v. 1, p. 456-457. Paulo César Busato. *Direito Penal: parte geral*. São Paulo: Atlas, 2013. p. 10-15. Para o aprofundamento na matéria e outros temas essenciais, confira-se a obra de Juarez Tavares, *Fundamentos da teoria do delito*. Florianópolis: Tirant Lo Blanch, 2018.

Municípios), dirigida à arrecadação de ingressos e à gestão de gastos em benefício da sociedade. Atividade que, por sua importância para o desenvolvimento das finalidades do Estado, é instituída e sistematizada nos arts. 145 a 169 da Constituição Federal de 1988, assumindo o caráter de *bem jurídico supraindividual*.

Esse ponto de partida não é, contudo, determinante para a compreensão unívoca dos crimes contra a ordem tributária. Isso porque, dependendo da concepção de bem jurídico que se assuma, é possível identificar um distinto *objeto jurídico*[9] sobre o qual incide a proteção penal, com a consequente repercussão no alcance dos tipos penais. De acordo com Martínez Buján-Pérez[10], existem duas vertentes básicas que divergem sobre o objeto jurídico de proteção penal no âmbito dos delitos fiscais: de um lado, encontram-se as posturas *patrimonialistas* e, de outro lado, as *funcionais*.

As *posturas patrimonialistas* defendem, de um modo geral, o entendimento de que o objeto jurídico nos *crimes tributários* é o patrimônio da Fazenda Pública, também referido pela doutrina como erário público e arrecadação tributária. Como destaca Martínez Buján-Pérez[11], essa é a postura majoritária tanto na doutrina e jurisprudência alemãs, em relação ao delito de *fraude fiscal* pre-

---

9. Quando utilizamos a terminologia "objeto jurídico" não a empregamos como sinônimo de bem jurídico, mas no sentido de objeto de referência sobre o qual incide o comportamento incriminado. A distinção não é à toa porque nos delitos de resultado, ao contrário do que sucede nos delitos de mera conduta, é sempre necessário identificar o objeto sobre o qual se produz o resultado requerido pelo tipo. Especialmente quando o delito de resultado afeta bem jurídico supraindividual ou coletivo, como é o caso da ordem tributária (Confira ao respeito Johanna Schulenburg. Relaciones dogmáticas entre bien jurídico, estructura del delito e imputação objetiva. Trad. Margarita Valle Mariscal de Gante. In: Roland Hefendehl (Ed.). *La teoría del bien jurídico* ¿Fundamento de legitimación del Derecho Penal o juego de abalorios dogmático? Madrid/Barcelona: Marcial Pons, 2007. p. 349-362).

10. Carlos Martínez Buján-Pérez. El delito de defraudación tributaria. *Revista Penal*, n. 1, p. 56, 1998.

11. Carlos Martínez Buján-Pérez, El delito de defraudación tributaria, op. cit., p. 56, com ampla referência bibliográfica.

visto no § 370 da *Abgabenordnung*, como na doutrina e jurisprudência espanholas[12]. Cabe esclarecer, desde logo, que a referência ao *patrimônio da Fazenda Pública*, como objeto jurídico protegido, não deve ser entendida aqui como sinônimo do *bem jurídico patrimônio público*, já constituído, mas à noção de *patrimônio dinâmico*, enquanto objeto de referência sobre o qual incidem os comportamentos incriminados para a produção do resultado descrito no tipo, que afligem a atividade tributária desenvolvida pelo Estado[13].

As *posturas funcionais*, sem embargo, rejeitam a concepção patrimonialista, e sustentam que o objeto jurídico protegido nos delitos fiscais está diretamente vinculado às funções que deve cumprir o tributo no âmbito de uma determinada sociedade. Esse entendimento pode ser, contudo, questionado pela sua inegável abstração e generalidade, uma vez que as funções desempenhadas pelos tributos, como o custeio e financiamento das atividades institucionais do Estado e das prestações sociais, somente podem ser atingidas de forma mediata pelas ações criminosas individualmente cometidas. Tornando, inclusive, difícil de legitimar a incidência do Direito Penal nesse âmbito, quando levamos em consideração o princípio da ofensividade. Com efeito, resulta extremamente difícil demonstrar, para efeito de atribuição de responsabilidade penal e aplicação de pena, o nexo entre condutas individuais de sonegação fiscal e a afetação de obras e serviços públicos, entre outros, custeados com o pagamento de tributos.

---

12. Sobre a postura majoritária da doutrina espanhola veja também Miguel Bajo e Silvina Bacigalupo. *Derecho Penal económico*. 2. ed. Madrid: Editorial Universitaria Ramón Areces, 2010. p. 271, 272.

13. Na medida em que a atividade tributária desenvolvida pelo Estado se caracteriza como uma atividade complexa, a proteção que o Direito Penal projeta sobre esse bem jurídico deve ser capaz de compreendê-la, abarcando as etapas relevantes do processo de arrecadação que consolidam o patrimônio dinâmico administrado pela Fazenda Pública.

Em verdade, o que os crimes tributários atingem diretamente é a *administração do erário público*, prejudicando a arrecadação de tributos e a gestão dos gastos públicos; essa realidade tangível pode ser demonstrada no curso da instrução criminal para efeito de atribuição de responsabilidade penal e aplicação de pena, e que, inegavelmente, atinge o bem jurídico *ordem tributária*. Por isso, as *posturas patrimonialistas* apresentam-se, de um modo geral, como as mais coerentes e acordes com os *princípios norteadores do Direito Penal mínimo* e garantista no marco de um Estado Democrático de Direito.

Diante desse entendimento, é possível afirmar que *a ordem tributária é o bem jurídico protegido* diante das condutas incriminadas pela Lei n. 8.137/90, e que o objeto jurídico dessa proteção consiste, materialmente, no patrimônio administrado pela Fazenda Pública na sua faceta de ingressos e gastos públicos. Essa compreensão não implica, contudo, negar a importância das funções desempenhadas pelos tributos nas sociedades modernas; apenas evidencia que, apesar de sua inegável transcendência para a coletividade, *as funções dos tributos não podem ser identificadas como o objeto de proteção imediata pelas normas instituidoras dos crimes tributários*, inclusive porque ditas *funções* não possuem relevância direta sobre o tipo objetivo e o tipo subjetivo dos delitos fiscais, tais como se apresentam tipificados nas distintas legislações[14].

O que nos parece ser inquestionável é que as funções desempenhadas pelos tributos representam o *fundamento da incriminação* daquelas condutas que prejudicam significativamente o patrimônio administrado pela Fazenda Pública. Nesses termos, quando afirmamos que o objeto protegido consiste materialmente no patrimônio administrado pelo Estado através da Fazenda Pública,

---

14. Para o estudo comparado da legislação penal de diversos países em matéria de delitos fiscais, veja, entre outros, Miguel Ángel Iglesias Río. *La regularización fiscal en el delito de defraudación tributaria*. Valencia: Tirant Lo Blanch, 2003.

nele estão incluídos tanto as partidas de crédito, enquanto expectativas legítimas de ingresso amparadas na lei, como as partidas de débito (gasto), que implicam uma diminuição imediata do patrimônio público. E isso porque o sentido da proteção da ordem tributária, enquanto bem jurídico, justifica-se, precisamente, pelas funções que os tributos desempenham, para cujo efeito é necessário assegurar tanto o cumprimento das expectativas de ingresso quanto a boa gestão dos gastos.

Semelhante linha de entendimento também pode ser encontrada entre representantes da doutrina nacional, que, acertadamente, fazem referência ao patrimônio público como objeto imediato de proteção penal, e às funções desempenhadas pelos tributos, como objeto mediato de proteção:

> Muito embora o interesse jurídico imediato e diretamente protegido pela norma penal tributária seja o patrimônio público, em sua expressão específica referida à receita tributária, a tutela desse interesse produz efeitos que refletem sobre outras relações jurídicas.
>
> Dessa forma, devido à complexidade das relações nas quais se encontra inserido o patrimônio público, a proteção penal dispensada a este bem jurídico abrange, de forma indireta ou mediata, uma gama de interesses representativos de valores ético-sociais regulamentados pelo ordenamento jurídico, que podem vir a ser envolvidos de forma reflexa no âmbito de regulação penal.
>
> Por esse motivo, quando o Direito Penal protege o patrimônio público expresso pela receita pública, confere tutelas indiretas a diversos interesses, entre os quais se pode relacionar, de forma exemplificativa, os seguintes:
>
> *a*) a solidariedade tributária, que é expressão da igualdade dos sujeitos, proporcionalmente implementada pela regra da capacidade contributiva;
>
> *b*) a igualdade de condições no exercício da competição mercantil;
>
> *c*) a estrutura institucional do Estado, viabilizadora da prestação das tutelas sociais que lhe são constitucionalmente conferidas;
>
> *d*) a função administrativa estatal de arrecadação tributária, assim como a eficácia dos instrumentos utilizados para tal finalidade;

*e)* a qualidade de vida dos indivíduos beneficiários das prestações estatais de cunho social;

*f)* a base cultural dos integrantes da sociedade, referente à consciência acerca da importância do respeito ao patrimônio público, considerado como instrumento de implementação efetiva do Estado Social e Democrático de Direito[15].

A importância e transcendência prática desses interesses mediatos, que dependem da efetividade da arrecadação dos tributos e da boa gestão dos gastos públicos, parecem estar diretamente vinculados à adoção de uma *política criminal de despenalização* para aqueles que regularizam sua situação fiscal. Política criminal que, no caso da legislação brasileira, é exercida através de institutos jurídico-penais específicos no âmbito do Direito Penal Tributário, como é o caso da *suspensão da pretensão punitiva do Estado*, mediante o parcelamento do débito, ou da *extinção da pretensão punitiva do Estado*, mediante o pagamento do débito; ambos os casos, que serão analisados mais adiante, devem ocorrer antes do recebimento da denúncia.

Nada obstante, em sentido diametralmente oposto, na contramão da visão do Direito Penal em um Estado democrático de Direito, que visa a *proteção subsidiária* de *bens jurídicos fundamentais*, encontra-se a postura sustentada por Ministros do STJ e do STF, favoráveis à utilização do Direito Penal como meio para a redução da inadimplência tributária, a partir da alegada necessidade de tutela das funções desempenhadas pelos tributos, como o custeio e financiamento das atividades institucionais do Estado e das prestações sociais, a exemplo do que ocorreu no julgamento, pelo Tribunal Pleno, do STF, do HC 163.334/SC, que, por maioria de votos, fixou a seguinte tese: "O contribuinte que, de forma contumaz e com dolo de apropriação, deixa de recolher o ICMS

---

15. Andreas Eisele. A reparação do dano no Direito Penal Tributário. In: Heloisa Estellita Salomão (Coord.) *Direito penal empresarial*. São Paulo: Dialética, 2001. v. 1, p. 11-12.

cobrado do adquirente da mercadoria ou serviço incide no tipo penal do art. 2º, II, da Lei n. 8.137/1990".

O argumento sustentado e suas derivações vem produzindo um grande retrocesso em todo o país na apreciação e julgamento de casos penais concretos, em que se apura a prática de *crimes contra a ordem tributária*, com indevida ampliação da punibilidade, como veremos no estudo das figuras penais em espécie, além de evidenciar a contradição existente na perspectiva adotada pelos Tribunais Superiores quanto aos limites da intervenção penal neste âmbito.

## 3. Estrutura típica dos crimes contra a ordem tributária

No marco do Direito Penal tributário o legislador recorre, invariavelmente, à utilização de expressões de natureza normativa, que requerem interpretação para a delimitação do âmbito da punibilidade, bem como a avaliação de se o comportamento praticado reveste-se dos atributos da *tipicidade*.

Como destacamos no v. 1 de nosso *Tratado de Direito Penal, elementos normativos do tipo são aqueles para cuja compreensão é insuficiente o desenvolvimento de uma atividade meramente cognitiva, sendo necessária a realização de uma atividade valorativa*. Mayer foi o primeiro a admitir a existência de elementos normativos no tipo penal[16], cuja teoria foi posteriormente desenvolvida por Mezger, apesar da posição negativa inicial de Beling.

Os elementos ou conceitos normativos são circunstâncias que não se limitam a descrever o natural, perceptível pelos sentidos, mas implicam um *juízo de valor* e, em alguns casos, até mesmo um *juízo de contradição com certas normas do ordenamento jurídico*. A tí-

---

16. Cezar Roberto Bitencourt, *Tratado de Direito Penal*, op. cit., v. 1, p. 372; Bustos Ramirez. *Manual de Derecho Penal*. 3. ed. Barcelona: Ariel, 1989. p. 16.

tulo meramente exemplificativo encontramos os seguintes conceitos normativos nos tipos penais da Parte Especial do Código Penal: "indevidamente" (arts. 151, § 1º, II; 162; 296, II, 316; 317; 319 etc.); "sem justa causa" (arts. 153; 154; 244; 246; 248); "sem permissão legal" (art. 292); "sem licença da autoridade competente" (arts. 166 e 253); "fraudulentamente" (art. 177, *caput*); "sem autorização" (arts. 216-B, *caput*; 282, 313-B e 324).

No âmbito dos crimes contra a ordem tributária os elementos normativos estão intrinsecamente vinculados a *conceitos normativos* relacionados com as normas do Direito Tributário, de modo que sempre será necessário buscar, naquele ramo do Direito, as informações para o entendimento do alcance do tipo penal, mas sem perder de vista que *o núcleo essencial da conduta incriminada é estabelecido pelo legislador penal*. Apenas como exemplo, destacamos a utilização dos seguintes conceitos e expressões: "tributo", "contribuição social", "acessório", "nota fiscal", "fatura", "duplicata", "nota de venda", "autoridade fazendária", "livro exigido pela lei fiscal", "incentivo fiscal", "em desacordo com o estatuído", "informação contábil", "pagamento indevido", "vantagem indevida" etc., presentes nos arts. 1º, 2º e 3º da Lei n. 8.137/90.

Nesses termos, é necessário determinar o significado jurídico dos elementos normativos do tipo e realizar, em cada caso concreto, um *juízo de subsunção* também de tipo normativo, para finalmente decidir se a conduta praticada pelo agente representa o *desvalor da ação* plasmado na norma incriminadora. Ademais, na medida em que é necessário recorrer à legislação tributária para identificar o significado jurídico daqueles elementos e determinar, em suma, os limites da tipicidade, pode-se afirmar que *os crimes contra a ordem tributária constituem autênticas normas penais em branco*[17].

---

17. Juary C. Silva, *Elementos de Direito Penal tributário*, op. cit., p. 62-67; Guillermo J. Yacobucci. La conducta típica en la evasión tributaria. (Un problema de in-

Como vimos no Capítulo VIII do v. 1 do nosso *Tratado de Direito Penal*[18], a *fonte legislativa* (Poder Legislativo, Poder Executivo etc.) que complementa a *norma penal em branco* deve, necessariamente, respeitar os limites que esta impõe, para não violar a *proibição de delegação de competência* na lei penal material, definidora do tipo penal, em razão do *princípio constitucional de legalidade* (art. 5º, II e XXXIX, da CF/88), do mandamento de reserva legal (art. 22, I) e do *princípio da tipicidade estrita* (art. 1º do CP). Em outros termos, é indispensável que essa integração ocorra nos parâmetros estabelecidos pelo *preceito da norma penal em branco*[19]. O núcleo essencial da conduta punível deve estar descrito no preceito primário da norma penal incriminadora, sob pena de violar o *princípio da reserva legal* de crimes e respectivas sanções (art. 1º do CP). Com efeito, as *normas penais* devem ser interpretadas de acordo com o bem jurídico protegido e o alcance de dita proteção, isto é, sempre levando em consideração a sua finalidade (teleologia), que deve ser estabelecida pelo legislador penal. A *validez* da norma complementar (integradora) decorre da *autorização* concedida pela norma penal em branco, como se fora uma espécie de *mandato*, devendo-se observar os seus estritos termos. Por esse motivo também é proibido no âmbito das leis penais em branco o recurso a *analogia*, assim como *a interpretação analógica em prejuízo do acusado*.

É necessário também levar em consideração as observações que fizemos no mesmo volume de nosso *Tratado de Direito Penal* sobre *retroatividade da lei penal em branco*, distinguindo as hipóteses em

---

terpretación normativa). In: Alejandro C. Altamarino; Ramiro M. Rubinska (Coords.). *Derecho Penal Tributario*. Madrid/Barcelona/Buenos Aires: Marcial Pons, 2008. t. 1, p. 104; Francisco Muñoz Conde; Mercedes García Arán. *Derecho Penal*: parte general. 8. ed., Valencia: Tirant Lo Blanch, 2010. p. 254.

18. Cezar Roberto Bitencourt, *Tratado de Direito Penal*, op. cit., v. 1, p. 220.
19. Cezar Roberto Bitencourt, *Tratado de Direito Penal*, op. cit., v. 1, p. 220.

que *a norma complementadora é reformada* daquelas em que a própria *norma penal incriminadora* é reformada ou revogada. Como deixamos evidenciado, em ambos os casos vigora a *irretroatividade da lei mais severa*; contudo, somente quando a alteração afeta a própria *norma penal incriminadora*, seja seu preceito primário, seja seu preceito secundário, é que são válidas todas as considerações acerca da *retroatividade e ultratividade da lei penal mais benigna*.

A aplicação desse entendimento no âmbito específico dos crimes contra a ordem tributária significa que *devemos levar em consideração o princípio da dupla tipicidade*. De modo que se se produz alguma modificação na estrutura típica da infração tributária, a norma penal incriminadora ver-se-á também afetada, abrindo espaço para a valoração dos efeitos dessa modificação, de acordo com o princípio da irretroatividade da lei penal mais severa no tempo. Um claro exemplo, nesse sentido, é referido por Juary C. Silva: "Se o legislador não penal modifica alguma circunstância do tributo [...] o caráter criminal da infração persiste. Se, porém, edita norma afetando a própria essência da infração, aí deve-se reconhecer a retroatividade benéfica ao réu. Tal ocorre, à guisa de exemplo, se lei posterior vem a decretar a isenção do imposto de renda para determinado rendimento que o contribuinte absteve-se de satisfazer embora exigível à época em que se aperfeiçoou o fato gerador, nos termos dos arts. 116 e 144 do Código Tributário Nacional"[20].

Essa postura do autor sustenta-se com base nos seguintes argumentos: "a disciplina da *lei no tempo* não se refere apenas à lei que descriminaliza o fato, isto é, que deixa de considerá-lo crime, conforme dispõe o art. 2º do Código Penal, abrangendo a hipótese em que a lei posterior favorece, *de qualquer modo*, o agente, nos termos do parágrafo único do mesmo artigo. Mercê dessa latitude conceptual, depreende-se sem maior esforço analítico que,

---

20. Juary C. Silva, *Elementos de Direito Penal Tributário*, op. cit., p. 66.

se houver alteração substantiva da figura penal, ainda que por ato do legislador não penal, a lei nova deverá retroagir se, e na medida em que, beneficiar o réu"[21].

A conclusão alcançada por Juary Silva é, certamente, correta; falta-lhe, contudo, a explicação do fundamento dogmático que a sustenta, que, no nosso ponto de vista, consiste no princípio de *dupla tipicidade*, pois somente há crime contra a ordem tributária quando existe uma prévia infração tributária, que *funciona como verdadeiro pressuposto daquele*. Desse modo, quando se produz uma alteração na configuração da figura típica tributária, ela repercute, necessariamente, na figura típica penal, com a consequente aplicação do *princípio da irretroatividade* da lei penal mais severa no tempo.

### 3.1. Consequências sistemáticas na caracterização do erro de tipo e do erro de proibição

A utilização de elementos de tipo normativo no âmbito dos crimes contra a ordem tributária requer, por parte do intérprete da lei penal, cuidados redobrados, especialmente quando referidos elementos ensejam, já em sede de tipicidade, um *juízo de contradição com certas normas do Direito Tributário*, indicativas da ilicitude. Veja-se, por exemplo, o uso das expressões "em desacordo com o estatuído", "falta de atendimento da exigência da autoridade", "pagamento indevido", "vantagem indevida" etc. Essa técnica legislativa possui a desvantagem de gerar certa margem de dúvida sobre a natureza jurídica do *erro* e, especialmente, quanto às suas consequências, quando incide sobre elementos de tipo normativo: estaríamos diante de um erro de tipo ou um erro de proibição?

---

21. Juary C. Silva, *Elementos de Direito Penal Tributário*, op. cit., p. 66.

Como vimos, quando abordamos o *erro de tipo* e o *erro de proibição*[22], no *erro de tipo*, o erro vicia o elemento intelectual do dolo – o conhecimento atual –, impedindo que o dolo atinja corretamente todos os elementos essenciais do tipo. Afastado o dolo, resta a possibilidade de haver, pelo menos, o *conhecimento* ou a *cognoscibilidade* dos fatores de risco e, portanto, a *previsibilidade* de que se realizam os elementos essenciais do tipo, hipótese que poderia ensejar a responsabilidade culposa, cuja punibilidade está condicionada à expressa previsão legal (excepcionalidade do crime culposo, art. 18, parágrafo único, c/c art. 20 do CP).

Como veremos ao estudarmos os tipos penais em espécie, logo adiante, os crimes contra a ordem tributária são puníveis somente na modalidade dolosa, de modo que, tanto na hipótese de *erro de tipo inevitável* – em que se afastam o dolo e a culpa – quanto na hipótese de *erro de tipo evitável* – em que se afasta o dolo, mas persiste a culpa –, a conduta do agente não é penalmente punível.

O *erro de proibição* incide sobre a *potencial consciência da ilicitude*, elemento estrutural da culpabilidade. Logo, o erro de proibição, quando inevitável, exclui a culpabilidade, permanecendo intactas a tipicidade e a antijuridicidade. Como não há crime sem culpabilidade, o erro de proibição, inevitável, impede a condenação. Se o erro de proibição for *evitável* somente atenua a punição, mas a condenação se impõe sem alterar a natureza do crime, seja doloso ou culposo. O erro de proibição está regulado no art. 21 do Código Penal.

A distinção entre uma modalidade e outra de erro é importante por inúmeras razões: *a*) um fato praticado, com erro de tipo invencível, afasta a tipicidade, ante a ausência de dolo e culpa. Nessas circunstâncias, não seria punível a *participação* de alguém

---

22. Cezar Roberto Bitencourt, *Tratado de Direito Penal*, op. cit., v. 1, p. 529-553; Idem. *Erro de tipo e erro de proibição*. 5. ed. São Paulo: Saraiva, 2010. p. 128 e s.

que, mesmo sabendo que o autor principal incorre nesta classe de erro, contribui de alguma forma na sua execução. A *punibilidade do partícipe* é afastada pelo princípio da *acessoriedade limitada da participação*, o qual exige que a ação principal seja típica (afastada pela eliminação do elemento subjetivo do tipo) e antijurídica. Em contrapartida, se a hipótese é de *erro de proibição*, há a possibilidade e punibilidade de participação, porque esta espécie de *erro* incide sobre um elemento da culpabilidade, permanecendo intactas a tipicidade e a antijuridicidade; *b*) *não há tentativa* nos casos de erro de tipo, pois sua configuração exige a presença de dolo; mesmo que o erro fosse vencível, o fato ficaria impune, pois os crimes culposos não admitem tentativa. No entanto, a presença de *erro de proibição* não impede a caracterização da tentativa, mas repercute na sua punibilidade. Quando o sujeito atua sob os efeitos do erro de proibição invencível, tanto a tentativa como o crime consumado restam impunes porque se afasta a culpabilidade, mas quando a hipótese é de erro de proibição vencível, a culpabilidade subsiste, mas a pena é atenuada, sendo que, no caso da tentativa, a pena *deve ser* minorada duas vezes: por força do disposto no art. 14, parágrafo único, e do art. 21, fazendo-se uma interpretação mais garantista do art. 68, parágrafo único, do Código Penal.

Constata-se que a repercussão sistemática do *erro* é extremamente relevante, de modo que os equívocos na caracterização de uma ou outra modalidade de erro podem trazer sérios prejuízos para o autor e eventuais partícipes no crime.

A importância dessas considerações, no âmbito dos crimes contra a ordem tributária, reside no fato de que os *elementos normativos do tipo* antecipam, muitas vezes, o *juízo de valoração* sobre aspectos da antijuridicidade, como é o caso do significado jurídico da conduta praticada. Estamos destacando que, em determinados contextos, somente se conhece o *conteúdo da matéria de proibição descrita no tipo* quando se levam em consideração elementos que também afetam a valoração da antijuridicidade. Consequentemente, a *falsa representação* sobre esses elementos, apesar de ensejar dúvida acerca da espécie (se erro de tipo ou erro de proibição), deve ser tratada como erro de tipo porque incidem sobre a própria tipicidade da conduta.

Francisco Muñoz Conde e Mercedes García Arán explicam da seguinte forma:

> La relación entre tipo y antijuridicidad puede ser más o menos estrecha. Generalmente, en el tipo se incluyen todas las características de la conducta prohibida que fundamentan positivamente su antijuridicidad. Sin embargo, no siempre se pueden deducir directamente del tipo estas características, y hay que dejar al juez o al intérprete la tarea de buscar las características que faltan [...] Lo mismo sucede con algunos tipos en los que, para saber cuál es la conducta prohibida, hay que acudir a determinadas características de la antijuridicidad o a referencias normativas que se contienen en otras ramas del Derecho (*tipos abiertos y normas penales en blanco*). Así, por ejemplo, en los delitos contra la Hacienda Pública (art. 305) es necesario saber, para dar relevancia típica a comportamientos, cuáles eran las obligaciones tributarias del sujeto que presuntamente defraudó a la Hacienda. [...] Esta forma de tipificación de comportamientos delictivos conocida como *normas penales en blanco* es, sin duda, anómala desde el punto de vista del principio de legalidad, pero a veces inevitable por la propia complejidad jurídica del supuesto de hecho tipificado que se encuentra regulado en normas de carácter extrapenal. En estos casos, la materia de prohibición sólo se puede conocer si se tienen en cuenta estos elementos que también afectan a la antijuridicidad. Pero lo que aquí interesa es que esos elementos pertenecen también a la tipicidad y, por consiguiente, si no se dan se excluye ya la tipicidad misma antes de saber si el comportamiento realizado es o no antijurídico. Esta cuestión tiene trascendencia en el ámbito del error, ya que, dependiendo de que se consideren elementos del tipo o de la antijuridicidad, deberá tratarse el error sobre ellos, respectivamente, como error de tipo o como error de prohibición[23].

---

23. Francisco Muñoz Conde; Mercedes García Arán. *Derecho Penal*, op. cit., p. 254.

A postura majoritária tanto na doutrina espanhola como na doutrina alemã é a de que o erro sobre elemento normativo do tipo e, concretamente, o erro sobre o dever extrapenal de natureza jurídico-tributária devem ser tratados como erros de tipo[24], entendimento que consideramos ser o mais adequado.

Cumpre destacar, no entanto, que os *elementos normativos do tipo* não se confundem com os *elementos normativos especiais da ilicitude*. Enquanto aqueles são elementos constitutivos do tipo penal, estes, embora integrem a descrição do crime, referem-se à *ilicitude* e, assim sendo, constituem elementos *sui generis* do fato típico, na medida em que são, ao mesmo tempo, caracterizadores da ilicitude. Esses *elementos normativos especiais da ilicitude*, normalmente, são representados por expressões como "indevidamente", "injustamente", "sem justa causa", "sem licença da autoridade" etc.

Há grande polêmica em relação ao *erro* que incidir sobre esses elementos: para alguns, constitui *erro de tipo*, porque nele se localiza, devendo ser abrangido pelo dolo; para outros, constitui *erro de proibição*, porque, afinal, aqueles elementos tratam exatamente da antijuridicidade da conduta.

Para Claus Roxin[25], "nem sempre constitui um erro de tipo nem sempre um erro de proibição (como se aceita em geral), senão que pode ser ora um ora outro, segundo se refira a circunstâncias determinantes do injusto ou somente à antijuridicidade da ação". Welzel[26], a seu tempo, defendendo uma corrente minoritária, por sua vez, sustentava que os elementos em exame, embora cons-

---
24. Confira Carlos Martínez Buján-Pérez, El delito de defraudación tributaria, op. cit., p. 62, com ampla referência bibliográfica.

25. Claus Roxin. *Teoría del tipo penal*. Buenos Aires: Depalma, 1979. p. 217.

26. Hans Welzel. *Derecho Penal alemán*. Trad. Juan Bustos Ramírez e Sergio Yáñez Pérez. Santiago: Ed. Jurídica de Chile, 1970. p. 234.

tantes do tipo penal, são elementos do *dever jurídico* e, por conseguinte, da ilicitude. Por isso, qualquer erro sobre eles deve ser tratado como *erro de proibição*. Essa tese de Welzel é inaceitável, na medida em que implica aceitar a violação do caráter "fechado" da tipicidade, a qual deve abranger todos os elementos da conduta tipificada, ou seja, inclusive esses denominados *elementos normativos especiais da ilicitude*.

O melhor entendimento, a nosso juízo, em relação à natureza do erro sobre esses elementos, é sustentado por Muñoz Conde[27], que, admitindo não ser muito raro coincidirem erro de tipo e erro de proibição, afirma: "O caráter sequencial das distintas categorias obriga a comprovar primeiro o problema do erro de tipo e somente solucionado este se pode analisar o problema do erro de proibição", logo, deve ser tratado como erro de tipo. Em síntese, como o dolo deve abranger todos os elementos que compõem a figura típica, e se as *características especiais do dever jurídico* forem um elemento determinante da *tipicidade concreta,* a nosso juízo, o erro sobre elas deve ser tratado como *erro de tipo*.

### 3.2. Estrutura típica quanto ao resultado

A técnica utilizada pelo legislador penal na configuração da estrutura típica dos *crimes contra a ordem tributária* pode, ainda, ser analisada quanto à necessidade de produção, ou não, de um resultado material. Dito de outra forma, é possível que o tipo penal requeira a produção de um resultado, separado do comportamento que o precede, como elemento da descrição típica, sem o qual o crime não estaria consumado, ou, simplesmente, é possível que o tipo penal se complete com a mera realização da conduta, estando

---

27. Francisco Muñoz Conde. *El error en Derecho Penal.* Valencia: Tirant Lo Blanch, 1989. p. 60.

perfeito e acabado, independentemente da produção de qualquer resultado. A classificação dos crimes, respectivamente, como crimes de resultado ou como crimes de mera conduta, é de fundamental importância porque repercute em temas transcendentes como a delimitação entre consumação e tentativa, que são amplamente debatidos no âmbito dos crimes contra a ordem tributária.

Em princípio não há grande controvérsia quanto à classificação, mas ela é relevante no que diz respeito às suas consequências sistemáticas, como veremos no estudo específico das figuras penais.

## 4. Elemento subjetivo do tipo

Os crimes contra a ordem tributária são punidos, todos eles, somente sob a modalidade dolosa. Não existe, na Lei n. 8.137/90, previsão de punibilidade da modalidade culposa para esses crimes. Questão das mais controvertidas, nesse âmbito, é a prova do dolo que, muitas vezes, é indevidamente presumida para facilitar a incriminação do comportamento do agente, que não passa de *um mero devedor do fisco, isto é, simples inadimplente*.

Com razão adverte Paulo José da Costa Jr. que "se nas infrações tributárias a responsabilidade é objetiva, pois independe da intenção do agente, nos estritos termos do art. 136 do Código Tributário Nacional, o que torna irrelevante a prospecção do elemento subjetivo, o delito fiscal não se configura sem a demonstração da conduta dolosa. Ou seja, sem dolo não há infração penal tributária"[28].

A constatação do dolo é, muitas vezes, *indevidamente presumida* porque se equipara a realização da *infração tributária* com a realização dolosa de um *crime contra a ordem tributária*, como

---

28. Paulo José da Costa Jr.; Zelmo Denari. *Infrações tributárias e delitos fiscais*. 4. ed. São Paulo: Saraiva, 2000. p. 111.

se a mera *infração do dever extrapenal* fosse constitutiva de crime. Contudo, como veremos no estudo específico dos tipos penais, o dolo que caracteriza os crimes contra a ordem tributária implica o propósito de *fraudar* a Fazenda Pública, exteriorizado através da prática de atos idôneos a este fim.

## 5. Antijuridicidade genérica e antijuridicidade específica

A antijuridicidade não é um instituto exclusivo do Direito Penal, mas, ao contrário, é um conceito transversal, válido para todas as esferas do ordenamento jurídico. Como destaca Muñoz Conde, "o Direito Penal não cria a antijuridicidade, senão seleciona, por meio da tipicidade, uma parte dos comportamentos antijurídicos, geralmente os mais graves, cominando-os com uma pena"[29]. Isso se justifica na medida em que o Direito Penal seja visto como *ultima ratio* do sistema.

Existe um amplo consenso sobre esse ponto de partida, embora alguns autores confundam *injusto* com *antijuridicidade*, esquecendo-se de que aquele é um substantivo e esta é um atributo daquele. *Antijuridicidade* é a qualidade de uma forma de conduta proibida pelo ordenamento jurídico. Há um *injusto penal* específico, do mesmo modo que há um *injusto civil* ou administrativo específico; porém, *existe somente uma antijuridicidade* para todos os ramos do Direito. Todas as matérias de proibição, reguladas nos diversos setores da seara jurídica, são antijurídicas para todo o ordenamento jurídico[30].

---

29. Francisco Muñoz Conde. *Teoria geral do delito*. Porto Alegre: Sérgio A. Fabris Editor, 1988. p. 85.
30. Hans Welzel, *Derecho Penal alemán*, op. cit., p. 78.

Convém destacar, novamente, que a *antijuridicidade penal* (ilicitude penal) não se limita à seara penal, projetando-se para todo o campo do Direito. Foi nesse sentido que Welzel afirmou que "a antijuridicidade é a contradição da realização do tipo de uma norma proibitiva com o ordenamento jurídico em seu conjunto"[31]. Por isso, um *ilícito penal* não pode deixar de ser igualmente *ilícito* em outras áreas do direito, como a civil, a administrativa etc.[32]. No entanto, nem todo ilícito civil ou administrativo é necessariamente um ilícito penal, porque o Direito Penal, em regra, se ocupa dos comportamentos mais graves, selecionados através da tipicidade. O que não pode ocorrer, sob pena de romper com a sistemática do ordenamento jurídico, é que um *ato lícito no plano jurídico-civil* seja ao mesmo tempo considerado um *ilícito penal*.

A coerência sistemática do ordenamento jurídico deve ser mantida sem prejuízo de que as ações penal e extrapenal sejam independentes. Com isso queremos dizer que sustentar a *independência das instâncias administrativa e penal*, como parte da jurisprudência tem insistido, é uma conclusão de *natureza processual*, que não contraria a afirmação de *natureza* material de que a ilicitude é única. Consequentemente, uma afirmação não invalida a outra, pois são coisas distintas, que devem ser valoradas em planos igualmente distintos, qual seja, uma no plano processual, outra no plano material.

Com efeito, todo *ilícito penal* será, necessariamente, um *ilícito civil ou administrativo,* mas, como afirmamos, a recíproca não é verdadeira, isto é, nem sempre o ilícito civil ou administrativo será obrigatoriamente um *ilícito penal*, pois este terá de ser sempre e necessariamente *típico*, surgindo como traço distintivo a *tipicidade,* que é aquele *plus* exigido pelo *princípio de legalidade*. Pois, em razão do princípio de *ultima ratio* do Direito Penal, somente interessa ao Estado punir com pena criminal aquelas *condutas antijurídicas* que

---

31. Hans Welzel, *Derecho Penal alemán*, op. cit., p. 76.
32. Francisco de Assis Toledo, *Princípios básicos de Direito Penal*, op. cit., p. 165.

representem uma grave ofensa aos bens jurídicos mais importantes para a sociedade. *O recorte do âmbito do punível feito pela tipicidade delimita o que é relevante para o Direito Penal*. Não significa, contudo, que uma *conduta lícita* para o Direito Penal não possa ser ao mesmo tempo *ilícita* em outro âmbito do ordenamento jurídico, como, por exemplo, civil, administrativo etc.

Para ilustrar essa distinção, o saudoso Assis Toledo[33] invocava a figura de *dois círculos concêntricos*: o menor, o *ilícito penal*, mais concentrado de exigências (tipicidade, elemento subjetivo etc.); o maior, o *ilícito extrapenal*, com menos exigências para sua configuração. O *ilícito* situado dentro do círculo menor – *penal* – não pode deixar de estar também dentro do maior – civil –, porque se localiza em uma área física comum aos dois círculos, que possuem o mesmo centro; no entanto, não ocorre o mesmo com o ilícito situado dentro do círculo maior – extrapenal –, cujo espaço periférico, muito mais abrangente, extrapola o âmbito do ilícito penal, salvo quando for limitado pela tipicidade penal.

No entanto, o questionamento mais atual, pelo menos em território nacional, situa-se no debate não entre antijuridicidade penal e antijuridicidade extrapenal, mas, fugindo do plano material, confunde-se, no plano processual, ilicitude ou antijuridicidade única com independência de instâncias, como se se tratasse do mesmo tema, como veremos a seguir.

## 5.1. Antijuridicidade penal e antijuridicidade extrapenal: ilicitude única e independência de instâncias

Resulta absolutamente incompatível com a noção *unitária da antijuridicidade* a preconizada impotência ou ineficácia das deci-

---

33. Embora partindo de sua visão plúrima da ilicitude, Francisco de Assis Toledo chega à mesma conclusão (*Princípios básicos de Direito Penal*, op. cit., p. 166).

sões proferidas pelas jurisdições não penais em relação ao crime, quando o objeto da decisão judicial não penal versa, precisamente, sobre: *a*) elemento que integra o juízo de subsunção típica, seja ele objetivo, normativo ou subjetivo do tipo; *b*) relação jurídica que integra o significado jurídico do comportamento realizado pelo sujeito imputado; ou *c*) pressuposto de alguma causa de justificação.

Imagine-se, por exemplo, a hipótese da sentença proferida no juízo cível que, com anterioridade à prolação da sentença penal, reconhece a origem fortuita (não intencional) de um *dano patrimonial* determinado: constituiria verdadeiro despautério jurídico admitir que a sentença penal, por se tratar de instância independente, pudesse até condenar o autor do mesmo dano pela prática de um crime doloso[34]. *Mutatis mutandis*, é o que vem ocorrendo, desafortunadamente, no quotidiano forense, especialmente perante alguns dos tribunais federais, em que se admite a condenação por sonegação fiscal em hipóteses que a própria Receita Federal reconhece não haver tributo devido, sob o falacioso argumento de que se trata de instâncias independentes e distintas. Ignoram que, quando falamos de *ilicitude única*, estamos no *plano material*, e, quando sustentam que se trata de *instâncias independentes*, estão no *plano processual*. Sendo, com efeito, a ilicitude uma só, é inadmissível que, ainda hoje, estejamos arraigados no antigo e retórico preconceito de que a decisão extrapenal não faz coisa julgada na área penal.

Para reforçar nosso entendimento, invocamos a autorizada doutrina de Juarez Tavares, que pontifica: "Todos os atos autorizados pelos outros setores do direito devem obrigatoriamente

---

34. Esse argumento foi utilizado pelo STF no RHC 59.716-PR, publicado no *DJU*, 11-6-1982, p. 5678.

produzir efeitos justificantes penais, porque a existência dessas circunstâncias autorizadoras da conduta em outros setores do direito, porque menos exigentes do que aquelas que se configuram no injusto penal, está demonstrando a não necessidade da intervenção estatal no âmbito penal"[35]. Em outras palavras, o Direito Penal não cria a antijuridicidade: apenas seleciona, por meio da tipificação de condutas, uma parte significativa dessas condutas antijurídicas, via de regra as mais graves ou mais danosas, cominando-lhes uma sanção de natureza criminal.

O mais grave, no entanto, é sustentar – como têm feito reiteradamente alguns de nossos tribunais – o argumento da pluralidade de (i)licitudes e a independência de instâncias nos casos em que o entendimento da conduta incriminada está, em alguma medida, sujeito ao preenchimento de um pressuposto extrapenal, como ocorre nos tipos penais compostos de elementos normativos e nas normas penais em branco. É exatamente essa a discussão travada, em relação aos *delitos de sonegação fiscal*, ou seja, a equivocada admissão da possibilidade de a sentença penal ser condenatória, apesar de a legislação fiscal ou tributária admitir, ou, mais especificamente, quando a decisão administrativa reconhece a não exigibilidade ou inexistência da exação. Com essa lógica macabra de alguns de nossos tribunais, temos visto o absurdo de alguém ser condenado por sonegação de tributo quando o próprio órgão arrecadador reconhece que não há tributo a declarar ou a recolher. Constitui um autêntico paradoxo admitir que o legislador penal possa, através da técnica da norma penal em branco e da utilização de elementos de tipo normativo, remeter o intérprete a outro ramo do ordenamento jurídico para complementar ou integrar o preceito primário da norma penal

---

35. Juarez Tavares. *Teoria do injusto penal*. Belo Horizonte: Del Rey, 2000. p. 123.

incriminadora e, a continuação, afirmar que a decisão oriunda de outro ramo do ordenamento sobre esses elementos não é eficaz na seara penal. É certo que, sob o ponto de vista das garantias individuais consagradas no processo penal, deverão ser apreciados e submetidos a contraditório todos os fatos relacionados com o delito; entretanto, não poderá existir contradição entre os distintos ramos do ordenamento jurídico. Socorre-nos, nesse sentido, o magistério de Francisco de Assis Toledo, que pontificava: "A inexistência, assim proclamada, do ilícito civil constitui obstáculo irremovível para o reconhecimento posterior do ilícito penal, pois o que é civilmente lícito, permitido, autorizado, não pode estar, ao mesmo tempo, proibido e punido na esfera penal, mais concentrada de exigências quanto à ilicitude"[36].

Nessa linha, apenas para ilustrar, destaque-se que os arts. 1º e 2º da Lei n. 8.137/90 referem-se a "tributo ou contribuição social" como *objetos de sonegação*. Quanto a isso, é correto afirmar que, por um lado, "tributo" e "contribuição social" são elementos constitutivos dos delitos mencionados, e, por outro, que os conceitos de "tributo" e "contribuição social" são fornecidos pela lei tributária (extrapenal, portanto). Consequentemente, deve-se concluir que, para que tais exações possam ser sonegadas, devem ser, necessariamente, reconhecidas como *devidas* pela legislação extrapenal, ou seja, não existe sonegação fiscal de um tributo ou de uma contribuição social não prevista na lei tributária; e, no caso de previsão legal da espécie tributária, não existe sonegação fiscal se a autoridade tributária reconhece que não há débito algum ou que não é caso de incidência fiscal; igualmente, não há sonegação quando o crédito tributário não está previamente constituído ou se não for exigível.

---

36. Francisco de Assis Toledo. *Princípios básicos de Direito Penal*. 5. ed. 10. tir. São Paulo: Saraiva, 2002. p. 166.

Nesse sentido, somos obrigados a admitir, igualmente, que uma sonegação somente poderá verificar-se em relação a um *tributo* que deveria ter sido recolhido, e que, fora dos casos de mera inadimplência, não o foi. Ora, o tributo somente "deve ser recolhido" quando for efetivamente devido, e quando se tornar exigível; caso contrário, chegaremos ao absurdo de admitir que o reconhecimento expresso da *licitude fiscal* do não pagamento da exação (tendo em vista uma isenção, por exemplo) não impediria o reconhecimento da *ilicitude penal* desse mesmo "não pagamento"[37]. Não se pode ignorar, acima de tudo, que o *objeto jurídico protegido* pelos arts. 1º e 2º da Lei n. 8.137/90 é a *ordem tributária*. Não

---

37. É claro que uma decisão administrativa do Conselho de Contribuintes que venha a anular a constituição do lançamento do crédito tributário por vício formal não pode repercutir na instância penal, uma vez que não foi reconhecida a inexistência ou inexigibilidade do crédito tributário. *Diversa é a solução, contudo, quando o Conselho de Contribuintes enfrenta o mérito da questão fiscal, reconhecendo a ausência da obrigação tributária.* Como bem ressaltou o eminente Min. Vicente Cernicchiaro, "A definição do ilícito tributário não é pressuposto, nem condição de procedibilidade para promover a ação penal. Poderá, dado o direito ser unidade, eventualmente, a decisão em uma área dogmática repercutir em outra" (STJ, REsp 23.789/RS, rel. Min. Luiz Vicente Cernicchiaro, j. 15-3-1994, *DJ*, 5-8-1996, p. 26425).

Também o TRF da 4ª Região já manifestou entendimento que se amolda à tese aqui sustentada, segundo o qual, se, por um lado, não se pode afirmar que o esgotamento da via administrativa é condição de procedibilidade da ação penal, também não se pode sustentar que a decisão absolutória do Conselho de Contribuintes não terá qualquer repercussão no ilícito penal: tudo irá depender do exame do mérito do ilícito fiscal. Veja-se a seguinte decisão: "DIREITO PENAL E PROCESSUAL PENAL. INQUÉRITO. DELITO CONTRA A ORDEM TRIBUTÁRIA. LANÇAMENTO DO CRÉDITO. NULIDADE DO AUTO DE INFRAÇÃO. ARQUIVAMENTO. 1. Em princípio, pode-se afirmar que a instância PENAL, em se tratando de delito tributário, independe da instância administrativa. Isso equivale dizer que a regular e definitiva constituição do crédito tributário não é condição de procedibilidade para o oferecimento de denúncia. Obviamente, esta afirmação deve ser analisada com os necessários temperamentos, ou seja, *cum grano salis*, sempre tendo em vista o caso concreto, tudo ditado pelo bom senso e pelo princípio da equidade jurídica, indispensáveis em se tratando de aplicação e interpretação das leis. *Poderá haver casos em que a decisão proferida em processo administrativo-tributário afasta a tipicidade ou a ilicitude. Este exame ponderado de viabilidade da acusação penal nestes casos deverá e poderá ser feito pelo Poder Judiciário. [...]*" (TRF da 4ª Região, Inq. 151, Proc. n. 97.04.01077-0-SC, 1ª Seção, rel. Juiz Vilson Darós, j. 6-10-1999, p. 347, v. u.).

se pode admitir, assim, o reconhecimento de sonegação de valores que nem mesmo a ordem tributária considera devidos. Caso contrário poderemos chegar à hipótese em que a sentença penal condene o "sonegador" a uma pena determinada (pena de prisão, por exemplo), que, no entanto, não terá eficácia alguma na jurisdição extrapenal (fiscal/tributária), ante a impossibilidade de expropriar os bens do devedor, em razão da inexistência do débito fiscal em relação ao Fisco. Com efeito, o suposto "sonegador" seria devedor de uma sanção penal, mas não devedor de tributos. Em outros termos, é impossível existir *crime tributário* de qualquer espécie sem que, simultaneamente, configure *transgressão de dever tributário* (ilícito fiscal). Contudo, a recíproca não é verdadeira: poderá haver infringência de norma tributária (não pagamento de tributo, ou pagamento insuficiente), configurando a antijuridicidade tributária, sem que se configure, ao mesmo tempo, fato delituoso. O ilícito tributário é *pressuposto* do ilícito penal! Dito de outra forma, a configuração de crime resta excluída se a conduta do agente estiver autorizada pelo Direito Tributário, pois a antijuridicidade penal decorre da antijuridicidade tributária: realmente, não havendo o ilícito tributário, não se pode falar em ilícito penal.

Concluindo, uma decisão administrativa que *desconstitui materialmente o crédito tributário* não só repercute na esfera penal como também impede a própria condenação pelo crime de sonegação. Um fato *materialmente lícito perante a lei tributária* não pode ser tratado como *ilícito pela lei penal*, sob pena de o próprio sistema jurídico-constitucional mostrar-se incoerente[38]. É

---

38. Merece destaque a remissão de Bobbio a Del Vecchio e Perassi: "Lemos no ensaio de Del Vecchio, 'Sobre a necessidade do direito', este trecho: 'cada proposição jurídica em particular, mesmo podendo ser considerada também em si mesma, na sua abstratividade, tende naturalmente a se constituir em sistema. A necessidade de coerência lógica leva a aproximar aquelas que são compatíveis ou respectivamente complementares entre si, e a eliminar as contraditórias ou incompatíveis. A vontade, que é uma lógica viva, não pode desenvolver-se também

desarrazoado e infantil o argumento de que, admitindo-se como correta essa conclusão, estar-se-ia colocando o Poder Judiciário em posição de inferioridade em relação à Administração Pública, pois o *decisum* fiscal faria *coisa julgada* perante o processo penal. Não se trata, na verdade, de hierarquia entre a Administração e o Judiciário, pois, ao mesmo tempo em que aquela não se sobrepõe a este, também este não se sobrepõe àquela (extrai-se tal conclusão pela simples leitura do art. 2º da CF/88). Outro argumento utilizado para fundamentar a total independência entre a decisão tributária e a penal refere-se à supressão da jurisdição pela decisão da esfera administrativa. Quem assim pensa – indaga-se – não estaria obrigado a chegar à mesma conclusão no caso da previsão administrativa das "substâncias entorpecentes" para fins de tráfico de entorpecentes? Ou será que se pretende afirmar que o juiz poderia reconhecer como entorpecente qualquer substância, já que, do contrário, a portaria administrativa estaria "suprimindo a jurisdição"? Não vimos, contudo, argumentação nesse sentido!

Com efeito, ao Judiciário é dado o poder de imiscuir-se na seara administrativa somente quando alguma ilegalidade ou abuso seja constatado na prática do ato administrativo, seja ele vinculado, seja ele discricionário. Fora dessa hipótese, as decisões tomadas pela Administração Pública devem ser respeitadas e presumidas como válidas. Por isso, sendo regular e válida a *desconstituição do crédito tributário*, nada mais restará à jurisdição penal senão conformar-se com o *reconhecimento da ausência do elemento constitutivo do tipo penal* da sonegação fiscal.

---

no campo do Direito, a não ser que ligue as suas afirmações, à guisa de reduzi-las a um todo harmônico'. Perassi, em sua 'Introdução às ciências jurídicas': 'as normas, que entram para constituir um ordenamento, não ficam isoladas, mas tornam-se parte de um sistema, uma vez que certos princípios agem como ligações, pelas quais as normas são mantidas juntas de maneira a constituir um bloco sistemático'" (*Teoria do ordenamento jurídico*. Brasília: UnB, 1995, p. 75). Afinal, o conceito de ilicitude única advém, justamente, desse "bloco sistemático" que é o Direito.

## 6. Consumação e tentativa

Sob a perspectiva teórica, o momento de determinação da consumação de um crime está diretamente relacionado com a realização dos elementos essenciais do tipo, que, de acordo com a técnica utilizada pelo legislador penal, pode, ou não, requerer o advento de um determinado resultado, separado no tempo e no espaço da ação do autor[39].

Nos crimes de resultado, a consumação verifica-se com a ocorrência do resultado descrito no tipo, seja um resultado de lesão ou um resultado de perigo concreto, enquanto nos crimes de *mera conduta*, o momento consumativo é antecipado, e ocorre com a realização da conduta descrita no tipo, independentemente da realização, ou não, de um resultado naturalístico.

A classificação dos crimes contra a ordem tributária, segundo sua estrutura típica, como crimes de resultado ou crimes de mera conduta, não oferece maiores problemas. Existe, inclusive, um amplo consenso na doutrina no sentido de que a figura típica do art. 1º da Lei n. 8.137/90 é constitutiva de um crime de resultado, enquanto as figuras típicas do art. 2º são constitutivas de *crimes de mera conduta*, sendo também classificados, segundo o referencial teórico adotado, como crimes formais, de consumação antecipada[40].

---

39. Confira, por todos, Claus Roxin. *Derecho Penal:* parte general, fundamentos. La estructura de la teoria del delito. Trad. e notas de Diego-Manuel Luzón Peña, Miguel Díaz y García Conlledo, Javier de Vicente Remesal. Madrid: Civitas, 1997. t. 1, p. 328-329.

40. Juary C. Silva, *Elementos de Direito Penal Tributário*, op. cit., p. 119-120; Paulo José da Costa Jr.; Zelmo Denari, *Infrações tributárias e delitos fiscais*, op. cit., p. 109 e 133, referindo-se aos crimes do art. 2º como crimes formais; Hugo de Brito Machado. *Estudos de Direito Penal Tributário*. São Paulo: Atlas, 2002, p. 39; Gamil Föppel; Rafael de Sá Santana. *Crimes tributários*. 2. ed. Rio de Janeiro: Lumen Juris, 2010. p. 61 e 74; Luis Regis Prado. *Direito Penal econômico*. 4. ed. São Paulo: Revista dos Tribunais, 2011. p. 284 e 290, entre outros.

Esse consenso não é, contudo, suficiente para a solução dos conflitos existentes *in concreto* quando se trata de determinar se a conduta praticada pelo agente é constitutiva de um crime de resultado consumado, de um crime de resultado tentado ou de um crime de mera conduta consumado. Como veremos no estudo dos tipos penais, os problemas existentes estão em grande medida relacionados com a interpretação dos elementos normativos do tipo, e com a delimitação das figuras penais entre si. Dificuldades que também se estendem à delimitação da tentativa punível frente aos meros atos preparatórios impunes.

Antecipando aqui alguns dos aspectos que serão posteriormente analisados, pode-se afirmar que, no crime de resultado tipificado no art. 1º, a consumação, em princípio, ocorre quando se produz o prejuízo ao erário público, isto é, quando o agente consegue que se reduza ou suprima tributo. Para determinar, na prática e em sentido técnico, o momento consumativo, é preciso, contudo, levar em consideração o tipo de ação praticado e a espécie tributária afetada. E isso porque para tratar propriamente de *redução* e *supressão de tributo* é necessário que, em face da existência de uma obrigação tributária, o crédito tributário esteja formalmente constituído através do lançamento (art. 142 do CTN)[41].

Com essa afirmação, aparentemente simples, começam enormes dificuldades dogmáticas, porque o procedimento de constituição do crédito tributário, segundo as normas do CTN, pode chegar a ser extremamente complexo e dilatado no tempo.

---

41. Com efeito, na lição de Hugo de Brito Machado: "Em face da *obrigação tributária* o Estado *ainda* não pode exigir o pagamento do tributo. Também em face das chamadas obrigações acessórias, não pode o Estado exigir o comportamento a que está obrigado o particular. Pode, isto, sim, tanto diante de uma obrigação tributária principal, como diante de uma obrigação acessória descumprida, que por isso fez nascer uma obrigação principal (CTN, art. 113, § 3º), fazer um lançamento, constituir um *crédito* a seu favor. Só então poderá exigir o objeto da prestação obrigacional, isto é, o pagamento" (*Curso de Direito Tributário*. 19. ed. São Paulo: Malheiros, 2001. p. 141, cursivas no original).

De acordo com o referido art. 142 do Código Tributário Nacional, compete privativamente à autoridade administrativa constituir o crédito tributário, ou seja, somente a Administração pode efetuar o lançamento[42]. Inclusive nos casos de *lançamento por homologação* (art. 150 do CTN), em que se atribui ao sujeito passivo da obrigação tributária o dever de antecipar o pagamento do tributo sem prévio exame da autoridade administrativa; se não ocorre dita homologação, não existe juridicamente o lançamento e, por conseguinte, não estará constituído o crédito tributário[43].

Essa característica do nosso sistema tributário implica – relativamente ao crime tipificado no art. 1º da Lei n. 8.137/90 –, que a sua consumação não depende exclusivamente da conduta do agente, mas, também, de ato da Administração. Em outras palavras, significa que somente haverá redução ou supressão de tributo após o período de constituição do crédito tributário, e na medida em que o agente logre, em detrimento do erário público, pagar menos do que era realmente devido, ou evitar completamente o pagamento de tributo pela falta de constituição do crédito tributário. E se levarmos em consideração as distintas modalidades de lançamento previstas pela legislação tributária, segundo a espécie de tributo (lançamento *de ofício, por declaração* e *por homologação*), não podemos chegar a outra conclusão senão a de que o *iter criminis* pode estender-se por muito tempo, especialmente na hipótese prevista no art. 150, § 4º, do CTN, quando a homologação do lançamento efetue-se ao cabo de cinco anos.

---

42. O lançamento deve ser entendido como "*procedimento administrativo tendente a verificar a ocorrência do fato gerador da obrigação correspondente, identificar o seu sujeito passivo, determinar a matéria tributável e calcular ou por outra forma definir o montante do crédito tributário, aplicando, se for o caso, a penalidade cabível*" (Hugo de Brito Machado, *Curso de Direito Tributário*, op. cit., p. 142).

43. Hugo de Brito Machado, *Curso de Direito Tributário*, op. cit., p. 141-147.

Esse prolongamento no tempo do *iter criminis* conduz à consequente pergunta de quando estaria caracterizada a tentativa, e se esta é punível. Em princípio, não haveria problemas para a caracterização da tentativa punível do crime do art. 1º; no entanto, como veremos no estudo específico das figuras penais da Lei n. 8.137/90, as peculiaridades dos crimes contra a ordem tributária parecem indicar que ocorre exatamente o contrário. É possível afirmar, entretanto, que se o crime somente se consuma com o lançamento pela autoridade tributária, constituindo o crédito tributário num montante inferior ao que é realmente devido, de modo a caracterizar a redução de tributo, ou quando dito lançamento é completamente elidido, caracterizando a supressão total do tributo devido, a tentativa punível ocorre quando o agente infringe, mediante artifício ou engano, os *deveres de informação* e colaboração que derivam do direito de tributar. Nesse sentido, o comportamento do agente deve ser idôneo a enganar os agentes da Administração. Os *atos preparatórios* que não tenham uma relação direta e necessária com o plano do agente de suprimir ou reduzir tributo não são puníveis a título de tentativa, mas podem vir a ser punidos como delito autônomo se o comportamento estiver tipificado.

Ademais, a adequação típica, para efeito de caracterização do crime consumado ou tentado, requer que as manobras fraudulentas praticadas pelo agente possam, realmente, submeter a Administração a erro, o que não ocorrerá quando o fisco já disponha de toda a informação necessária para a correta constituição do crédito tributário.

Questão não menos problemática diz respeito a se a punibilidade do crime do art. 1º estaria perfeitamente caracterizada com o lançamento efetuado pela Administração, ou se estaria prejudicada pela suspensão da exigibilidade do crédito tributário, quando pendente reclamação ou recurso interposto pelo sujeito passivo em processo administrativo tributário, relacionado com a constituição do referido crédito.

## 6.1. O problema da punibilidade do crime de resultado consumado

A discussão sobre a punibilidade do crime de resultado consumado contra a ordem tributária gira, essencialmente, em torno das seguintes questões: a) sobre a necessidade de esgotar a via administrativa, com o lançamento definitivo do tributo, para que o crime de resultado do art. 1º seja passível de persecução penal; e b) por que motivo é necessário formular um *juízo de certeza* para considerar o crime consumado punível.

A resposta a esses questionamentos deve ser formulada levando em consideração, desde logo, as distintas posturas da doutrina e jurisprudência sobre: (i) a existência, no âmbito dos crimes contra a ordem tributária, de *condição objetiva de punibilidade* e/ou *condição de procedibilidade*; (ii) a possibilidade de *suspensão da pretensão punitiva* do Estado, mediante o parcelamento do débito, e de extinção desta, mediante o pagamento integral do débito, antes do recebimento da denúncia[44]. Vejamos o significado e alcance desses institutos antes de responder às perguntas formuladas.

### 6.1.1. O debate em torno da exigência do lançamento tributário definitivo

A doutrina nacional construiu e a jurisprudência acolheu, após longos anos de debate, o entendimento de que o lançamento definitivo, com o encerramento do processo administrativo-fiscal, condiciona a ação penal no crime do art. 1º da Lei n. 8.137/90. Essa afirmação, aparentemente simples, encerra uma série de problemas dogmáticos, na medida em que existe ainda muita con-

---

44. De acordo com o art. 34 da Lei n. 9.249/95, o art. 83, §§ 2º, 4º e 6º, da Lei n. 9.430/96, o art. 15 da Lei n. 9.964/2000, o art. 9º da Lei n. 10.684/2003 e os arts. 67, 68 e 69 da Lei n. 11.941/2009.

trovérsia em torno de seu enquadramento sistemático. A título exemplificativo, analisaremos algumas das posturas defendidas.

Segundo Juary Silva[45], a configuração da infração tributária na esfera administrativa é *questão prejudicial* para a caracterização do *crime tributário*, de modo que o encerramento do processo administrativo-fiscal configura-se como *condição de procedibilidade* da ação penal. Nas palavras do autor "afigura-se que o órgão do Ministério Público, como *dominus litis* da ação penal, não deve oferecer denúncia antes de preenchida essa condição de procedibilidade, porém, caso o tenha feito, deverá suscitar a *questão de prejudicialidade*, logo que a detecte nos autos, a fim de evitar possível desperdício da atividade jurisdicional. Quanto ao Juiz, não há dúvidas que lhe incumbe, ainda que ninguém o requeira, determinar o sobrestamento do feito, ante a ocorrência da prejudicialidade"[46]. Essa postura do autor manifesta-se, no entanto, contraditória quando, após defender a natureza processual dos efeitos do encerramento do processo administrativo-fiscal na seara penal, equiparando-a ao tratamento das *questões prejudiciais*, defende que dita questão prejudicial pertence, em verdade, à tipicidade, sem esclarecer os seus efeitos sistemáticos[47]. Se, como afirma Juary Silva, o não pagamento total ou parcial do tributo constitui elemento normativo do tipo, é preciso esclarecer seus efeitos sistemáticos quando não se sabe se dito pagamento foi realmente feito. Pois *a falta de um elemento do tipo* produz, certamente, efeitos distintos ao de uma *condição de procedibilidade*.

Pouco esclarecedora é, igualmente, a postura de Paulo José da Costa Jr., quando inova utilizando, metaforicamente, a locução "tipicidade condicionada", para explicar "por que a ação penal so-

---
45. Juary C. Silva, *Elementos de Direito Penal Tributário*, op. cit., p. 100-105.
46. Juary C. Silva, *Elementos de Direito Penal Tributário*, op. cit., p. 103.
47. Juary C. Silva, *Elementos de Direito Penal Tributário*, op. cit., p. 104-105.

mente pode ser deflagrada após a decisão final administrativa"[48]. Justificando seu ponto de vista, o ilustre penalista manifesta que: "Os crimes contra a *ordem tributária*, como o próprio nome indica, somente se tipificam se o seu sujeito ativo cometeu uma infração prevista na *legislação tributária*, vale dizer, uma *infração tributária*. E quem vai apurar essa infração, e propor a aplicação das respectivas penalidades, é a autoridade fiscal competente, mediante *instauração do devido processo legal*. Inquestionavelmente, trata-se de uma *tipicidade condicionada* à constituição definitiva, vale dizer, à tipificação da respectiva infração tributária"[49]. O ponto de partida certamente adequado do autor, quando destaca que o crime contra a ordem tributária pressupõe a existência da correlata infração tributária, parece-nos, *venia concessa*, insuficiente, na medida em que deixa de abordar os reflexos na estrutura do tipo penal.

Para Hugo de Brito Machado, a questão ultrapassa os lindes do Direito Penal ou Processual Penal, encontrando melhor assento no âmbito do Direito Constitucional. O destacado tributarista manifesta que: "A exigência do prévio exaurimento da via administrativa, para que validamente possa ser proposta a ação penal, nos crimes contra a ordem tributária, é indiscutivelmente uma forma de fazer efetivas as garantias constitucionais do devido processo legal e da ampla defesa, induvidoso como é o direito do contribuinte ao regular e prévio procedimento administrativo de acertamento"[50]. Com essa perspectiva, continua o autor com argumentos de peso: "Admitir-se a denúncia criminal antes da decisão definitiva da autoridade da Administração é forma clara de

---

48. Paulo José da Costa Jr.; Zelmo Denari, *Infrações tributárias e ilícitos fiscais*, op. cit., p. 92.

49. Paulo José da Costa Jr.; Zelmo Denari, *Infrações tributárias e ilícitos fiscais*, op. cit., p. 91-92.

50. Hugo de Brito Machado, *Estudos de Direito Penal Tributário*, op. cit., p. 162.

negação do direito à certeza no que concerne à relação jurídica tributária, e, assim, negação da supremacia constitucional. É suprimir o direito que tem o contribuinte de impugnar a exigência do tributo, demonstrando que o fato apontado pelo fisco não ocorreu, ou não é adequado à hipótese tributária [...] É suprimir o direito à ampla defesa, no concernente ao processo administrativo fiscal e à própria sanção penal, porque neste se inclui, induvidosamente, o direito de demonstrar a inexistência da relação de tributação, perante a Administração Tributária, sem ser coagido pela ameaça de ação penal"[51]. A tese defendida por Hugo de Brito é, sem sombra de dúvidas, irretocável em face da repercussão constitucional que o tema suscita; entretanto, pode-se questionar a falta de argumentos jurídico-dogmáticos, propriamente penais, no tratamento dessa delicada questão multidisciplinar.

A postura adotada pelo STF apresenta-se, nesse sentido, mais adequada, porque, mesmo sem decidir em todos os seus limites o enquadramento sistemático, da exigência do encerramento do processo administrativo-fiscal, para efeito de caracterização e punibilidade do crime do art. 1º da Lei n. 8.137/90, situou o debate num âmbito muito mais restrito. Com efeito, de acordo com decisão unânime do STF no HC 81.611-8 DF, publicado no *Diário da Justiça* de 13-5-2005, quer se considere o lançamento definitivo uma *condição objetiva de punibilidade* ou um *elemento normativo de tipo*, falta *justa causa* para a ação penal, quando ela é deflagrada antes do encerramento da via administrativo-fiscal.

Mais contundente é o teor da Súmula Vinculante 24 do STF, situando parte significativa da questão, mas sem resolvê-la por completo, no âmbito da tipicidade ao enunciar que: "Não se tipifica crime material contra a ordem tributária, previsto no art. 1º,

---

51. Hugo de Brito Machado, *Estudos de Direito Penal Tributário*, op. cit., p. 163.

incisos I a IV, da Lei n. 8.137/90, antes do lançamento definitivo do tributo". Mas, afinal, qual é o enquadre sistemático mais adequado da exigência do lançamento definitivo do tributo na seara penal? Para oferecermos uma resposta coerente e mais abrangente, faremos uma breve análise do que são as *condições objetivas de punibilidade* e qual a sua relação com a *procedibilidade da ação penal*.

### 6.1.2. Condição objetiva de punibilidade e sua relação com a procedibilidade da ação penal

Para Roxin[52], as condições objetivas de punibilidade não pertencem à tipicidade, à antijuridicidade ou à culpabilidade, devendo ser tratadas como circunstâncias requeridas para que seja punível a ação injusta do sujeito responsável. Além disso, na opinião de Roxin[53], as condições objetivas de punibilidade atendem a finalidades extrapenais que, para os casos em que estão previstas, têm prioridade frente à necessidade de pena. De maneira similar, para Muñoz Conde e García Arán[54] as *condições objetivas de punibilidade* possuem um *caráter contingente*, sendo exigíveis somente para delitos específicos. Não pertencem à tipicidade, à antijuridicidade e nem à culpabilidade, representando circunstâncias que *condicionam a imposição da pena por razões utilitárias*, alheias aos fins próprios do Direito Penal. Por isso, para esses últimos autores, a nomenclatura mais adequada seria a de *condições objetivas de penalidade*.

Para Mir Puig[55], as *condições objetivas de punibilidade* condicionam a relevância penal da conduta praticada. No seu entendimen-

---

52. Claus Roxin, *Derecho Penal*: parte general, op. cit., p. 970.
53. Claus Roxin, *Derecho Penal*: parte general, op. cit., p. 977.
54. Francisco Muñoz Conde; Mercedes García Arán, *Derecho Penal:* parte general, op. cit., p. 400-401.
55. Santiago Mir Puig, *Derecho Penal*: parte general. 8. ed. Barcelona: Reppertor, 2010. p. 143, 170-171.

to, as condições objetivas de punibilidade *afetam o caráter penal da antijuridicidade do fato*, de modo que a caracterização do injusto penal depende da presença de ditas condições. Isso significa que a função de seleção do comportamento humano, relevante para o Direito Penal, fica condicionada à presença de *condições objetivas específicas*, que atendem a razões de política criminal. Por isso, elas não afetam propriamente o *desvalor da ação*, nem o *desvalor do resultado*, tão somente condicionam a relevância da conduta praticada por *razões de política criminal*.

Como consequência de sua natureza específica, as condições objetivas de punibilidade não precisam ser abrangidas pelo dolo do agente, nem precisam ser imputadas a título de culpa[56], funcionando como um *elemento externo* que condiciona a relevância penal do comportamento realizado pelo agente. Com efeito, como já manifestamos reiteradas vezes, as *condições objetivas de punibilidade* são alheias à estrutura do crime, isto é, não o integram e, por conseguinte, não são objeto do dolo ou da culpa[57]. Nessa mesma linha, Luiz Regis Prado afirma que as *condições objetivas de punibilidade* são "exteriores à ação e delas depende a punibilidade do delito, por razões de política criminal (oportunidade, conveniência)"[58].

---

56. Nesse sentido, Santiago Mir Puig, *Derecho Penal*: parte general, op. cit., p. 172; Francisco Muñoz Conde; Mercedes García Arán, *Derecho Penal*: parte general, op. cit., p. 401.

57. Cezar Roberto Bitencourt. *Tratado de Direito Penal*: parte especial. 22. ed. São Paulo: Saraiva, 2022, v. 2, p. 210. Veja, nesse sentido, nosso entendimento sobre a natureza jurídica da morte e das lesões corporais graves no crime descrito no art. 122 do CP. Confira também Cezar Roberto Bitencourt. Aspectos procedimentais e político-criminais dos crimes disciplinados na nova lei falimentar, *Revista do Ministério Público Catarinense*, Florianópolis, v. 7, p. 119-144, 2005. Também disponível em formato digital: www.saraivajur.com.br/menuesquerdo/doutrinaArtigosDetalhe.aspx?Doutrina=651. Acesso em: 6 jan. 2023.

58. Luiz Regis Prado. *Curso de Direito Penal*. 1. ed. São Paulo: RT, 1999. p. 482.

Exemplo na legislação penal espanhola é o prévio requerimento ou sanção administrativa no crime de discriminação no trabalho tipificado no art. 314 do Código Penal Espanhol de 1995 (CPE), a prévia declaração civil do concurso de credores no crime falimentar tipificado no art. 260 do CPE. Outro exemplo, referendado pela doutrina espanhola, de condição objetiva de punibilidade é o valor do débito gerado pela fraude fiscal que, de acordo com o art. 305 do CPE, deve ser superior a € 120.000 (cento e vinte mil euros), ou superior a € 50.000 (cinquenta mil euros), quando a fraude fiscal é praticada contra a Fazenda da União Europeia (art. 305, 3, CPE). Da mesma forma, em relação aos crimes contra a Fazenda Pública e a Seguridade Social tipificados nos arts. 306, 307, 308, 309 e 310 do CPE. Caso não se alcance a cifra citada, nos termos em que é estabelecido pelo legislador penal espanhol, a fraude fiscal não poderá ser punida como crime, mas somente como infração tributária.

Na legislação penal brasileira, um claro exemplo pode ser encontrado na Lei n. 11.101/2005, que regula a recuperação judicial, a extrajudicial e a falência do empresário e da sociedade empresária, e tipifica crimes falimentares, concretamente no seu art. 180, no qual o legislador estabelece expressamente que: "A sentença que decreta a falência, concede a recuperação judicial ou concede a recuperação extrajudicial de que trata o art. 163 desta Lei é condição objetiva de punibilidade das infrações penais descritas nesta Lei".

Como sustenta, com acerto, Walter Bittar[59], "a exigência de sentença declaratória de falência (reconhecidamente uma condição objetiva de punibilidade), no caso do crime falimentar, não está descrita na norma incriminadora, mas condiciona a punibi-

---

59. Walter Barbosa Bittar. *As condições objetivas de punibilidade e as causas pessoais de exclusão da pena*, Rio de Janeiro: Lumen Juris, 2004. p. 72.

lidade, limitando-a, em face da necessidade da sentença". Nesse sentido, a lapidar conclusão de Juarez Tavares[60] vai mais longe: "a declaração de falência continua sendo uma condição objetiva de punibilidade também nos crimes pós-falimentares, de tal sorte que se essa sentença, por algum motivo, for reformada ou anulada, embora os fatos se tenham consumado, restarão impuníveis...".

O condicionamento do exercício do *ius puniendi* estatal produz, como não poderia deixar de ser, inequívocos efeitos processuais. Com efeito, se sob a perspectiva material falta o requisito objetivo que possibilita a punibilidade de determinada conduta, o reflexo dessa circunstância no âmbito processual é a falta de *justa causa* para propositura da ação penal, porque se o comportamento abstratamente tipificado não é, no caso concreto, punível, falta *justa causa* para a sua persecução. Com essa linha de raciocínio, defendemos que toda *condição objetiva de punibilidade* deriva, sob o ponto de vista processual, numa *condição objetiva de procedibilidade*, ou seja, um autêntico requisito específico da ação penal, sem o qual não se poderia iniciá-la.

Já havíamos manifestado esse entendimento quando tratamos dos crimes falimentares, apoiando-nos no magistério do saudoso Ministro Assis Toledo, o qual, referindo-se aos efeitos práticos da exigência da sentença declaratória da falência, manifestou que: "pode-se, com enorme dose de razão, sustentar que o que fica em suspenso, na dependência da superveniência daquela condição legalmente estabelecida, não é o crime ou a tipicidade da conduta, mas sim e tão somente o exercício da ação penal"[61].

Com esses esclarecimentos, cabe agora analisar se realmente existem fatores condicionantes da punibilidade e da procedibilidade da

---

60. Juarez Tavares, *Teoria do injusto penal*, op. cit., p. 204.
61. Francisco de Assis Toledo, *Princípios básicos de Direito Penal*, op. cit., p. 157.

ação penal no âmbito dos *crimes contra a ordem tributária*, e se a exigência do lançamento definitivo do tributo pode ser vista como tal.

### 6.1.3. Nosso posicionamento específico

As questões debatidas não podem ser, contudo, resolvidas *a priori*, sem o correspondente estudo das normas de Direito Penal que regulam o exercício do *ius puniendi* e sua relação com as normas de Direito Tributário que repercutem na constituição do crédito tributário. Referimo-nos ao estudo das cláusulas de regularização fiscal que *condicionam a punibilidade dos crimes fiscais*, concretamente, à previsão legal da *possibilidade de suspensão da pretensão punitiva* do Estado, mediante o *parcelamento do débito*, e de *extinção da punibilidade*, mediante o *pagamento integral do débito*, antes do recebimento da denúncia[62].

Podemos afirmar, em princípio, na mesma linha do entendimento de Sérgio Rosenthal[63], que a reintrodução desses institutos em nosso ordenamento jurídico atende, principalmente, à *finalidade de arrecadação*, possibilitando, ainda, ao inadimplente, o retorno seguro à legalidade, sem que a regularização de sua situação tributária implique um juízo de confissão de crime. Trata-se de medidas despenalizadoras que promovem a regularização da situação fiscal do contribuinte. A aplicação desses benefícios ante a consumação do crime do art. 1º da Lei n. 8.137/90 tem um nítido *caráter político-criminal*, de maneira similar ao instituto do *arrependimento posterior*, previsto no art. 16 do Código Penal.

---

62. De acordo com o art. 34 da Lei n. 9.249/95, o art. 83, §§ 2º, 4º e 6º, da Lei n. 9.430/96, o art. 15 da Lei n. 9.964/2000, o art. 9º da Lei n. 10.684/2003 e os arts. 67, 68 e 69 da Lei n. 11.941/2009.

63. Sérgio Rosenthal. A extinção da punibilidade nos crimes de natureza fiscal após o advento da Lei n. 9.983/2000. In: Heloisa Estellita Salomão (Coord.). *Direito Penal empresarial*. São Paulo: Dialética, 2001. p. 264.

Mais adiante analisaremos os erros e acertos do legislador nacional na previsão de tais benefícios. Limitar-nos-emos, por ora, a tratar da *punibilidade* do crime do art. 1º.

A necessidade do prévio encerramento do *processo administrativo-fiscal* justifica-se tanto para (a) a fixação do *quantum* devido ao fisco, abrindo a possibilidade de que o contribuinte pague ou solicite o parcelamento, antes do recebimento da denúncia; como para (b) a definição de existência, efetiva, do *crédito tributário* reclamado. Na primeira hipótese, sabe-se que houve supressão ou redução de tributo, mas não o seu *quantum*; objetiva-se com o encerramento do processo administrativo-fiscal estabelecer o valor devido e beneficiar o contribuinte (e, diga-se de passagem, o próprio fisco), permitindo-lhe que tenha a possibilidade de regularizar sua situação fiscal, valendo-se da causa de *suspensão da pretensão punitiva*, ou da causa de *extinção da punibilidade*, antes do recebimento da denúncia. Enquanto, na segunda hipótese, está em discussão a própria existência da obrigação e do crédito tributário, o que repercute diretamente na materialidade do fato tipificado como crime, isto é, se, de fato, houve *redução* ou *supressão* de tributo ou acessório.

Como indicamos anteriormente, é de competência privativa da Administração o *ato de constituição do crédito tributário*, nos termos do art. 142 do CTN. É atribuição da Administração Pública decidir sobre a *existência, exigibilidade* e *liquidez* do crédito tributário. Dessa característica do nosso sistema tributário derivam importantes consequências para o âmbito penal. Em primeiro lugar, significa que a *matéria de fato* sobre a qual versa o crime consumado do art. 1º da Lei n. 8.137/90, a redução ou supressão de tributo *depende da prévia decisão da Administração sobre a constituição do crédito tributário*, pois é a Administração que ostenta a qualidade de sujeito competente para afirmar ou negar, com base na lei, a *existência, exigibilidade* e *liquidez* do crédito tributário.

Em segundo lugar, consequentemente, o *conteúdo daquela decisão* afeta tanto o próprio *juízo de subsunção* da conduta realizada pelo agente, prevista no tipo do art. 1º da Lei n. 8.137/90, como a possibilidade, que é garantida ao contribuinte, de *efetuar o pagamento*, ou *solicitar o parcelamento*, de dívida certa e exigível. Com efeito, antes daquela decisão não há dívida líquida e certa!

Os motivos que justificam a necessidade de encerramento do processo administrativo-fiscal têm por base, portanto, a *certeza da materialidade do fato* típico (quando a questão discutida afetar a caracterização da tipicidade) e a *exequibilidade da medida* de caráter político-criminal, que consiste em possibilitar ao contribuinte efetuar o pagamento ou o parcelamento de dívida certa e exigível, antes do recebimento da denúncia. Com efeito, a *liquidez do débito tributário* (que ocorre somente com o encerramento do processo administrativo) é *pressuposto* tanto para pagamento ou parcelamento do débito tributário como também para a existência material e formal do crime tributário, embora, nesta última hipótese, deva-se ressalvar a hipótese de comprovação de fraude.

Realmente, quanto à existência material e formal do crime tributário, essa conclusão não é de todo correta, porque, havendo certeza do emprego de fraude, é possível que a conduta seja típica, por exemplo, para efeito de tentativa, sem que se concretize o resultado de supressão ou redução de tributo. A liquidez do débito não tem, portanto, na hipótese da tentativa, relação com a materialidade do crime. A liquidez do débito permite, isso sim, em qualquer caso, que o agente tenha a possibilidade de pagar ou parcelar o débito, beneficiando-se das medidas despenalizadoras relacionadas com a regularização da situação fiscal, antes do recebimento da denúncia. De modo que, ante a tentativa do crime do art. 1º, dado que não há necessidade de aferir o prejuízo ao erário público para que a conduta seja punível como tentada, a discussão sobre a liquidez do débito deixa de ter relevância no âmbito da tipicidade penal. Ocorre que, uma vez constatadas a fraude fiscal e a tentativa de supressão e redução de tributo, o fisco passa a apurar em procedimento fiscalizatório o que o contribuinte pretendia ocultar, estabelecendo o que deve ser pago, cujo valor pode ser discutido na esfera administrativa. A necessidade de esperar aqui o fim da apuração nessa esfera está relacionada com a oportunidade que deve ser dada ao contribuinte de regularizar a sua situação fiscal.

Ora, a existência de medidas despenalizadoras deve beneficiar o contribuinte inclusive nas hipóteses de tentativa de crime, porque esta constitui um injusto penal menos grave em relação ao crime consumado. Observe-se, no entanto, que, nesse caso, o que prevalece para impedir a persecução penal não é a falta de tipicidade da tentativa, mas sim a oportunidade que deve ser dada ao contribuinte para regularizar a sua situação fiscal.

Enfim, os motivos que justificam a necessidade de encerramento do processo administrativo-fiscal têm por base, portanto, dois fatores: por um lado, a certeza da materialidade do fato típico, quando a questão discutida afete a caracterização da tipicidade, e, por outro lado, a exequibilidade da medida de caráter político-criminal que consiste em possibilitar ao contribuinte efetuar o pagamento ou o parcelamento de dívida certa e exigível, antes do recebimento da denúncia. Ambos os fatores podem coexistir no mesmo processo, e quando essa hipótese ocorre na prática, a *liquidez do débito tributário* (que se verifica somente com o encerramento do processo administrativo) é *pressuposto* tanto para pagamento ou parcelamento do débito tributário, como da existência material e formal do crime tributário. Mas quando o objeto da discussão no processo administrativo-fiscal não versa sobre a existência da obrigação e do crédito tributário, nem sobre o uso de fraude, e sim, unicamente, sobre o *quantum* da dívida, nessa hipótese, a *liquidez do débito tributário* é somente pressuposto para pagamento ou parcelamento do débito. Seja como for, o fim da discussão na esfera administrativa impõe-se, como condição objetiva de punibilidade, porque, em ambas as hipóteses, deve ser dada a oportunidade ao acusado de regularizar a sua situação fiscal.

A certeza (ou, mais precisamente, a sua falta) sobre a materialidade do fato típico condiciona o oferecimento da denúncia pelo Ministério Público, porque o questionamento repercute, propriamente, na caracterização da conduta típica. E, ao mesmo tempo, as discussões na esfera administrativa sobre o montante da dívida gerada, após a fraude praticada pelo agente, refletem-se na liquidez e exigibilidade do crédito tributário. Sabe-se que o patrimônio administrado pela Fazenda Pública resultou prejudicado, mas discute-se o *quantum* (bem como a existência ou não de fraude) que repercute diretamente na possibilidade de o agente dispor da suspensão da pretensão punitiva ou da extinção da punibilidade mediante o parcelamento ou o pagamento da dívida, respectivamente. Em não sendo permitido ao contribuinte aguardar o fim do processo administrativo-fiscal, ficaria ameaçado pela ação penal, e para alcançar a extinção da punibilidade, teria que aceitar a exigência fiscal, sem poder questioná-la adequadamente. Semelhante situação representa, como reconheceu o Ministro Sepúlveda Pertence no voto proferido no HC 81.611-8 DF, "o abuso do poder de instaurar o processo penal para constranger o cidadão a render-se incondicionalmente aos termos da exigência do Fisco, com a renúncia não só da faculdade – que a lei complementar lhe assegura –, de impugnar o lançamento mediante procedimento administrativo nela previsto, mas também, e principalmente, de fundamentais garantias constitucionais, sintetizadas na do '*devido processo legal*'".

Com isso estamos evidenciando que o *encerramento do processo administrativo-fiscal* pode assumir um significado distinto a depender do objeto da discussão. Quando nele se discute a existência da obrigação tributária, ou a adequação da conduta do agente, isto é, se houve o não cumprimento dos deveres de colaboração e informação para com o fisco, o emprego de fraude, e se há ou não relação com a redução ou supressão de tributo, trata-se de questões que dizem respeito à constatação da materialidade delitiva, sem a qual o crime não se consubstancia, por absoluta inadequação típica. Não se pode ignorar que o contribuinte pode não passar de mero *inadimplente*, somente ter incorrido em *erro* na interpretação e aplicação da legislação tributária, sem que, em outros termos, sua dívida tenha caráter de infração penal. Observe que essas questões repercutem diretamente na tipicidade. No entanto, sendo evidentes o emprego de fraude e a existência de prejuízo para os cofres públicos, a discussão sobre o *quantum* devido representa uma questão que não repercute, *a priori*, na materialização do crime, e tampouco representaria um obstáculo à persecução penal. O encerramento do processo administrativo-fiscal, neste último caso, como *condição para a punibilidade* do crime tributário, justifica-se somente como *medida de política criminal*, ante a possibilidade de *suspensão da pretensão punitiva*, ou de *extinção da punibilidade* mediante o parcelamento ou o pagamento da dívida, respectivamente.

Nesses termos, podemos afirmar que, quanto à natureza jurídica e enquadramento sistemático na teoria do delito, uma coisa é discutir aspectos que afetam a própria tipicidade da conduta, e outra, bem distinta, é discutir o *quantum* do débito para que o acusado possa beneficiar-se das medidas *despenalizadoras* referidas. No entanto, em ambas as hipóteses deve ser dada a oportunidade ao acusado para defender-se e, inclusive, regularizar a sua situação fiscal, motivo pelo qual o encerramento do processo administrativo-fiscal se impõe como *condição objetiva de punibilidade*.

Nesse contexto, impõe a seguinte pergunta: e o que dizer da tentativa do crime descrito no art. 1º da lei *sub examine*? Seria também necessário para a sua punibilidade o prévio encerramento do processo administrativo-fiscal? Vejamos a seguir nossas reflexões a respeito.

## 6.2. A tentativa nos crimes de resultado contra a ordem tributária e o problema de sua punibilidade

A tentativa, enquanto realização incompleta do tipo penal, é relevante e distinta dos atos meramente preparatórios, sob pena de resultar impune. Segundo o art. 14, II, do CP, a tentativa caracteriza-se com o "início da realização do tipo", isto é, com o *início da execução* da conduta descrita nos tipos penais respectivos. Os atos de execução que constituem a tentativa punível devem ser vistos, sob o ponto de vista material, como relevantes e idôneos para afetar o bem jurídico protegido pela norma penal e, sob o ponto de vista objetivo-formal, como o início da realização do verbo nuclear do tipo[64].

No caso particular do crime do art. 1º da Lei n. 8.137/90 é preciso que a conduta praticada pelo agente se dirija, inequivocamente, à redução ou supressão de tributo que se sabe devido, em face da existência de obrigação tributária. O agente deve atuar para *reduzir* ou *suprimir* o valor do tributo devido, após o advento do fato gerador. Nesse sentido, é necessário que a conduta praticada pelo agente implique uma clara infração dos deveres de colaboração e informação para com o fisco, apta a prejudicar a correta constituição do crédito tributário. Por último, dependendo do caso e da espécie tributária, a tentativa caracteriza-se quando se esgota para o contribuinte o prazo para o cumprimento espontâneo de suas obrigações fiscais. Imagine-se, por exemplo, que o

---

64. Cezar Roberto Bitencourt, *Tratado de Direito Penal*, op. cit., v. 1, Cap. XXVI.

agente seja interpelado pela escrituração inexata de livros fiscais; apesar de esta conduta constituir um meio de execução descrito no tipo, aquele poderá, na data do vencimento do tributo, efetuar o pagamento no seu valor exato, ou, no prazo previsto em lei, informar corretamente a Administração sobre a ocorrência do fato gerador. Em outras palavras, estará caracterizada a tentativa, quando o agente realizar todos os atos destinados a fazer a Administração incidir em erro na constituição do crédito tributário, mas se dando conta da manobra fraudulenta executada pelo autor, a Administração reage e evita o prejuízo ao erário público. Não se ignora, contudo, a dificuldade em comprovar essa configuração, embora seja teoricamente possível sua ocorrência.

Consubstanciada essa hipótese de tentativa, seria, a todos os efeitos, punível? Ou também é necessário esperar o encerramento de processo administrativo-fiscal, e permitir ao agente que regularize sua situação fiscal antes de dar início à persecução penal?

Realizando uma interpretação sistemática e teleológica dos institutos despenalizadores previstos para os crimes contra a ordem tributária, não tem sentido permitir ao autor do crime consumado, injusto mais grave, regularizar sua situação fiscal para evitar a persecução penal, e não oferecer essa mesma possibilidade para o autor da tentativa, inclusive porque esta constitui um injusto menos grave que aquele. A dúvida que pode surgir nesse âmbito é, afinal, se o autor da tentativa impede, com a regularização de sua situação fiscal, que o resultado se produza, não estaríamos em verdade diante de uma hipótese de *arrependimento eficaz*? Nesse sentido, não seria aplicável a regra do art. 15 do CP em lugar das normas que preveem a suspensão ou a extinção da punibilidade?

A solução a esse impasse teórico não pode permitir que o autor da *tentativa* receba um tratamento mais gravoso que o autor do *crime consumado*. Sob esse ponto de partida, consideramos que não deve ser aplicada a norma do art. 15 do CP, porque, de acordo com ela, quando se dá a hipótese de arrependimento eficaz o agente *responde pelos atos já praticados*. De modo que o agente poderia ser responsabilizado pelas falsificações ou fraudes instrumentais utilizadas na tentativa de redução ou supressão de tributo. Enquanto, se aplicarmos as *normas despenalizadoras* previstas especificamente para os crimes contra a ordem tributária, não resta espaço para a persecução do crime-meio. Ademais, *tentativa de um crime* não se confunde com o *arrependimento eficaz*, exatamente pelo aspecto da *espontaneidade*, que não existe na hipótese da tentativa, cuja interrupção da conduta criminosa é causada por *circunstância estranha à vontade do agente*.

Dessa forma, caracterizada a *tentativa*, abre-se a possibilidade de que o agente regularize sua situação fiscal, cumprindo com seus deveres fiscais, apresentando as informações corretas à Administração para que esta proceda à constituição do crédito tributário através do lançamento, e de que discuta em processo administrativo-fiscal o valor do tributo a pagar. Finalizado o processo administrativo-fiscal, o contribuinte poderá proceder ao pagamento ou parcelamento do débito, como forma de evitar a persecução penal.

Com isso não solucionamos todas as dúvidas em torno da consumação e punibilidade dos crimes contra a ordem tributária, porque é necessário ainda tratar dos crimes de *mera conduta* previstos no art. 2º da Lei n. 8.137/90.

### 6.3. Consumação dos crimes de mera conduta contra a ordem tributária e o problema de sua punibilidade

Nos *crimes de mera conduta* o tipo penal não requer a produção de nenhum resultado material, de modo que a simples ação ou a simples omissão descrita já é suficiente para a sua consumação. Nesses termos, quando o agente realiza o comportamento incriminado no art. 2º e seus incisos, estamos diante de um crime contra a ordem tributária consumado.

Analisaremos com maior profundidade cada uma das figuras típicas, na segunda parte deste trabalho, mas vale a pena desde já antecipar algumas considerações sobre a punibilidade dos *crimes de mera conduta* tipificados no art. 2º da Lei n. 8.137/90, especificamente, sobre a (des)necessidade de esgotar a via administrativa, com o lançamento definitivo do tributo, para que o crime seja passível de persecução penal. Em outros termos, o encerramento do processo administrativo-fiscal também é condição objetiva de punibilidade dos crimes de *mera conduta* tipificados no art. 2º?

Seguindo a linha de raciocínio similar à utilizada para valorar a punibilidade do crime de resultado do art. 1º, o encerramento do processo administrativo-fiscal permite, entre outros aspectos, formar um *juízo de valor* sobre a existência de *obrigação tributária*, principal ou acessória, sobre a materialidade da infração tributária e sobre a sua exigibilidade, bem como sobre o valor do débito respectivo, seja ele decorrente do *não pagamento de tributo* (inadimplemento de obrigação principal) ou do *não cumprimento de deveres formais* (não cumprimento de obrigação acessória).

Em decorrência do *princípio de dupla tipicidade* e da concepção do Direito Penal como *ultima ratio* do sistema, as condutas incriminadas no art. 2º representam, com caráter prévio, *infrações tributárias* que podem vir a ser discutidas com a Administração. Como já referimos, quando o objeto de discussão no processo administrativo-fiscal versa sobre a existência da obrigação tributária ou o não cumprimento dos deveres de colaboração e informação para com o fisco, repercute diretamente sobre a materialidade da infração penal. Dessa forma, o encerramento do processo administrativo-fiscal é necessário para que se possa formar um *juízo mínimo de convicção* acerca da prática de um crime, independentemente de tratar-se de crime de resultado ou de mera conduta. Quando, no entanto, o objeto de discussão no processo administrativo-fiscal versa sobre o *quantum* do débito, o encerramento da via administrativa justifica-se para que o agente possa beneficiar-se das medidas despenalizadoras previstas, mediante o pagamento do que é devido.

Não existe, portanto, um contexto essencialmente distinto que justifique um tratamento diferenciado entre os *crimes contra a ordem tributária*, no que diz respeito ao momento de sua punibilidade. Dito de outra forma, a regularização da situação fiscal, antes do recebimento da denúncia, deve ser oferecida ao contribuinte, tanto na hipótese mais grave da prática de um *crime de resultado* como na hipótese, menos grave, da prática de um *crime de mera conduta*. Dessa forma, tanto numa quanto noutra hipótese, é indispensável que se faculte ao contribuinte a oportunidade de usufruir das medidas despenalizadoras ofertadas por nosso ordenamento jurídico, ou seja, também nas hipóteses dos crimes descritos no art. 2º da Lei n. 8.137/90, considerados por nós como crimes de *mera conduta*.

CAPÍTULO 2

# Medidas despenalizadoras: a regularização fiscal e seus efeitos

**Sumário:** 1. Considerações preliminares. 2. A extinção da punibilidade pelo pagamento. 3. A suspensão da pretensão punitiva do Estado pelo parcelamento. 4. Natureza jurídica da representação fiscal para fins penais. 5. Aplicabilidade do princípio da insignificância nos crimes contra a ordem tributária.

## 1. Considerações preliminares

As cláusulas de regularização fiscal que *condicionam a punibilidade dos crimes fiscais* não constituem um instituto de origem nacional. Como manifesta Iglesias Río[1], há mais de um século que as cláusulas de regularização fiscal existem no ordenamento jurídico alemão e austríaco, estando também presentes em outros países europeus como Suíça, Itália, Espanha e Portugal. Para a doutrina espanhola, a natureza jurídica da *regularização fiscal* efetuada pelo contribuinte é a de *causa pessoal de exclusão da pena*, também chamada de *escusa absolutória*[2].

Seu fundamento é análogo ao instituto da *desistência voluntária*, na medida em que tem por objetivo motivar o autor do crime a assumir um comportamento político-criminalmente valioso, com a promessa da impunidade[3]. Através da regularização fiscal, alcança-se uma dupla finalidade: possibilita ao Estado a arrecadação de ingresso de fontes impositivas ocultas (que de outro modo não seriam descobertas) e facilita o retorno do contribuinte à legalidade[4], que terá oportunidade de continuar contribuindo com a arrecadação fiscal regularmente.

---

1. Miguel Ángel Iglesias Río. *La regularización fiscal en el delito de defraudación tributaria*. Valencia: Tirant Lo Blanch, 2003. p. 85; para o estudo comparado da natureza jurídica e alcance das cláusulas de regularização fiscal em distintos países, confira p. 88-151.

2. Miguel Ángel Iglesias Río, *La regularización fiscal en el delito de defraudación tributaria*, op. cit., p. 37.

3. Carlos Martínez Buján-Pérez. El delito de defraudación tributaria. *Revista Penal*, n. 1, p. 65, 1998, Miguel Ángel Iglesias Río, *La regularización fiscal en el delito de defraudación tributaria*, op. cit., p. 234-235.

4. Miguel Ángel Iglesias Río, *La regularización fiscal en el delito de defraudación tributaria*, op. cit., p. 234-235; Luis Regis Prado. *Direito Penal econômico*. 4. ed. São Paulo: Revista dos Tribunais, 2011. p. 286.

Em regra, como adverte Muñoz Conde[5], a *escusa absolutória*, enquanto causa *pessoal* de exclusão de pena, somente beneficia o sujeito que reúna as condições legais impostas para a exclusão da pena, sem alcançar os terceiros que porventura participem na comissão do crime. No entanto, os efeitos da regularização fiscal não se projetam somente sobre o contribuinte ou responsável tributário que promove o pagamento dos tributos devidos. Como acertadamente defende Martínez Buján-Pérez[6], *o benefício da exclusão de pena* também alcança os demais intervenientes no crime.

No Brasil, os efeitos da regularização fiscal repercutem, indistintamente, sobre todos os que concorrem para o crime. Efetuado o pagamento da dívida tributária ou o início de seu parcelamento, nos termos e condições legais, extingue-se a punibilidade ou suspende-se a pretensão punitiva do Estado, respectivamente, beneficiando todos os participantes no crime. Vejamos, a seguir, cada uma dessas consequências.

## 2. A extinção da punibilidade pelo pagamento

O pagamento do débito tributário e de seus acessórios constitui a principal forma de regularização fiscal. Em razão do interesse do Estado de ter, prioritariamente, satisfeita sua *pretensão arrecadadora*, o legislador penal erigiu o pagamento da dívida tributária como causa de extinção da punibilidade nos crimes correspondentes. A possibilidade de *extinção da punibilidade pelo pagamento* do tributo ou contribuição social não é uma novidade no nosso

---

5. Francisco Muñoz Conde, *Derecho Penal:* parte especial. 18. ed. Valencia: Tirant Lo Blanch, 2010. p. 1062.

6. Carlos Martínez Buján-Pérez, *El delito de defraudación tributaria*, op. cit., p. 65.

ordenamento jurídico. Essa hipótese de regularização fiscal de efeito despenalizador já estava prevista no art. 18 do Decreto-lei n. 157/67[7], em relação aos crimes de sonegação fiscal tipificados na Lei n. 4.729/65.

Com a entrada em vigor da Lei n. 8.137/90, referida causa de extinção da punibilidade passou a regular-se pelo disposto no art. 14 desta lei, com a seguinte redação: "Extingue-se a punibilidade dos crimes definidos nos arts. 1º a 3º quando o agente promover o pagamento de tributo ou contribuição social, inclusive acessórios, antes do recebimento da denúncia". O art. 14 teve, contudo, uma vida curta, sendo revogado pela Lei n. 8.383/91. No entanto, com a entrada em vigor do art. 34 da Lei n. 9.249/95, a citada causa de extinção da punibilidade passou novamente a vigorar no nosso ordenamento jurídico, nos seguintes termos: "Extingue-se a punibilidade dos crimes definidos na Lei n. 8.137, de 27 de dezembro

---

7. Art 18. Nos casos de que trata a Lei n. 4.729, de 14 de julho de 1965, também se extinguirá a punibilidade dos crimes nela previstos se, mesmo iniciada a ação fiscal, o agente promover o recolhimento dos tributos e multas devidos, de acôrdo com as disposições do Decreto-lei n. 62, de 21 de novembro de 1966, ou dêste Decreto-lei, ou, não estando julgado o respectivo processo depositar, nos prazos fixados, na repartição competente, em dinheiro ou em Obrigações Reajustáveis do Tesouro, as importâncias nele consideradas devidas, para liquidação do débito após o julgamento da autoridade da primeira instância.

§ 1º O contribuinte que requerer, até 15 de março de 1967, à repartição competente retificação de sua situação tributária, antes do início da ação fiscal, indicando as faltas cometidas, ficará isento de responsabilidade pelo crime de sonegação fiscal, em relação às faltas indicadas, sem prejuízo do pagamento dos tributos e multas que venham a ser considerados devidos.

§ 2º Extingue-se a punibilidade quando a imputação penal, de natureza diversa da Lei n. 4.729, de 14 de julho de 1965, decorra de ter o agente elidido o pagamento de tributo, desde que ainda não tenha sido iniciada a ação penal se o montante do tributo e multas fôr pago ou depositado na forma dêste artigo. (*Vide* Decreto-lei n. 1.650, de 1978.)

§ 3º As disposições dêste artigo e dos parágrafos anteriores não se aplicam às operações de qualquer natureza, realizadas através de entidades nacionais ou estrangeiras que não tenham sido autorizadas a funcionar no país.

de 1990, e na Lei n. 4.729, de 14 de julho de 1965, quando o agente promover o pagamento do tributo ou contribuição social, inclusive acessórios, antes do recebimento da denúncia".

Esse não é, contudo, o único referente normativo acerca da possibilidade de extinção da punibilidade pelo pagamento do tributo. O § 3º, do art. 15, da Lei n. 9.664/2000, que instituiu o Programa de Recuperação Fiscal (REFIS), estabelece que "Extingue-se a punibilidade dos crimes referidos neste artigo quando a pessoa jurídica relacionada com o agente efetuar o pagamento integral dos débitos oriundos de tributos e contribuições sociais, inclusive acessórios, que tiverem sido objeto de concessão de parcelamento antes do recebimento da denúncia criminal". O *caput* do art. 15 trata dos crimes dos arts. 1º e 2º da Lei n. 8.137/90 e do crime do art. 95 da Lei n. 8.212/91 (atuais crimes de apropriação indébita previdenciária, art. 168-A, e de sonegação de contribuição previdenciária, art. 337-A do CP).

Também o § 2º, do art. 9º, da Lei n. 10.684/2003, disciplina que: "Extingue-se a punibilidade dos crimes referidos neste artigo quando a pessoa jurídica relacionada com o agente efetuar o pagamento integral dos débitos oriundos de tributos e contribuições sociais, inclusive acessórios". O *caput* do art. 9º abrange os crimes previstos nos arts. 1º e 2º da Lei n. 8.137/90 e nos arts. 168-A e 337-A do CP.

Ademais, o art. 69, da Lei n. 11.941/2009, estabelece que: "Extingue-se a punibilidade dos crimes referidos no art. 68 quando a pessoa jurídica relacionada com o agente efetuar o pagamento integral dos débitos oriundos de tributos e contribuições sociais, inclusive acessórios, que tiverem sido objeto de concessão de parcelamento". Os crimes referidos no art. 68 são os tipificados nos arts. 1º e 2º da Lei n. 8.137/90 e nos arts. 168-A e 337-A do CP.

De modo similar, o § 4º do art. 83 da Lei n. 9.430/96, incluído pela Lei n. 12.382/2011, prevê que: "Extingue-se a punibilidade dos crimes referidos no *caput* quando a pessoa física ou a pessoa jurídica relacionada com o agente efetuar o pagamento integral dos débitos oriundos de tributos, inclusive acessórios, que tiverem sido objeto de concessão de parcelamento". Aqui também se faz referência aos crimes tipificados nos arts. 1º e 2º da Lei n. 8.137/90 e nos arts. 168-A e 337-A do CP.

As normas relacionadas possuem em comum a previsão do pagamento dos débitos oriundos de tributos e contribuições sociais como *causa de extinção da punibilidade*. Existem, contudo, diferenças no que diz respeito à abrangência dos crimes beneficiados e no que tange ao momento em que pode ser aplicado o benefício.

Com efeito, o art. 34 da Lei n. 9.249/95 *abrange todos os crimes contra a ordem tributária*, ao passo que as demais legislações especificam que somente cabe a extinção da punibilidade em relação aos crimes tipificados nos arts. 1º e 2º da Lei n. 8.137/90 e nos arts. 168-A e 337-A do CP. A Lei n. 9.249/95 é, nesse aspecto, mais benéfica porque alcança também os crimes praticados por funcionário público, tipificados no art. 3º da Lei n. 8.137/90.

As legislações mais recentes não revogaram, contudo, o art. 34 da Lei n. 9.249/95. Isso porque a Lei n. 9.964/2000, a Lei n. 10.684/2003 e a Lei n. 11.941/2009 disciplinam especificamente as hipóteses de parcelamento do débito tributário (Programa de Recuperação Fiscal – REFIS, Parcelamento Especial – PAES, Parcelamento Excepcional – PAEX) projetando seus efeitos somente sobre a casuística contemplada por cada uma dessas leis, dentro do marco temporal fixado pelo legislador. Isso significa, finalmente, que não existem problemas quanto à vigência simultânea dos aludidos diplomas legais, os quais surtirão efeitos sobre os casos especificamente contemplados em cada um.

No que diz respeito ao *momento em que o pagamento* deve ser efetuado para efeito de extinção da punibilidade, tanto o art. 34

da Lei n. 9.249/95 como o art. 83 da Lei n. 9.430/96, com os acréscimos introduzidos pela Lei n. 12.382/2011, e o § 3º, do art. 15, da Lei n. 9.664/2000 estabelecem que o pagamento deve ser realizado *antes do recebimento da denúncia*. Enquanto o § 2º, do art. 9º, da Lei n. 10.684/2003, e o art. 69, da Lei n. 11.941/2009, não fixam nenhum prazo.

Em razão do pernicioso casuísmo e das sucessivas alternâncias do legislador acerca do efeito jurídico do *momento em que o pagamento* integral do tributo se realiza, a jurisprudência dos Tribunais Superiores se firmou, em prol da segurança jurídica, no sentido de admitir a extinção da punibilidade pelo pagamento em qualquer etapa da persecução penal, seja efetuado antes ou depois do oferecimento da denúncia, inclusive após o trânsito em julgado da condenação.

A tese, que vinha sendo sustentada por ambas as turmas criminais do STJ, a partir da interpretação do § 2º, do art. 9º, da Lei n. 10.684/2003, foi pacificada com o julgamento, à unanimidade, pela Terceira Seção, do AgRg nos EDcl nos EAREsp 1717169, em 12-05-2021, alcançando-se o entendimento de que: "o pagamento integral do tributo, a qualquer tempo, extingue a punibilidade quanto aos crimes contra a ordem tributária".

No mesmo sentido colhem-se julgados do STF, pelo Tribunal Pleno, a exemplo do RE 575071 AgR e da AP 516/DF-ED.

## 3. A suspensão da pretensão punitiva do Estado pelo parcelamento

Outra forma de *regularização fiscal* adotada no âmbito da legislação brasileira, com repercussão penal, constitui o parcelamento da dívida tributária, que possui a natureza de *causa de suspensão da pretensão punitiva* do Estado.

Essa hipótese foi instituída por meio do art. 15, da Lei n. 9.964/2000, que criou o *Programa de Recuperação Fiscal* (REFIS), abrangendo os crimes tributários praticados por agentes cujas empresas aderissem ao aludido *Programa*, para a regularização do pagamento de débitos tributários com vencimento até 29 de fevereiro de 2000, antes do recebimento da sentença. O art. 15 estabelece que: "É suspensa a pretensão punitiva do Estado, referente aos crimes previstos nos arts. 1º e 2º da Lei n. 8.137, de 27 de dezembro de 1990, e no art. 95 da Lei n. 8.212, de 24 de julho de 1991, durante o período em que a pessoa jurídica relacionada com o agente dos aludidos crimes estiver incluída no Refis, desde que a inclusão no referido Programa tenha ocorrido antes do recebimento da denúncia criminal". Vale a pena ainda ressaltar que, de acordo com o § 1º do art. 15, "A prescrição criminal não corre durante o período de suspensão da pretensão punitiva".

Dando continuidade à possibilidade de regularização fiscal, o art. 1º, da Lei n. 10.684/2003, previu a possibilidade de *parcelamento dos débitos* junto à Secretaria da Receita Federal ou à Procuradoria-Geral da Fazenda Nacional, com vencimento até 28 de fevereiro de 2003. No que diz respeito aos efeitos penais do parcelamento disciplinou, sem ressalva quanto ao momento de seu início, no art. 9º que: "É suspensa a pretensão punitiva do Estado, referente aos crimes previstos nos arts. 1º e 2º da Lei n. 8.137, de 27 de dezembro de 1990, e nos arts. 168-A e 337-A do Decreto-lei n. 2.848, de 7 de dezembro de 1940 – Código Penal, durante o período em que a pessoa jurídica relacionada com o agente dos aludidos crimes estiver incluída no regime de parcelamento". Esse parcelamento, a teor do disposto no § 1º do art. 1º, aplica-se "aos débitos constituídos ou não, inscritos ou não como Dívida Ativa, mesmo em fase de execução fiscal já ajuizada, ou que tenham sido objeto de parcelamento anterior, não integralmente quitado, ainda que cancelado por falta de pagamento"; sua regulação mais benéfica incide sobre os fatos praticados, anteriores à sua vigência.

Ou seja, ainda que o parcelamento seja concedido após o recebimento da denúncia, no curso da ação penal, ele terá o condão de operar efeitos, suspendendo a pretensão punitiva do Estado.

Recentemente, ainda imbuído do propósito de facilitar a regularização fiscal, em prol da pretensão arrecadadora do Estado, instituiu-se nova possibilidade de parcelamento, bastante ampla, através do art. 1º da Lei n. 11.941/2009, abrangendo "os débitos administrados pela Secretaria da Receita Federal do Brasil e os débitos para com a Procuradoria-Geral da Fazenda Nacional, inclusive o saldo remanescente dos débitos consolidados no Programa de Recuperação Fiscal – REFIS, de que trata a Lei n. 9.964, de 10 de abril de 2000, no Parcelamento Especial – PAES, de que trata a Lei n. 10.684, de 30 de maio de 2003, no Parcelamento Excepcional – PAEX, de que trata a Medida Provisória n. 303, de 29 de junho de 2006, no parcelamento previsto no art. 38 da Lei n. 8.212, de 24 de julho de 1991, e no parcelamento previsto no art. 10 da Lei n. 10.522, de 19 de julho de 2002, mesmo que tenham sido excluídos dos respectivos programas e parcelamentos, bem como os débitos decorrentes do aproveitamento indevido de créditos do Imposto sobre Produtos Industrializados – IPI oriundos da aquisição de matérias-primas, material de embalagem e produtos intermediários relacionados na Tabela de Incidência do Imposto sobre Produtos Industrializados – TIPI, aprovada pelo Decreto n. 6.006, de 28 de dezembro de 2006, com incidência de alíquota 0 (zero) ou como não tributados".

Quanto aos *efeitos penais do parcelamento*, o art. 68, da Lei n. 11.941/2009, disciplina, também sem ressalva quanto ao momento de seu início, que: "É suspensa a pretensão punitiva do Estado, referente aos crimes previstos nos arts. 1º e 2º da Lei n. 8.137, de 27 de dezembro de 1990, e nos arts. 168-A e 337-A do Decreto-lei n. 2.848, de 7 de dezembro de 1940 – Código Penal, limitada a suspensão aos débitos que tiverem sido objeto de concessão de parcelamento, enquanto não forem rescindidos os parcelamentos de que tratam os arts. 1º a 3º desta lei, observado o disposto no art. 69 desta lei".

Não resta a menor dúvida de que as duas últimas normas editadas em matéria de parcelamento são mais benéficas ao acusado pela prática de crime contra a ordem tributária, na medida em que não estabelece prazo certo para que a regularização fiscal possa operar efeitos, suspendendo a pretensão punitiva do Estado. Considerando a admissibilidade do parcelamento instituído pela Lei n. 11.941/2009 inclusive, dos débitos que tenham sido excluídos dos respectivos programas e parcelamentos, sua regulação mais benéfica em matéria penal incide sobre os fatos praticados, anteriores à sua vigência. Nesses termos, *ainda que o parcelamento seja concedido após o recebimento da denúncia*, no curso da ação penal, ele terá o condão de operar efeitos, suspendendo a pretensão punitiva do Estado.

A interpretação pode ser ainda mais ampla, operando efeito após o trânsito em julgado da condenação. Embora a casuística seja, na prática, mais reduzida, a partir da análise do julgamento do ARE 741426 AgR-ED-ED, pelo STF, verifica-se que restou admitida a possibilidade de suspensão da pretensão punitiva e da pretensão executória durante o período de vigência do parcelamento do débito tributário. O entendimento se revela compatível com a consolidação da tese, segundo a qual, extingue-se a punibilidade, a qualquer tempo, pelo pagamento integral do tributo. De fato, se o pagamento opera efeito jurídico inclusive após o trânsito em julgado da condenação, há de se aguardar o período do parcelamento (caso existente) a fim de que o contribuinte promova o adimplemento integral do débito e, assim, se beneficie desta modalidade de regularização fiscal, cujo efeito jurídico conduz, de igual forma, à extinção da punibilidade e, por conseguinte, a inviabilidade da execução da pena.

## 4. Natureza jurídica da representação fiscal para fins penais

Durante muito tempo discutiu-se a natureza jurídica da representação fiscal instituída no art. 83 da Lei n. 9.430/96, especialmente se constituía *condição de procedibilidade da ação penal*, submetendo a atuação do Ministério Público à prévia representação da autoridade fiscal nos crimes contra a ordem tributária. A redação atual do dispositivo legal dispõe o seguinte: "A representação fiscal para fins penais relativa aos crimes contra a ordem tributária previstos nos arts. 1º e 2º da Lei n. 8.137, de 27 de dezembro de 1990, e aos crimes contra a Previdência Social, previstos nos arts. 168-A e 337-A do Decreto-lei n. 2.848, de 7 de dezembro de 1940 (Código Penal), será encaminhada ao Ministério Público depois de proferida a decisão final, na esfera administrativa, sobre a exigência fiscal do crédito tributário correspondente".

O tema encontra-se pacificado, sendo majoritário o entendimento na doutrina[8], e *unânime na jurisprudência*, especialmente após a manifestação do STF a respeito na ADIn 1.571[9], de que a representação fiscal do aludido art. 83 tem natureza jurídica de *no-*

---

8. Confira Gamil Föppel; Rafael de Sá Santana. *Crimes tributários*. 2. ed. Rio de Janeiro: Lumen Juris, 2010. p. 111-113, 162.

9. STF. ADin 1571-1/DF. Rel. Min. Gilmar Mendes. Julgado em 10-12-2003. Publicado no *DJ* 30-04-2004. "EMENTA: Ação direta de inconstitucionalidade. 2. Art. 83 da Lei n. 9.430, de 27-12-1996. 3. Arguição de violação ao art. 129, I da Constituição. *Notitia criminis* condicionada "à decisão final, na esfera administrativa, sobre a exigência fiscal do crédito tributário". 4. A norma impugnada tem como destinatários os agentes fiscais, em nada afetando a atuação do Ministério Público. É obrigatória, para a autoridade fiscal, a remessa da *notitia criminis* ao Ministério Público. 5. Decisão que não afeta orientação fixada no HC 81.611. Crime de resultado. Antes de constituído definitivamente o crédito tributário não há justa causa para a ação penal. O Ministério Público pode, entretanto, oferecer denúncia independentemente da comunicação, dita "representação tributária", se, por outros meios, tem conhecimento do lançamento definitivo. 6. Não configurada qualquer limitação à atuação do Ministério Público para propositura da ação penal pública pela prática de crimes contra a ordem tributária. 7. Improcedência da ação".

*titia criminis*, sem confundir-se com a representação do ofendido, nos crimes de ação penal pública condicionada (art. 24 do CPP). Inclusive porque o legislador penal estabeleceu expressamente no art. 15, da Lei n. 8.137/90, que os crimes contra a ordem tributária são de *ação penal pública incondicionada*, aplicando-se o disposto no art. 100 do CPP.

A princípio, a norma do art. 83, da Lei n. 9.430/96, não inibe nem condiciona a ação do Ministério Público, no que concerne à propositura da ação penal, embora seja necessária a conclusão definitiva do crédito tributário. Contudo, deve-se ressaltar que, apesar de os crimes contra a ordem tributária serem de ação pública incondicionada, o Ministério Público somente poderá oferecer denúncia pelo crime do art. 1º, uma vez cumprida a *condição objetiva de punibilidade*, qual seja, a constituição definitiva do crédito tributário, entendimento consolidado após a Súmula Vinculante 24 do STF. Mesmo reconhecendo que o art. 83 não institui nenhuma condição de procedibilidade para a propositura de ação penal, não podemos esquecer que a exigência de *encerramento da via administrativa*, com o lançamento definitivo do tributo, é condição objetiva de punibilidade do crime previsto no art. 1º da Lei n. 8.137/90, e, como tal, repercute na procedibilidade da ação penal. O que, no nosso entendimento, também ocorre em relação ao crime do art. 2º, pelas razões que indicamos anteriormente.

Em outras palavras, repetindo, apesar de os crimes contra a ordem tributária serem de ação pública incondicionada, o Ministério Público somente poderá oferecer denúncia, uma vez cumprida a condição objetiva de punibilidade, qual seja, a constituição definitiva do crédito tributário. Caso contrário a denúncia deverá ser rejeitada pelo juiz, e a ação penal deverá ser trancada via *habeas corpus*, por falta de justa causa.

Finalmente, cabe destacar que o referido art. 83 sofreu o acréscimo de seis parágrafos, com o fim de uniformizar o entendimento acerca do momento adequado para o encaminhamento da representação fiscal ao Ministério Público. Com efeito, foram incluídos, pela Lei n. 12.382, de 25 de fevereiro de 2011, ao art. 83, da Lei n. 9.430/96, os seguintes parágrafos: § 1º Na hipótese de concessão de parcelamento do crédito tributário, a representação fiscal para fins penais somente será encaminhada ao Ministério Público após a exclusão da pessoa física ou jurídica do parcelamento. § 2º É suspensa a pretensão punitiva do Estado referente aos crimes previstos no *caput*, durante o período em que a pessoa física ou a pessoa jurídica relacionada com o agente dos aludidos crimes estiver incluída no parcelamento, desde que o pedido de parcelamento tenha sido formalizado antes do recebimento da denúncia criminal. § 3º A prescrição criminal não corre durante o período de suspensão da pretensão punitiva. § 4º Extingue-se a punibilidade dos crimes referidos no *caput* quando a pessoa física ou a pessoa jurídica relacionada com o agente efetuar o pagamento integral dos débitos oriundos de tributos, inclusive acessórios, que tiverem sido objeto de concessão de parcelamento. § 5º O disposto nos §§ 1º a 4º não se aplica nas hipóteses de vedação legal de parcelamento. § 6º As disposições contidas no *caput* do art. 34 da Lei n. 9.249, de 26 de dezembro de 1995, aplicam-se aos processos administrativos e aos inquéritos e processos em curso, desde que não recebida a denúncia pelo juiz.

Dessa forma, pretendem-se garantir os efeitos das medidas de regularização fiscal, anteriormente analisadas, evitando a atuação desnecessária e improdutiva das autoridades fiscais e do Ministério Público.

## 5. Aplicabilidade do princípio da insignificância nos crimes contra a ordem tributária

Como já manifestamos no v. 1 de nosso *Tratado de Direito Penal*, a tipicidade penal exige *uma ofensa de alguma gravidade* aos bens jurídicos protegidos, pois nem sempre qualquer *ofensa* a esses bens ou interesses é suficiente para configurar o *injusto típico*. Segundo esse princípio, que Klaus Tiedemann chamou de *princípio de bagatela*, é imperativa uma *efetiva proporcionalidade* entre a *gravidade* da conduta que se pretende punir e a *drasticidade da intervenção estatal*. Amiúde, condutas que se amoldam a determinado tipo penal, sob o ponto de vista formal, não apresentam nenhuma *relevância material*. Nessas circunstâncias, pode-se afastar liminarmente a tipicidade penal porque em verdade a *ofensa* ao bem jurídico não necessita da tutela penal, podendo o conflito gerado pela infração das normas ser resolvido em outro âmbito do ordenamento jurídico.

Deve-se ter presente que a *seleção dos bens jurídicos* tuteláveis pelo Direito Penal e os *critérios* a serem utilizados nessa seleção constituem *função* do Poder Legislativo, sendo vedada aos intérpretes e aplicadores do Direito essa função, privativa daquele Poder Institucional. Agir diferentemente constituirá violação dos sagrados *princípios constitucionais* da *reserva legal* e da *independência dos Poderes*. O fato de determinada conduta tipificar uma infração penal de *menor potencial ofensivo* (art. 98, I, da CF) não quer dizer que tal conduta configure, por si só, o *princípio da insignificância*. Os delitos de lesão corporal leve, de ameaça, injúria, por exemplo, já sofreram a *valoração* do legislador, que, atendendo às necessidades sociais e morais históricas dominantes, determinou as consequências jurídico-penais de sua violação. Os limites do desvalor da ação, do desvalor do resultado e as sanções correspondentes já foram valorados pelo legislador. As ações que lesarem tais bens, embora menos importantes se comparados a outros bens como a vida e a liberdade sexual, são *social e penalmente relevantes*.

Assim, a *irrelevância* ou *insignificância* de determinada conduta deve ser aferida não apenas em relação à importância do bem juridicamente atingido, mas especialmente em relação ao *grau de sua intensidade*, isto é, *pela extensão da lesão produzida*, como, por exemplo, nas palavras de Roxin, "maus tratos não é qualquer tipo de lesão à integridade corporal, mas somente uma lesão relevante; uma forma delitiva de injúria é só a lesão grave a pretensão social de respeito. Como *força* deve ser considerada unicamente um obstáculo de certa importância, igualmente também a ameaça deve ser *sensível* para ultrapassar o umbral da criminalidade"[10].

Concluindo, a *insignificância da ofensa* afasta a *tipicidade*. Mas essa insignificância só pode ser valorada através da *consideração global* da ordem jurídica. Como afirma Zaffaroni[11], "a insignificância só pode surgir à luz da função geral que dá sentido à ordem normativa e, consequentemente, à norma em particular, e que nos indica que esses pressupostos estão excluídos de seu âmbito de proibição, o que resulta impossível de se estabelecer à simples luz de sua consideração isolada".

Na primeira edição desta obra, a possibilidade de aplicação do *princípio da insignificância* para os crimes contra a ordem tributária decorria da interpretação das normas que disciplinavam, à época, a execução fiscal, concretamente, do art. 20 da Lei n. 10.522, de 19 de julho de 2002, na sua redação original, que estabelecia o seguinte: "Serão arquivados, sem baixa na distribuição, mediante requerimento do Procurador da Fazenda Nacional, os autos das execuções fiscais de débitos inscritos como Dívida Ativa da União pela Procuradoria-Geral da Fazenda Nacional ou por ela cobrados, de valor consolidado igual ou inferior a R$ 10.000,00 (dez mil reais)". Tratamento semelhante também estava presente no art. 1º da Portaria do Ministério da

---

10. Claus Roxin, *Política criminal* y *estructura del delito*. Barcelona: PPU, 1992. p. 53.

11. Eugenio Raúl Zaffaroni, *Manual de Derecho Penal*. 6. ed. Buenos Aires: Ediar, 1991. p. 475.

Fazenda n. 049, de 1º de abril de 2004, que estabelecia os limites de valor para a inscrição de débitos fiscais na Dívida Ativa da União, e para o ajuizamento das execuções fiscais pela Procuradoria-Geral da Fazenda Nacional.

Com esse ponto de partida, não eram propostas Ações de Execuções Fiscais cujas dívidas fossem iguais ou inferiores ao valor de R$ 10.000,00 (dez mil reais). Ademais, as ações de execuções já promovidas cujos valores também fossem iguais ou inferiores a R$ 10.000,00 (dez mil reais) eram arquivadas.

Com a edição da Portaria n. 130/2012, do Ministério da Fazenda, que alterou a Portaria n. 75/2012, fixou-se novo limite mínimo para o ajuizamento de execuções fiscais de débitos com a Fazenda Nacional, deixando-se, assim, de serem propostas, até a presente data, ações em face de débitos cujo valor consolidado seja igual ou inferior a R$ 20.000,00 (vinte mil reais). Assim, é o próprio Estado que declara que os débitos fiscais naqueles valores não são significativos nem mesmo para efeito de cobrança judicial. Muito menos o serão para efeito de persecução penal e aplicação de pena criminal. Se o Estado não possui interesse em ajuizar execuções fiscais contra devedores, cujo débito seja, na atualidade, igual ou inferior a R$ 20.000,00, muito menos o terá para a instauração de um processo penal, como instrumento de coerção para o pagamento. Com efeito, uma vez que o Direito Penal é concebido como *ultima ratio* do sistema, não se pode admitir uma hipotética inversão de prioridades, isto é, não cabe exercer o direito de punir quando o próprio Estado dispensa *a priori* o uso de outras formas menos gravosas para garantir a satisfação de seus interesses. A via punitiva somente deverá ser utilizada em último caso.

Esse entendimento já vem sendo acatado pelo STF em relação ao *crime de descaminho*, que também afeta a arrecadação de tributos (HC 100177/ PR, rel. Min. Ayres Britto, Primeira Turma, j. em 22-6-2010, publ. 20-08-2010. Precedentes: HC 92438, HC

94058, HC 96374, HC 96796, RE 514531, RE 536486, RE 550761). A Suprema Corte acompanha, inclusive, a alteração do limite mínimo para o ajuizamento de execuções fiscais de débitos, introduzido pela Portaria n. 130/2012, do Ministério da Fazenda, como se observa da evolução jurisprudencial:

> EMENTA *HABEAS CORPUS*. DIREITO PENAL. DESCAMINHO. VALOR INFERIOR AO ESTIPULADO PELO ART. 20 DA LEI 10.522/2002. PORTARIAS 75 E 130/2012 DO MINISTÉRIO DA FAZENDA. PRINCÍPIO DA INSIGNIFICÂNCIA. APLICABILIDADE. 1. A pertinência do princípio da insignificância deve ser avaliada considerando-se todos os aspectos relevantes da conduta imputada. 2. Para crimes de descaminho, considera-se, na avaliação da insignificância, o patamar previsto no art. 20 da Lei 10.522/2002, com a atualização das Portarias 75 e 130/2012 do Ministério da Fazenda. Precedentes. 3. Descaminho envolvendo elisão de tributos federais no montante de R$ 19.892,68 (dezenove mil, oitocentos e noventa e dois reais e sessenta e oito centavos) enseja o reconhecimento da atipicidade material do delito pela aplicação do princípio da insignificância. 4. Ordem de *habeas corpus* concedida para reconhecer a atipicidade da conduta imputada ao paciente, com o restabelecimento do juízo de rejeição da denúncia exarado pelo magistrado de primeiro grau. (HC 136984 – Órgão julgador: Primeira Turma – Relator(a): Min. ROSA WEBER – Julgamento: 18-10-2016 – Publicação: 15-03-2017).

> PENAL. *HABEAS CORPUS*. CRIME DE DESCAMINHO. VALOR SONEGADO INFERIOR AO FIXADO NO ART. 20 DA LEI 10.522/2002, ATUALIZADO PELAS PORTARIAS 75/2012 E 130/2012 DO MINISTÉ-

RIO DA FAZENDA. PRINCÍPIO DA INSIGNIFICÂNCIA. APLICABILIDADE. PRECEDENTES. ORDEM CONCEDIDA. I – O paciente foi denunciado pela suposta prática do crime de descaminho (art. 334, *caput*, do Código Penal), por introduzir no território nacional mercadorias de origem estrangeira sem a devida documentação fiscal, deixando de recolher tributos que totalizaram a quantia de R$ 2.526,35 (dois mil, quinhentos e vinte e seis reais e trinta e cinco centavos), não constando dos autos ações penais contra o paciente, situação que demonstra não se tratar de criminoso habitual. II – Nos termos da jurisprudência deste Tribunal, o princípio da insignificância deve ser aplicado ao delito de descaminho quando o valor sonegado for inferior ao estabelecido no art. 20 da Lei 10.522/2002, atualizada pelas Portarias 75/2012 e 130/2012 do Ministério da Fazenda. II – Ordem concedida para restabelecer a sentença de primeiro grau que rejeitou a denúncia, "diante da atipicidade da conduta, com base no artigo 395, inciso III (ausência de justa causa para o exercício da ação penal), do Código de Processo Penal". (HC n. 136.958/RS, Ministro Ricardo Lewandoswi, Segunda Turma, julgado em 4/4/2017, *DJe* 27/4/2017).

Essa orientação também foi seguida pelo Superior Tribunal de Justiça, tanto em relação ao *crime de descaminho* como em relação a todos os débitos inscritos na Dívida Ativa da União. Destaque-se que a matéria foi apreciada pela Terceira Seção, sob a sistemática dos recursos repetitivos, e resultou na edição do Tema 157, o qual já se encontra atualizado, com a fixação da seguinte tese: "Incide o princípio da insignificância aos crimes tributários federais e de descaminho quando o débito tributário verificado não ultrapassar o limite de R$ 20.000,00 (vinte mil reais), a teor do disposto no art. 20 da Lei n. 10.522/2002, com as atualizações efetivadas pelas Portarias 75 e 130, ambas do Ministério da Fazenda".

A conclusão "é elementar, meu caro Watson", como diria Sherlock Holmes, não havendo, portanto, interesse do Estado em promover a execução fiscal contra os devedores cujo débito inscrito na Dívida Ativa da União seja igual ou inferior a R$ 20.000,00 (vinte mil reais), não há que se cogitar da persecução penal pelo mesmo motivo.

# SEGUNDA PARTE

## crimes em espécie

Capítulo 3

# Supressão ou redução de tributo

**Sumário:** 1. Considerações preliminares. 2. Bem jurídico tutelado. 3. Sujeitos do crime. 4. Adequação típica. 4.1. Omitir informação, ou prestar declaração falsa às autoridades fazendárias (I). 4.1.1. Tipo objetivo: adequação típica. 4.1.2. Tipo subjetivo: adequação típica. 4.2. Fraudar a fiscalização tributária, inserindo elementos inexatos, ou omitindo operação de qualquer natureza, em documento ou livro exigido pela lei fiscal (II). 4.2.1. Tipo objetivo: adequação típica. 4.2.2. Tipo subjetivo: adequação típica. 4.3. Falsificar ou alterar nota fiscal, fatura, duplicata, nota de venda, ou qualquer outro documento relativo à operação tributável (III). 4.3.1. Tipo objetivo: adequação típica. 4.3.2. Tipo subjetivo: adequação típica. 4.4. Elaborar, distribuir, fornecer, emitir ou utilizar documento que saiba ou deva saber falso ou inexato (IV). 4.4.1. Tipo objetivo: adequação típica. 4.4.2. Tipo subjetivo: adequação típica. 4.5. Negar ou deixar de fornecer, quando obrigatório, nota fiscal ou documento equivalente, relativa a venda de mercadoria ou prestação de serviço, efetivamente realizada, ou fornecê-la em desacordo com a legislação (V). 4.5.1. Tipo objetivo: adequação típica. 4.5.2. Tipo subjetivo: adequação típica. 4.6. Criminalização do desatendimento de exigência da autoridade fiscal (parágrafo único). 5. Considerações críticas sobre a Súmula Vinculante 24 do STF. 6. Consumação e tentativa. 7. Classificação doutrinária. 8. Pena e ação penal.

Art. 1º Constitui crime contra a ordem tributária suprimir ou reduzir tributo, ou contribuição social e qualquer acessório, mediante as seguintes condutas:

I – omitir informação, ou prestar declaração falsa às autoridades fazendárias;

II – fraudar a fiscalização tributária, inserindo elementos inexatos, ou omitindo operação de qualquer natureza, em documento ou livro exigido pela lei fiscal;

III – falsificar ou alterar nota fiscal, fatura, duplicata, nota de venda, ou qualquer outro documento relativo à operação tributável;

IV – elaborar, distribuir, fornecer, emitir ou utilizar documento que saiba ou deva saber falso ou inexato;

V – negar ou deixar de fornecer, quando obrigatório, nota fiscal ou documento equivalente, relativa a venda de mercadoria ou prestação de serviço, efetivamente realizada, ou fornecê-la em desacordo com a legislação.

Pena – reclusão de 2 (dois) a 5 (cinco) anos, e multa.

Parágrafo único. A falta de atendimento da exigência da autoridade, no prazo de 10 (dez) dias, que poderá ser convertido em horas em razão da maior ou menor complexidade da matéria ou da dificuldade quanto ao atendimento da exigência, caracteriza a infração prevista no inciso V.

# 1. Considerações preliminares

As ações relevantes caracterizadoras dos crimes descritos no art. 1º da Lei n. 8.137/90 consistem na *supressão* ou *redução* de tributo, bem como de obrigação acessória, mediante as formas ou modos elencados nos respectivos incisos. *Suprimir* significa eliminar, abolir, acabar, extinguir ou impedir que o tributo ou obrigação acessória apareça ou se configure no sistema tributário nacional; *reduzir*, por sua vez, significa diminuir, abater ou restringi-lo. Ambos os comportamentos – suprimir ou restringir – têm como objeto material *tributo* ou *contribuição social* e *quaisquer acessórios* correspondentes. A *supressão* de tributo refere-se, assim, à sua *evasão total*, enquanto a *redução* significa diminuí-lo, isto é, não recolher o que deveria ter sido pago ao erário público.

O legislador penal não foi feliz na redação do *caput*, porque de acordo com o disposto nos arts. 145, 149 e 195 da Constituição Federal de 1988 (CF), e no art. 5º do Código Tributário Nacional (CTN), *tributo* é gênero do qual constituem espécies os impostos, as taxas, as contribuições de melhoria e as contribuições sociais. É discutível, contudo, a natureza jurídica do denominado *empréstimo compulsório*. Teria sido suficiente, e bem mais eloquente, a simples menção ao gênero *tributo*, que, por sua abrangência, ficaria claro que a supressão ou redução incidem sobre as referidas *espécies tributárias*, sendo desnecessária a prolixidade tradicional do legislador brasileiro.

Relativamente ao objeto da supressão ou da redução, o legislador penal fez uso de *conceitos normativos* relacionados às normas do Direito Tributário, de modo que é necessário buscar, naquele ramo do Direito, as informações necessárias para o entendimento do alcance do tipo penal, mas sem perder de vista, como advertimos no início deste trabalho, que *o núcleo essencial da conduta incriminada* é estabelecido pelo legislador penal. O conceito de *tributo* está definido no art. 3º do CTN, nos seguintes termos: "Tributo é toda prestação pecuniária compulsória, em moeda ou cujo valor nela se possa exprimir, que não constitua sanção de ato ilícito, instituída em lei e cobrada mediante atividade administrativa plenamente vinculada". Sem a pretensão de discutir aqui os aspectos teóricos do conceito de *tributo*, interessa-nos evidenciar que quando o agente reduz ou suprime *tributo* significa que há o inadimplemento da obrigação principal de pagá-lo. De modo que, para a caracterização do crime, é necessário constatar a existência da referida obrigação, ou, em outras palavras, *é necessário reconhecer, como pressuposto, a prévia existência de uma determinada relação jurídico-tributária entre o sujeito ativo do delito e o Estado*, ou seja, que, concretamente, há uma *dívida tributária*[1].

*Acessório*, por sua vez, é aquilo que está junto ou superposto a alguma coisa tida como principal, sem dela fazer parte integrante. Em princípio, poder-se-ia interpretar o termo *acessório*, estritamente, como sinônimo de *obrigação tributária acessória*, como se o comportamento típico consistisse na mera infração aos chamados *deveres instrumentais ou formais*, estipulados pelo Estado Administração; *v. g.*, como o dever de escriturar livros fiscais, prestar informações fiscais, expedir notas fiscais, fazer declarações, manter dados e documentos à disposição das autoridades administrativas, aceitar fiscalizações etc., dirigidos a facilitar o conhecimento, controle e arrecadação da importância devida como tributo (obrigação tributária principal). Ocorre que, a teor do disposto no art. 113, § 3º, do CTN, a *inobservância de obrigação acessória* converte-a em *obrigação principal* relativamente à penalidade pecuniária, isto é, "faz nascer para o fisco o direito de constituir um *crédito tributário* contra o inadimplente, cujo conteúdo é precisamente a penalidade pecuniária, vale dizer, a multa correspondente"[2]. Nesses termos, o objeto da redução ou supressão em relação a *qualquer acessório* diz respeito ao inadimplemento da penalidade pecuniária, isto é, das multas aplicadas em virtude do não cumprimento de obrigação tributária acessória[3].

---

1. Carlos Martínez Buján-Pérez. El delito de defraudación tributaria. *Revista Penal*, n. 1, p. 57, 1998.
2. Hugo de Brito Machado. *Curso de Direito Tributário*. 19. ed. São Paulo: Malheiros, 2001. p. 105.
3. Nesse sentido também se manifesta Luis Regis Prado. *Direito Penal econômico*. 4. ed. São Paulo: Revista dos Tribunais, 2011. p. 276-277.

Um determinado setor de nossa doutrina[4], ademais, entende que o *acessório* se refere aos juros de mora devidos pelo não pagamento do tributo dentro do prazo. No entanto, essa orientação nos parece absolutamente desarrazoada: a *redução* ou *supressão* do pagamento de juros de mora não pode ser considerada crime, como se fosse redução ou supressão de tributo; na verdade, como *acessória* pode ser considerada eventual penalidade pecuniária aplicada pelo não cumprimento da obrigação tributária, a qual, evidentemente, não se confunde com *juro de mora*. E, também nessa hipótese, é necessário constatar, para caracterização do crime, a existência da referida obrigação, em outras palavras, é necessário reconhecer, como pressuposto, a prévia existência de uma determinada relação jurídico-tributária entre o sujeito ativo do delito e a Administração tributária, concretamente, da qual, em virtude do não cumprimento de deveres instrumentais ou formais, haja nascido uma dívida tributária (a obrigação de pagar a multa).

Com isso pretendemos evidenciar que o objeto da redução ou supressão consiste sempre num *elemento de natureza pecuniária*, de modo que o comportamento típico objetivo consiste, em princípio, no não pagamento, total ou parcial, do valor devido ao erário público, por força da obrigação tributária existente. Nessa linha de raciocínio é possível deduzir que os questionamentos que versem sobre a existência da *relação jurídico-tributária*, e a consequente existência de dívida, *condicionam a tipicidade* do comportamento na seara penal, pois *sem a existência de uma obrigação principal de pagar e o seu inadimplemento*, não há que se falar na infração penal tipificada no art. 1º, ante a falta de seu pressuposto fático e normativo.

---

4. Paulo José da Costa Jr.; Zelmo Denari. *Infrações tributárias e delitos fiscais*. 4. ed. São Paulo: Saraiva, 2000. p. 116.

A técnica utilizada pelo legislador penal na redação do tipo, com referência expressa à supressão ou redução de tributo ou acessório, como consequência das condutas elencadas pelo art. 1º, permite classificá-lo como *crime de resultado*. Assim, se faz necessário constatar, para que o crime seja punido como consumado, a efetiva redução ou supressão do tributo, ou acessório. Além disso, é necessário demonstrar o *vínculo causal e jurídico* entre a conduta praticada pelo agente e o resultado requerido pelo tipo.

Mas será que todo devedor do fisco é, ao mesmo tempo, um criminoso ou um infrator penal?

Segundo Martínez Buján-Pérez[5], existem, basicamente, duas concepções sobre a natureza dos crimes tributários. Por um lado, encontramos a postura defendida majoritariamente pela *doutrina alemã* e, minoritariamente, pela *doutrina espanhola*, segundo a qual o delito fiscal equivale à causação de um prejuízo patrimonial em virtude da infração de deveres tributários, de modo que estaríamos diante de um delito de *infração de dever*, nos termos da construção de Roxin[6]. Por outro lado, encontramos a postura majoritária da doutrina e jurisprudência espanholas, que defende a chamada "teoria do engano", segundo a qual, nos termos da atual redação do art. 305 do Código Penal Espanhol, *é necessário o emprego de fraude ou engano* para que a infração tributária possa vir a ser considerada como *tipificadora de um crime tributário*.

A diferença entre essas duas grandes vertentes não é meramente teórica, nem mesmo retórica, mas repercute na materialização mesma do crime tributário. A concepção dos delitos como *infração*

---

5. Carlos Martínez Buján-Pérez. El delito de defraudación tributaria. *Revista Penal*. n. 1, p. 57, 1998, com ampla referência bibliográfica e jurisprudencial.

6. Claus Roxin. *Autoría y dominio del hecho en Derecho Penal*. 7. ed. Trad. Joaquín Cuello Contreras e José Luis Serrano González de Murillo. Madrid/Barcelona: Marcial Pons, 2000. p. 385 e s., 742 e s.

*de dever* conduz a uma progressiva *administrativização* do Direito Penal, além de propiciar a *ampliação da intervenção penal*, revestindo com o atributo da tipicidade condutas de quem é mero devedor do fisco, isto é, o conhecido *inadimplente*, que, sabidamente, não se confunde com *sonegador*. Enquanto sob o prisma da "teoria do engano" o delito fiscal não se caracteriza sem o componente da fraude ou engano, limitando o alcance da intervenção penal neste âmbito; nesse aspecto, longe de assumir uma mera *função simbólica* e *funcional* como instrumento de coerção para a arrecadação de tributos, dirige-se somente à persecução daqueles comportamentos nitidamente orientados a fraudar a Fazenda Nacional. Essa orientação distingue claramente o sonegador, isto é, aquele que *frauda* o erário público, daquele que é um simples *inadimplente*, a exemplo do que ocorre no ordenamento jurídico brasileiro.

O legislador pátrio não optou claramente por nenhuma destas duas vertentes, admitindo, ao contrário do que preceitua a boa dogmática, ambas as possibilidades, ao descrever como forma de execução da supressão ou redução de tributo tanto *meras infrações de deveres extrapenais* relacionados com obrigações tributárias formais como condutas fraudulentas.

As dificuldades práticas geradas pela falta de rigor técnico-dogmático do legislador penal são notórias, especialmente nas *condutas omissivas* tipificadas. Concretamente, gera a dúvida quanto à suficiência, para a configuração do crime, a simples *omissão da conduta devida* com o não cumprimento de uma obrigação tributária, ou se é necessário que dita omissão possua um *componente fraudulento* capaz de induzir a erro os órgãos da Fazenda Pública.

Na hipótese do *crime de resultado* do art. 1º, a questão a ser resolvida é a de identificar os casos em que a *omissão* pode ser *equiparada* à ação positiva na produção do resultado requerido pelo tipo, isto é, quando a *comissão por omissão* é relevante para efeitos penais.

Para a teoria geral do delito, a infração das normas imperativas constitui a essência do crime omissivo. A conduta que infringe uma norma mandamental consiste em não fazer a ação ordenada pela referida norma. Nesses termos, tipifica-se o *crime omissivo* quando o agente não faz o que pode e deve fazer, que lhe é juridicamente ordenado[7]. Portanto, o crime *omissivo* consiste sempre na omissão de uma ação determinada que o sujeito tinha obrigação de realizar e que podia fazer.

Particularmente, nos crimes *omissivos impróprios*, ou comissivos por omissão, o agente infringe o *dever de agir para evitar um resultado*. Desse modo, os crimes *comissivos por omissão* são sempre *crimes materiais,* no sentido de que se diz cometido em comissão por omissão o crime cujo resultado deve ser atribuído, isto é, imputado, à conduta humana *omissiva* de não fazer aquilo que podia e devia, nos termos do art. 13, § 2º, do CP, justamente para evitar que o resultado típico ocorresse. Sendo assim, deve ser estabelecida uma relação jurídica de imputação entre a *omissão do dever de agir* e o resultado.

No âmbito do Direito Penal Tributário, o *dever de agir* fundamenta-se, em regra, na existência de *obrigação tributária principal* (obrigação de pagar). Essa obrigação pode ser oriunda da ocorrência do *fato gerador*, mas pode, também, ser consequência da imposição de penalidade pecuniária em virtude do *não cumprimento de deveres formais* (obrigação tributária acessória). O passo seguinte consistiria então em estabelecer *a relação jurídica de imputação* entre o não cumprimento da referida obrigação de pagar e o resultado de supressão ou redução de tributo e respectivo acessório. Sob essa perspectiva, os crimes contra a ordem tributária cometidos sob a forma de comissão por omissão seriam autênticos *delitos de infração de dever*.

---

[7]. Cezar Roberto Bitencourt. *Tratado de Direito Penal*: parte geral. 28. ed. São Paulo: Saraiva, 2022. v. 1, p. 330.

Segundo Martínez Buján-Pérez, Miguel Bajo e Silvina Bacigalupo[8], se os delitos fiscais são concebidos como delitos de *infração de dever* chega-se inevitavelmente à conclusão de que a comissão por omissão será sempre factível *desde que a omissão do dever de agir* estabelecido na lei tributária (não cumprimento da obrigação tributária) esteja vinculada à *causação de um prejuízo patrimonial* à Fazenda Pública. No entanto, sendo adotada a *teoria do engano* a *relevância típica da omissão* dependerá da idoneidade do comportamento omissivo para *induzir a Fazenda Pública a erro*, ou seja, que a omissão seja capaz de *enganar* a Fazenda Pública, assumindo, no mínimo, o caráter de *ocultação intencional de fatos com relevância tributária* (fatos que fundamentam o nascimento da obrigação tributária).

A doutrina argentina também se posiciona nesse sentido. Como destaca Guillermo J. Yacobucci[9], o *núcleo do significado jurídico-penal dos comportamentos incriminados* não é o de simplesmente evitar o pagamento do tributo, mas sim o *engano no que diz respeito às exigências fiscais de colaboração e informação ou às fontes de obrigação que fazem nascer o fato imponível e a dívida tributária*.

Esse entendimento também possibilita, segundo Guillermo Yacobucci[10], estabelecer a necessária relação de imputação objetiva entre a conduta do agente e o resultado previsto no tipo. Com efeito, quando o agente, no desenvolvimento de atividade econômica, oculta, simula, engana sobre a constituição ou importância

---

8. Carlos Martínez Buján-Pérez, *El delito de defraudación tributaria*, op. cit., p. 58; Miguel Bajo; Silvina Bacigalupo. *Derecho Penal económico*. 2. ed. Madrid: Editorial Universitaria Ramón Areces, 2010. p. 274-279.

9. Guillermo J. Yacobucci. La conducta típica en la evasión tributaria. (Un problema de interpretación normativa.) In: Alejandro C. Altamarino, Ramiro M. Rubinska (Coords.). *Derecho Penal Tributario*. Madrid/Barcelona/Buenos Aires: Marcial Pons, 2008. t. 1, p. 117.

10. Guillermo J. Yacobucci, *La conducta típica en la evasión tributaria*, op. cit., p. 118-125.

dos deveres fiscais, *cria-se um risco juridicamente desaprovado*, e o não ingresso do que é devido ao erário público configura a evasão penalmente relevante. Nesses termos, é possível estabelecer um *nexo jurídico de imputação* entre o *engano* (ocultação, simulação, fraude) sobre os *deveres de tributar* e pagar praticado pelo agente, o não cumprimento desses *deveres*, e a consequente afetação do patrimônio administrado pela Fazenda Pública.

Deixamos claro, em outros termos, que nem todo devedor do fisco é criminoso, nem toda infração da normativa tributária relacionada com o nascimento da obrigação tributária e seu lançamento é constitutiva de crime, mas somente nos casos em que representem uma *manobra fraudulenta* para enganar a Fazenda Pública, em detrimento do erário público.

## 2. Bem jurídico tutelado

As considerações gerais acima desenvolvidas estão em estrita conexão com a concepção de bem jurídico por nós defendida[11], especialmente no que diz respeito ao bem jurídico tutelado nos crimes contra a ordem tributária e seu específico objeto de proteção: o patrimônio administrado pela Fazenda Pública na sua faceta de ingressos e gastos públicos.

A proteção aqui outorgada à ordem tributária e, especificamente, ao *erário público*, enquanto *patrimônio administrado* pela Fazenda Pública, não se estende ao patrimônio já formado, nem à boa gestão dos gastos; incide somente sobre a *legítima expectativa de ingressos ao Tesouro Público*, sem o qual não chegaria a constituir o patrimônio público propriamente dito. Em sentido similar também se manifesta Juary C. Silva: "A finalidade da norma não

---

11. Confira Cezar Roberto Bitencourt, *Tratado de Direito Penal*, op. cit., v. 1, Cap. XVII.

é tutelar o patrimônio estatal, nem se confunde com aquelas que atendem a esse propósito (p. ex., crimes de peculato, furto, apropriação indébita), pois aqui não se agride o patrimônio público formado, mas apenas se prejudica o *ingresso de tributos nos cofres estatais*. A tutela não se endereça a bens estatais, e sim a um direito, que se poderia chamar de direito de imposição, na conformidade do qual ao Poder Público é lícito, obedecidos os requisitos constitucionais e legais, exigir dos particulares certas prestações pecuniárias"[12].

A especificidade do objeto de proteção penal neste art. 1º justifica o teor dos comportamentos incriminados nos incs. I a V, pois eles representam, sob a ótica do Direito Tributário, o não cumprimento de exigências fiscais dirigidas a certificar o nascimento da obrigação tributária, e a facilitar o controle e arrecadação da importância devida como tributo. Com efeito, as condutas elencadas possuem um significativo potencial ofensivo, na medida em que dificultam e/ou impedem a atividade arrecadadora do fisco, repercutindo de maneira negativa nas funções desempenhadas pelos tributos. Mas, como veremos ao longo deste capítulo, elas somente serão penalmente relevantes para efeito de subsunção no tipo do art. 1º, quando impliquem a redução ou supressão *fraudulenta* de tributo ou acessório, ou, pelo menos, a sua tentativa.

## 3. Sujeitos do crime

Como indicamos inicialmente, nas considerações gerais, o objeto da redução ou supressão consiste sempre num elemento de natureza pecuniária, de modo que o comportamento típico impli-

---

12. Juary C. Silva. *Elementos de Direito Penal Tributário*. São Paulo: Saraiva, 1998. p. 190.

ca o não pagamento, total ou parcial, de certo valor em dinheiro, que é devido ao Estado, enquanto pessoa de direito público competente para instituir e arrecadar tributos, por força da obrigação tributária existente. Nesses termos, é necessário constatar, como pressuposto do crime, a prévia existência de uma determinada relação jurídico-tributária entre o sujeito ativo do delito e o Estado, ou seja, que haja nascido uma dívida tributária.

Sob esse ponto de partida, pode-se afirmar que o *sujeito ativo* do crime é o sujeito passivo da obrigação tributária principal, que deixa de honrá-la perante o fisco. Nos termos do art. 121, do CTN, "sujeito passivo da obrigação principal é a pessoa obrigada ao pagamento de tributo ou penalidade pecuniária". Nesses termos, estamos diante de um *crime próprio* ou *especial*, dado que *o agente deve ostentar determinada qualidade ou condição pessoal*, no caso, *deve ser o sujeito obrigado ao pagamento de tributo ou penalidade pecuniária*.

Conforme o parágrafo único do art. 121, e a primeira parte do art. 128, do CTN, o sujeito passivo da obrigação principal pode ser tanto o *contribuinte*, sujeito que tem relação pessoal e direta com a situação que constitui o respectivo fato gerador, como o *responsável em sentido estrito*, sujeito que, sem revestir a condição de *contribuinte*, é obrigado em face de disposição expressa de lei[13]. No caso do imposto de renda, por exemplo, o *contribuinte* é aquele que aufere rendas ou proventos de qualquer natureza (art. 43 do

---

13. Quando nos referimos à figura do *responsável em sentido estrito* nele entendemos incluído todo aquele que não tenha relação pessoal e direta com o fato jurídico-tributário, mas que, por força de lei, tenha a obrigação regular e preferente de cumprir a prestação exigida pelo fisco, liberando o contribuinte de referido cumprimento. Neste sentido, o substituto tributário é responsável e também aquele que passa a integrar o polo passivo da obrigação em virtude de transferência. Confira ao respeito, entre outros, Paulo de Barros Carvalho. *Curso de Direito Tributário*. 13. ed. São Paulo: Saraiva, 2000. p. 297-299; Hugo de Brito Machado, *Curso de Direito Tributário*, op. cit., p. 116 e s.

CTN); entretanto, de acordo com a legislação sobre imposto de renda, a fonte pagadora das rendas ou proventos tributáveis pode ser *responsável* pela retenção e recolhimento, em favor do erário, do valor do imposto devido (parágrafo único do art. 45 do CTN).

Somente através do estudo específico das espécies tributárias é possível identificar, para efeitos fiscais, aqueles que possuem a condição de *contribuinte* e aqueles que possuem a condição de *responsável em sentido estrito*. Certamente, não temos a pretensão de realizar aqui semelhante estudo, mas cabe advertir, novamente, nem sempre haverá coincidência entre o sujeito obrigado perante o fisco a efetuar o pagamento de tributo ou de penalidade pecuniária e o agente do crime do art. 1º. E isso porque a atribuição de responsabilidade penal requer elementos específicos de imputação pessoal que ultrapassam os limites da *responsabilidade objetiva*.

Como consequência do *princípio de culpabilidade*, não é possível atribuir responsabilidade penal sem dolo ou culpa, e especificamente no âmbito dos *crimes contra a ordem tributária* somente há crime se o agente agir dolosamente. Com isso estamos destacando que a mera identificação formal do sujeito passivo da obrigação tributária não é suficiente para formar um juízo de adequação típica na seara penal. Muitas vezes o sujeito formalmente obrigado perante o fisco (seja ele contribuinte ou responsável nos termos da lei) delega, por meio de acordo ou convenção particular, a terceira pessoa a responsabilidade de fato pelo recolhimento e/ou pagamento de tributos. Se esse terceiro é quem realiza, por sua própria conta e risco, a conduta fraudulenta, ultrapassando os limites de suas atribuições, ele será o autor do crime. Embora seja correta a afirmação de Hugo de Brito Machado[14], de que os acordos e convenções particulares, relativos à responsabilidade pelo pagamento tributário, não são oponíveis à Fazenda Pública

---

14. Hugo de Brito Machado, *Curso de Direito Tributário*, op. cit., p. 118-119.

para modificar a definição legal do sujeito passivo das respectivas obrigações tributárias; quando se trata de atribuir *responsabilidade penal* ao sujeito que ostenta a condição especial requerida pelo tipo é necessário demonstrar que, de fato, foi o autor material da conduta incriminada, e que possui *um vínculo subjetivo* com ela, isto é, que agiu dolosamente.

A controvérsia que pode existir diz respeito ao título de imputação do terceiro que, sem ostentar a condição de contribuinte nem a de responsável em sentido estrito perante o fisco, realiza a *redução* ou *supressão fraudulenta* do tributo. É o que acontece, por exemplo, nos casos em que o *contribuinte* perante o fisco é pessoa jurídica, mas o comportamento criminoso é realizado por meio de pessoa física. Observe-se que, no exemplo dado, a *pessoa física* não ocupa o polo passivo da relação tributária. Deverá o agente (pessoa física) responder como autor do crime do art. 1º, mesmo sem ser parte integrante da relação jurídico-tributária? Ou deverá responder como autor dos eventuais crimes comuns cometidos (por exemplo, falsidades instrumentais)?

O próprio legislador penal dirimiu a controvérsia quando estabeleceu, expressamente, no art. 11 da Lei n. 8.137/90 que *inclusive quem atua por meio de pessoa jurídica concorre para os crimes contra a ordem tributária*. A resposta a estes questionamentos também pode ser encontrada a partir da compreensão ampla da figura do *responsável tributário*, conforme o disposto na segunda parte do art. 128 e nos arts. 134, 135 e 137 do CTN, que tratam da *responsabilidade de terceiros* e da *responsabilidade por infrações*. Referimo-nos, concretamente, à previsão de *responsabilidade pessoal pelos créditos correspondentes a obrigações tributárias resultantes de atos praticados com excesso de poderes ou infração de lei, contrato social ou estatutos*. Como destaca Hugo de Brito Machado[15], quan-

---

15. Hugo de Brito Machado, *Curso de Direito Tributário*, op. cit., p. 130.

do as pessoas mencionadas no art. 134, e ainda os mandatários, prepostos e empregados e os diretores, gerentes ou representantes de pessoas jurídicas de direito privado, referidas no art. 135 do CTN, se excedem no uso dos poderes que lhes são conferidos ou infringem, por sua própria conta e risco, a lei, contrato social ou estatutos, tornam-se *pessoal e plenamente responsáveis pelos créditos tributários decorrentes do respectivo excesso ou infração*. Nesses termos, o terceiro que, em regra, não era visto como responsável em sentido estrito (responsável regular e preferente pelo pagamento de tributo ou penalidade pecuniária), passa a integrar a relação jurídico-tributária como sujeito passivo obrigado a cumprir com as exigências do fisco. Significa, em outros termos, que o agente infrator passa a ostentar a condição requerida pelo tipo do art. 1º da Lei n. 8.137/90, e pode, nessas circunstâncias, ser considerado sujeito ativo do crime contra a ordem tributária, afastando as dúvidas porventura existentes acerca do tipo penal aplicável. É por isso que, apesar de os sócios não serem, *a priori*, solidariamente responsáveis pelo pagamento dos débitos da pessoa jurídica, podem figurar como sujeito ativo dos crimes contra a ordem tributária. Outros aspectos dessa discussão podem ser vistos no Capítulo 6 deste livro.

Quanto ao *sujeito passivo* do crime, é a pessoa jurídica de Direito Público, titular da competência para instituir tributos e exigir o cumprimento da obrigação tributária, nos termos dos arts. 145 a 156 da CF de 1988. Trata-se do ente estatal responsável pela administração do erário público, tanto na arrecadação de tributos como na gestão do gasto público: União, Estados, Distrito Federal e Municípios.

A controvérsia que deriva da identificação do *sujeito passivo* do crime contra a ordem tributária diz respeito à possibilidade de caracterizar o *concurso formal* de delitos quando a mesma conduta repercute na supressão ou redução de tributos diferentes, afetando, portanto, diferentes entes estatais arrecadadores. Essa questão será, contudo, analisada mais adiante quando do estudo do concurso de crimes.

## 4. Adequação típica

Como já afirmamos, os comportamentos tipificados no art. 1º consistem na *supressão* ou *redução* de tributo e de qualquer acessório, mediante as formas, meios ou modos elencados nos respectivos incisos. *Suprimir* significa eliminar, abolir, acabar, extinguir ou impedir que o tributo ou obrigação acessória apareça ou se configure; *reduzir* significa diminuir, abater ou restringi-lo. Ambos os comportamentos – suprimir ou restringir – têm como objeto material *tributo* ou *contribuição social* e *qualquer acessório* correspondente. A *supressão* de tributo refere-se, assim, à evasão total, enquanto a *redução* significa diminuí-lo, isto é, não recolher o que deveria ter sido pago ao erário público.

O legislador penal optou por identificar, na redação do tipo, os comportamentos que podem constituir os meios de execução para a realização da supressão ou redução de tributo ou contribuição social e eventuais acessórios. Essa mesma técnica de tipificação também foi utilizada na redação do art. 337-A do CP, que prevê o crime de *sonegação de contribuição previdenciária*.

A análise da adequação típica requer, sob o ponto de vista objetivo, o estudo de cada uma das condutas/meios descritas nos incs. I a V e no parágrafo único do art. 1º, para, na prática, verificar se existe um *nexo causal e jurídico* entre a conduta do agente e o resultado de supressão ou redução descrito no *caput* do art. 1º. Além disso, é preciso demonstrar o *nexo subjetivo* entre o agente e o fato praticado, ou seja, que agiu com dolo, como veremos adiante.

Convém destacar, de plano, que as locuções constantes dos cinco incisos deste art. 1º não constituem normas incriminadoras autônomas, mas representam somente o modo ou forma de execução das condutas de "reduzir ou suprimir tributo". Por isso, *venia concessa*, não nos parece adequado afirmar que há *condutas incriminadas*, autonomamente, em cada inciso. Ademais, se porventura das condutas tipificadas não resultar a *redução* ou *supressão* efetiva de tributo, poderá restar caracterizado, subsidiariamente, o crime descrito no art. 2º desse mesmo diploma legal.

Vejamos, a seguir, cada um dos modos de execução desse tipo penal.

### 4.1. Omitir informação ou prestar declaração falsa às autoridades fazendárias (I)

No inc. I do art. 1º o legislador penal descreve duas formas ou modos de praticar as condutas de suprimir ou reduzir tributos: *omitindo informação* ou *prestando declaração falsa*. Uma forma *omissiva* e outra *comissiva*. Vejamos, a seguir, cada uma delas, individualmente, analisando os elementos do juízo de tipicidade.

*4.1.1. Tipo objetivo: adequação típica*

Para realizar o juízo de subsunção típica inicialmente analisaremos, sob a perspectiva objetiva, o significado e alcance dos comportamentos incriminados e sua relação com o resultado de supressão ou redução de tributo.

*a) Omitir informação* – Omitir é deixar de fazer, de realizar ou executar o que, por lei, está obrigado, é abster-se de uma atividade a que o *dever jurídico* lhe impõe, no caso, de *prestar informação verdadeira* ao fisco. Nessa hipótese estamos diante de crime *omissivo,* que se caracteriza quando o agente não faz o que pode e deve fazer, que lhe é juridicamente determinado. Portanto, o *crime omissivo* consiste sempre na omissão de uma determinada ação que o sujeito tinha obrigação de realizar e *que podia fazer*[16]. O crime omissivo divide-se em *omissivo próprio* e *omissivo impróprio*. Os primeiros são *crimes de mera conduta*, como, por exemplo, a omissão de socorro, aos quais não se atribui resultado algum, enquanto os segundos, os *omissivos impróprios ou comissivos por omissão*, são *crimes de resultado*. Na modalidade aqui tipificada, o resultado de supressão ou redução de tributo se dá através da omissão da informação que deveria ser prestada pelo agente; logo, estamos diante de um crime omissivo impróprio.

A relevância penal da *omissão*, para efeito de caracterização do crime, depende da existência do prévio dever de prestar informação de natureza fiscal às autoridades fazendárias, e que esta repercuta diretamente no pagamento do tributo ou acessório (penalidade pecuniária decorrente da infração de obrigação acessória).

Os *deveres* para com o fisco decorrem da lei, de modo que a informação, cuja omissão é relevante para a configuração do crime do art. 1º, deriva fundamentalmente da lei que institui e regula o tributo, e está relacionada com o *fato jurídico* do qual emana a obrigação tributária. Como advertimos *supra*, a relevância típica da *omissão* dependerá da idoneidade do comportamento omissivo para induzir a Administração em erro, ou seja, é necessário que a omissão seja capaz de enganar a Fazenda Pública, *assumindo o caráter de ocultação intencional* de fatos com relevância tributária (fatos que fundamentam o nascimento da obrigação tributária ou repercutam sobre o *quantum* do débito).

*b) Prestar declaração falsa* – *Declaração falsa* é aquela que contraria o real conteúdo que deveria ter, isto é, não há correspon-

---

16. Francisco Muñoz Conde; Mercedes García Arán. *Derecho Penal:* parte general. 3. ed. Valencia: Tirant Lo Blanch, 1996. p. 253.

dência com o conteúdo autêntico que deveria apresentar; é aquela que não corresponde à realidade, que é inverídica, fictícia, ou seja, representada pela criação de fatos artificiais, inexistentes ou distorcidos sobre a *declaração prestada*. A *informação falsa*, enfim, deve recair sobre *fato juridicamente relevante*, ou seja, é necessário que a *declaração falsa* constitua elemento substancial relativo à obrigação tributária, alterando seus efeitos jurídicos, gerando ou podendo gerar lesão ou prejuízo ao erário público. Também aqui é necessário que o sujeito ativo do delito tenha o *dever de prestar declaração* às autoridades fazendárias sobre fatos com relevância tributária (fatos que fundamentam o nascimento da obrigação tributária ou repercutam sobre o *quantum* do débito). Uma simples omissão sobre aspecto secundário, por exemplo, mera irregularidade ou simples preterição de formalidade não constituirão o *falsum* idôneo a desnaturar a qualidade da declaração, configuradora da infração penal.

Evidentemente o crime não se configura, pela inexistência de qualquer perigo, se a *declaração prestada* ou omitida incidir sobre *fato juridicamente irrelevante*. A inexatidão ou a falsidade da declaração deve versar sobre fato importante, de modo a constituir, pelo menos, um dano em potencial aos interesses do fisco.

Em outros termos, o objeto da informação omitida, ou da declaração falsamente prestada, deve, necessariamente, apresentar potencialidade lesiva capaz de gerar ou conduzir à supressão ou redução de tributo; deve, ademais, revestir-se de aptidão para enganar, para induzir o fisco a erro. Com efeito, *uma falsidade ideológica grosseira*, disparatada, incapaz de enganar alguém, cuja artificialidade fosse evidente a todos, ingressaria, certamente, no âmbito do *falsum* impunível, por inidoneidade da *imitatio veri*. Fora dessa conotação, qualquer outra informação, omitida ou não verdadeira, relativa a qualquer outro aspecto, que não se refira a dados substanciais relativos à obrigação de declarar e pagar tributo, não tipificará as condutas descritas neste dispositivo legal. Poderá, evidentemente, caracterizar outro crime de *falsum*, mas não este contra a ordem tributária.

Entretanto, é importante destacar, finalmente, que o tipo em exame se refere à *falsidade ideológica* e não à *falsidade material*, diferenciando-se ambas, de modo que enquanto a *falsidade material* afeta a autenticidade do documento em sua forma extrínseca e conteúdo intrínseco, a *falsidade ideológica* afeta-o tão somente em sua ideação, no pensamento ou conteúdo que seu texto encerra. Em outras palavras, a falsidade ideológica versa sobre o conteúdo do documento instrumento da informação ou declaração, enquanto a *falsidade material* diz respeito a sua forma.

Quando a *omissão de informação* devida ou a *prestação de declaração falsa* perfaz-se por meio de documento idôneo para enganar as autoridades fazendárias, assemelham-se à prática do *crime de falsidade ideológica*, tipificado no art. 299 do CP, suscitando a pergunta de se este crime também seria punível. Ocorre que estando a *falsidade* relacionada a *informações de natureza fiscal*, sendo utilizada para a redução ou supressão de tributo, configura o tipo descrito no art. 1º, I, ficando afastado o crime de falsidade ideológica *pelo princípio da especialidade*.

Em ambas as modalidades de conduta é necessário conectar, causal e juridicamente, o resultado de redução ou supressão de tributo (e respectivo acessório) com o comportamento praticado pelo agente. O resultado deve ser visto, reiteramos, como a concreção do risco juridicamente desaprovado que implica o *engano* realizado pelo sujeito passivo da obrigação tributária[17]. O desvalor da ação está, na verdade, relacionado ao desconhecimento da Administração sobre o surgimento do verdadeiro conteúdo da

---
17. Guillermo J. Yacobucci, *La conducta típica en la evasión tributaria*, op. cit., p. 125.

obrigação tributária principal, decorrente da *atuação intencional* do agente. Por isso, segundo a doutrina, as informações e declarações falseadas, relevantes para efeito de aplicação do art. 1º, I, estão sempre vinculadas ao momento do lançamento, enquanto procedimento administrativo decisivo na constituição do crédito tributário[18].

## 4.1.2. Tipo subjetivo: adequação típica

A necessidade de demonstrar o *ardil* do agente na redução ou supressão de tributo (ou acessório) já é indicativa do elemento subjetivo do tipo: a exemplo dos demais crimes tributários somente é punível na modalidade dolosa. Dito de outra forma, a relevância típica da conduta infratora depende da constatação de que o agente agiu com consciência e vontade de produção de prejuízo ao erário público. Para a configuração deste crime é necessário, portanto, demonstrar que o agente atuou para evitar, fraudulentamente, o pagamento integral ou parcial de tributo (e acessórios) que sabia devido, ou seja, para suprimir ou reduzir o seu pagamento.

A demonstração da existência do dolo, com a constatação de que houve *fraude*, é imprescindível, porque o *mero inadimplemento da obrigação fiscal* não é crime, mas somente um ilícito tributário. Nem mesmo a simples omissão do *dever de prestar informações*, quando desacompanhadas de comportamentos inequivocamente direcionados a enganar o fisco, pode ser considerada penalmente típica. Entendimento em sentido contrário implica confundir mero inadimplente com sonegador, inadmissível na seara de Direito Penal da culpabilidade. Na dúvida, o dolo não pode ser

---

18. Juary C. Silva, *Elementos de Direito Penal Tributário*, op. cit., p. 189-190; Luis Regis Prado, *Direito Penal econômico*, op. cit., p. 278, entre outros.

presumido, o que significaria atribuir responsabilidade penal ao contribuinte apenas inadimplente. Nessa linha de entendimento, pode-se afirmar, sem sombra de dúvidas, que tampouco existe crime quando o agente encontra-se em erro, equivocando-se na interpretação e aplicação das normas tributárias que instituem e regulam a obrigação de pagar.

Com isso deixamos claro que *não constitui crime dever ao fisco*, nem mesmo deixar de cumprir as normas tributárias, isto é, tornar-se inadimplente, mesmo porque permanece em favor do Estado a possibilidade de promover a cobrança do que lhe é devido tanto pela via administrativa como pela judicial.

## 4.2. Fraudar a fiscalização tributária, inserindo elementos inexatos, ou omitindo operação de qualquer natureza, em documento ou livro exigido pela lei fiscal (II)

Os modos ou meios aqui incriminados são semelhantes aos do inc. I, mas se diferenciam pelo momento em que a omissão e a falsidade ideológica são praticadas. A peculiaridade está em que elas são praticadas *durante o período de fiscalização tributária*, isto é, no momento em que o corpo administrativo da Fazenda Pública da União, dos Estados, do Distrito Federal ou Municípios, realiza o procedimento de verificação da regularidade fiscal do sujeito passivo. Vejamos, a seguir, o significado e alcance dos comportamentos descritos no inc. II e sua relação com o resultado de supressão ou redução de tributo, para efeito de caracterização da tipicidade.

### 4.2.1. Tipo objetivo: adequação típica

*Fraudar* significa enganar, trapacear, confundir por meio de artifícios, ardis ou outros meios similares o erário público. A *ação fraudulenta* consiste em, segundo a redação deste inc. II, *inserir elementos inexatos* ou *omitir operação de qualquer natureza em documento ou livro exigido pela lei*. Nesses termos, a fraude pode ser cometida, tanto na modalidade *comissiva*, através da inclusão de dados falsos acerca da operação tributável, como na modalidade *omissiva*, mediante a ocultação de dados relevantes para efeitos fiscais.

A referência expressa a essas modalidades de execução ou omissão pode parecer excessiva e desnecessária, em face da possibilidade de uma interpretação ampliadora do alcance dos verbos *suprimir* ou *reduzir* tributo, e de sua similitude com o disposto no inc. I. Contudo, não deixa de ser relevante a especificação do alcance da norma penal, neste âmbito, fazendo incidir a proteção penal inclusive sobre as atividades de *fiscalização*. De modo que são relevantes, para efeito de caracterização do crime do art. 1º, não somente as condutas tendentes à supressão ou redução de tributo ou acessório, praticadas pelo contribuinte por ocasião do lançamento, mas, também, aquelas que são *praticadas* (ou, pelo menos, constatadas) *no período de fiscalização*, com o intuito de enganar as autoridades fazendárias, evitando, assim, que estas façam o lançamento devido, ou apliquem a sanção pecuniária pertinente.

Tomando como referência o teor do art. 3º, I, da Portaria RFB n. 6.478, de 29 de dezembro de 2017, que dispõe sobre o *planejamento das atividades fiscais* e estabelece normas para a execução de procedimentos fiscais relativos ao controle aduaneiro do comércio exterior e aos tributos administrados pela Secretaria da Receita Federal do Brasil, entende-se por *procedimento fiscal de fiscalização* as ações que tenham por objeto verificar o cumprimento das obrigações tributárias relativas aos tributos administrados pela RFB e a aplicação da legislação do comércio exterior, e que possam resultar em redução de prejuízo fiscal ou base de cálculo negativa da Contribuição Social sobre o Lucro Líquido (CSLL) e em constituição de crédito tributário. Este último inclusive quando decorrente de glosa de crédito em análise de restituição, ressarcimento, reembolso ou compensação, apreensão de mercadorias, representações fiscais, aplicação de sanções administrativas ou exigências de direitos comerciais.

A obrigação do contribuinte de fazer o registro de determinadas atividades e transações econômicas, para efeito de controle e lançamento do tributo, é o objeto específico da tutela penal. Como manifesta Juary C. Silva, "Os registros contábeis representam a fonte por excelência para a constatação de ilícitos tributários, por isso a lei tutela com essa incriminação sua lisura"[19]. Cabe, contudo, advertir que nem toda inexatidão ou omissão em documento ou livro contábil é penalmente relevante, isto é, idônea para configurar crime contra a ordem tributária; somente quando repercutir significativamente na obrigação de pagar o tributo ou penalidade pecuniária imposta pelo fisco. Como adverte Paulo José da Costa Jr., "Tratando-se de dados irrelevantes, inidôneos à redução ou à eliminação do tributo, a omissão deles não caracterizará o crime [...] O mesmo se diga da fraude, que deverá ser relevante, idônea para ensejar o prejuízo ao erário público, reduzindo-se ou eliminando-se o tributo a ser pago"[20].

Dessa forma, é necessário conectar, causal e juridicamente, o resultado de redução ou supressão de tributo ou acessório com o comportamento praticado pelo agente. O resultado deve ser visto, em termos de imputação objetiva, como *a concreção do risco juridicamente desaprovado* que implica a *fraude* empregada pelo agente. Insistimos nesse aspecto porque a *fraude* praticada pelo agente pode servir de *meio* para a realização de outros crimes. Nessa linha de raciocínio, em muitos casos, é preciso decidir o tipo penal aplicável, identificando quando estamos diante de um *crime contra a*

---

19. Juary C. Silva, *Elementos de Direito Penal Tributário*, op. cit., p. 203.
20. Paulo José da Costa Jr.; Zelmo Denari, *Infrações tributárias e delitos fiscais*, op. cit., p. 122.

*ordem tributária* e quando estamos diante de outras figuras penais, como, por exemplo, os crimes dos arts. 6º, 7º, 9º ou 10 da Lei n. 7.492/86, que define *crimes contra o Sistema Financeiro*, ou o crime falimentar tipificado no art. 172 da Lei n. 11.101/2005.

O modo de supressão ou redução de tributos descrito neste inc. II do art. 1º guarda certa semelhança com aquele contido no art. 299 do CP, *in verbis*: "omitir, em documento público ou particular, declaração que dele deveria constar, ou nele inserir ou fazer inserir declaração falsa ou diversa da que devia ser escrita, com o fim de prejudicar direito, criar obrigação ou alterar a verdade sobre fato juridicamente relevante". A semelhança, contudo, atribuída ao crime descrito neste dispositivo da lei especial, com o de *falsidade ideológica* (art. 299) descrito no Código Penal não passa de simples aparência, na medida em que o *falso* descrito neste inc. II do art. 1º da lei especial, não é o crime em si, ao contrário do que ocorre na previsão do art. 299. Com efeito, o *falso* contido no crime tributário (art. 1º, II) constitui somente o *meio* de realização dessa infração penal, que é exatamente a *fraude* praticada contra a ordem tributária. Em outros termos, o núcleo dessa tipificação é *fraudar*, isto é, enganar, ludibriar, com *forma vinculada*, ou seja, *inserindo elementos inexatos*, ou *omitindo operação de qualquer natureza*, no caso, em documento ou livro exigido pela lei fiscal.

No entanto, a diferença mais relevante das duas figuras reside na *finalidade do agir* consagrado em cada tipo penal: no *tipo especial* (art. 1º, II) o fim é *fraudar* a ordem tributária para suprimir ou reduzir tributo, ao passo que, na *falsidade ideológica* do Código Penal, a finalidade é "prejudicar direito, criar obrigação ou alterar a verdade sobre fato juridicamente relevante". Mas até mesmo quanto ao elemento subjetivo as duas figuras típicas assemelham-se, pois em ambas não há a necessidade de elemento subjetivo especial do injusto.

A conduta incriminada, repetindo, é *reduzir ou suprimir* tributo de forma fraudulenta, na forma descrita neste inc. II, qual seja, "inserindo elementos inexatos ou omitindo operação de qualquer natureza". Esses são, em outros termos, os *meios* (ou modos) através dos quais o legislador prevê, neste inciso, a supressão ou redução de tributos.

É indispensável, como já destacamos, que o *falso ideológico* tenha idoneidade suficiente para enganar, ludibriar a fiscalização tributária; caso contrário, não se poderá falar em crime, revestindo-se referida conduta de atipicidade, ou, em outros termos, configurando-se *crime impossível* por absoluta inidoneidade do *meio* utilizado. Com efeito, o *falso grosseiro* não tem potencialidade lesiva, não serve para tipificar este crime. Por outro lado, este crime situa-se no âmbito do sistema tributário. Se outro for o documento falsificado, pode ensejar a aplicação do art. 299 do Código Penal, bem como de outras leis especiais. Realmente, se o *falsum* não tiver potencialidade ofensiva demonstradora da capacidade de enganar a vítima, versando, por exemplo, sobre fato juridicamente irrelevante perante o bem jurídico protegido, o comportamento será evidentemente atípico.

Previu o legislador aqui *duas formas* ou modos de fraudar a fiscalização tributária: *a) inserindo* elementos inexatos (introduzindo, lançando ou registrando elementos inexatos, isto é, incorretos, incompletos ou não verdadeiros); ou, na forma omissiva, *b) omitindo* operação de qualquer natureza (não declarando, deixando de registrar "operação de qualquer natureza", mas desde que, necessária por previsão legal, e *relativa às obrigações tributárias* que devam ser declaradas, além de serem de conteúdos relevantes). Na figura de *omitir*, o contribuinte descumpre uma norma *imperativa*, deixando de incluir, inserir ou declarar operação tributariamente relevante, a que estava legalmente obrigado a declarar.

A *fraude*, nesta infração penal, como de resto nos demais incisos deste art. 1º da Lei n. 8.137, é *sui generis*, isto é, diferente das conhecidas *fraudes* espalhadas em diversos artigos do Código Penal, na medida em que não é realizada por meio de estratagema ou artifício, tratando-se, portanto, de uma *fraude de conteúdo ideológico*, e não *material*, indicada pela locução "inserindo elementos inexatos, ou omitindo operação de qualquer natureza", que são seus meios de execução.

Finalmente, ambas as modalidades de condutas fraudulentas (comissiva e omissiva) devem ter por objeto documento ou livro exigido pela lei fiscal. Com efeito, a inserção de *elementos inexatos*, ou a omissão de *operação de qualquer natureza* devem recair sobre fato (elementos ou operação) juridicamente relevante, ou seja, é necessário que a inserção ou omissão "indevidas" constituam *elemento substancial da obrigação tributária* do contribuinte, que devam constar em documento ou livro exigido pela lei fiscal. Uma mera irregularidade ou simples preterição de formalidade não constituirão o *falsum* idôneo a enganar ninguém e muito menos os órgãos da fiscalização tributária. Mas é importante destacar que o tipo em exame refere-se à *falsidade ideológica* e não à falsidade material, diferenciando-se ambas, de modo que, enquanto a *falsidade material* afeta a autenticidade do documento em sua forma extrínseca e conteúdo intrínseco, a *falsidade ideológica* afeta-o tão somente em sua ideação, no pensamento que suas letras encerram. A *falsidade ideológica* versa sobre o conteúdo do documento ou título, isto é, somente quanto ao seu conteúdo, enquanto a *falsidade material* diz respeito à sua forma.

### 4.2.2. Tipo subjetivo: adequação típica

A prática de *fraude*, em qualquer de suas modalidades, revela a má-fé do agente, significando que *age* com conhecimento e vontade de infringir a lei. Não basta, contudo, a existência de fraude, pois o dolo, enquanto elemento subjetivo do tipo, projeta-se sobre os elementos essenciais da descrição típica. Portanto, no caso da conduta dolosa descrita no inc. II do art. 1º, é necessário demonstrar que a *fraude* foi praticada para alcançar o resultado requerido pelo tipo, isto é, a redução *ou* supressão de tributo (ou acessório). O dolo do agente deve abarcar o resultado descrito no tipo, não podendo ser presumido, nem mesmo para efeito de caracterização da tentativa, pois a relevância típica da conduta do agente para efeito de caracterização de crime contra a ordem tributária depende da idoneidade da conduta praticada com a finalidade de reduzir ou suprimir tributo. Caso esses elementos não sejam constatados, *in concreto,* resta a possibilidade residual de o comportamento fraudulento do agente enquadrar-se em outro tipo penal, como os crimes de falso tipificados no Código Penal.

**4.3. Falsificar ou alterar nota fiscal, fatura, duplicata, nota de venda, ou qualquer outro documento relativo à operação tributável (III)**

As ações representativas dos *meios* ou *formas* de *suprimir* ou *reduzir* tributo, descritas no inc. III, são *falsificar* e alterar documento relativo à operação tributável. O tipo penal relaciona, ainda, os objetos sobre os quais recai o comportamento criminoso, quais sejam, nota fiscal, fatura, duplicata, nota de venda ou qualquer outro documento relativo à operação tributável. Essa generalização – qualquer outro documento – torna sua relação anterior meramente exemplificativa.

*4.3.1. Tipo objetivo: adequação típica*

Vejamos o significado de cada um dos modos de suprimir ou reduzir tributos previstos neste inc. III.

*a) Falsificar* significa imitar, reproduzir fraudulentamente, de modo a fazer passar por verdadeiro o que não tem essa característica, ou seja, apresentar documento como se verdadeiro fosse, quando, na realidade, não o é. O ato de *falsificar* traz em seu bojo a finalidade de *enganar*, de ludibriar, de apresentar enganosa aparência de autêntico ou verdadeiro, numa simulação. Já havíamos manifestado nosso entendimento acerca do alcance do verbo falsificar, examinando o art. 296 do Código Penal"[21].

Em outros termos, a ação de *falsificar* pode ser realizada por meio da *fabricação* ou da *alteração* do documento original, modificando a essência do seu conteúdo, e eliminando sua característica de verdadeiro ou autêntico. O dispositivo legal elenca, exemplificativamente, nota fiscal, fatura, duplicata, nota de venda, ou *qualquer outro documento* relativo à operação tributável. Logicamente, a despeito da generalização, deve tratar-se de documento essencial identificador e necessário à operação tributável.

*b) Alterar*, por sua vez, é modificar o conteúdo do documento, mas sempre em seu aspecto relevante. *Alterar* quer dizer modificar, transformar, mudar, indevidamente, nota fiscal, fatura, duplicata, nota de venda, ou qualquer outro documento relativo à operação tributável. Enfim, qualquer dos dois modos incriminados – *falsificar* e *alterar* – consiste em modificar o estado de fato anterior de qualquer desses documentos, relevantes para a fiscalização tributária.

Com a ação de *alterar* não é necessária mudança completa do conteúdo ou da essência do documento, sendo suficiente para a tipificação do crime a mudança ou alteração de algum dado, ponto, item ou qualquer aspecto relevante, desde que resulte desfigurado o seu sentido final para a fiscalização tributária. Enfim,

---

21. Cezar Roberto Bitencourt. *Tratado de Direito Penal*: parte especial. 16. ed. São Paulo: Saraiva, 2022. v. 4, p. 603.

*alterar* é realizar qualquer modificação no documento ou produto original a fim de atribuir-lhes a aparência de verdadeiros. Em sentido semelhante, o magistério de Costa Jr.: *"Alterações são modificações de qualquer espécie: rasuras, acréscimos que se imprimem ao documento autêntico, após achar-se ele definitivamente formado"*[22].

Será *atípica* conduta que produzir alteração de qualquer natureza em documento importante para a fiscalização tributária, mas que mantenha a sua essência, valor e significado que originalmente traduzia. Ação dessa natureza pode ser, em outros termos, comparada ao crime impossível.

Os objetos materiais sobre os quais recaem os comportamentos incriminados constituem elementos normativos do tipo, cuja identificação requer o conhecimento de matéria contábil e tributária: *nota fiscal, fatura, duplicata, nota de venda*. A enumeração feita pelo legislador é, contudo, meramente exemplificativa, porque vem acompanhada da expressão "ou qualquer outro documento relativo à operação tributável" que dá lugar à interpretação analógica. Como exemplo temos a prática de manobras de subfaturamento através de *nota calçada*, onde a via da nota fiscal entregue ao comprador da mercadoria, ou ao tomador do serviço, é emitida com o preço correto do produto ou serviço, enquanto na via do vendedor, ou prestador do serviço, aparece preço reduzido, *com o fim de reduzir o valor do tributo devido* pela ocorrência do fato gerador menor.

As falsificações e alterações que não repercutam na redução ou supressão de tributo podem ser constitutivas de mera infração administrativa e, dependendo de sua relevância, podem ser punidas como crime de outra natureza, por exemplo, como crime de

---

22. Paulo José da Costa Jr.; Zelmo Denari, *Infrações tributárias e delitos fiscais*, op. cit., p. 123.

falsificação. Entretanto, se a falsificação incide sobre os documentos fiscais especificados no inc. III, e é utilizada como *meio* para a supressão ou redução do tributo devido, caracteriza-se o crime previsto nesse dispositivo. A tutela penal não está voltada à específica proteção da fé pública, mas à proteção da ordem tributária, e especificamente à arrecadação do tributo devido.

De qualquer sorte, é necessário que a falsidade seja apta para iludir terceiros; como vimos repetindo, a *falsificação grosseira*, inábil para enganar pessoas comuns, não tem idoneidade para tipificar este crime. Além disso, é necessário que "possa induzir em erro os servidores da área fazendária, a ponto de ensejar a meta visada pelo contribuinte, que é o não pagamento do tributo ou o pagamento menor"[23].

### 4.3.2. Tipo subjetivo: adequação típica

O comportamento incriminado somente é punível na modalidade dolosa, de modo que o agente deve atuar com conhecimento e vontade de praticar a falsidade ou alteração para lograr a redução ou supressão de tributo ou acessório.

Como indicamos anteriormente, o dolo do agente deve abarcar o resultado descrito no tipo, não podendo ser presumido, nem mesmo para efeito de caracterização da tentativa, pois a relevância típica da conduta do agente para efeito de caracterização de crime contra a ordem tributária depende da idoneidade da conduta praticada para efeito de redução ou supressão de tributo.

---

23. Juary C. Silva, *Elementos de Direito Penal Tributário*, op. cit., p. 205. Nessa linha de entendimento também se manifestam Paulo José da Costa Jr.; Zelmo Denari, *Infrações tributárias e delitos fiscais*, op. cit., p. 120; Luis Regis Prado, *Direito Penal econômico*, op. cit., p. 280.

## 4.4. Elaborar, distribuir, fornecer, emitir ou utilizar documento que saiba ou deva saber falso ou inexato (IV)

O legislador incrimina, à primeira vista, modos ou formas de comportamentos relacionados à falsificação de documentos, inclusive do seu uso. A redação do inciso é, nesse sentido, repetitiva, dado que nos anteriores incisos também são incriminadas condutas vinculadas à falsificação. Semelhante técnica nos leva a deduzir que o legislador procurou delimitar expressamente o alcance da tipicidade, indicando as espécies de conduta que são diretamente subsumíveis nas penas do art. 1º, IV. Isso porque, não fosse por expressa determinação do legislador, não seria possível relacionar, diretamente, a distribuição de documento falso ou inexato com a prática da supressão ou redução de tributo, pois aquele que *distribui* ou *fornece* o documento falso ou inexato normalmente o faz para que o sujeito passivo da obrigação tributária o utilize na redução ou supressão de tributo.

Nessa linha de entendimento, não fosse pela menção expressa do legislador, tipificando esse comportamento, aquele que *distribui* ou *fornece* documento falso, causando redução ou supressão de tributo, seria punido não como autor, mas como mero colaborador ou indutor (participação acessória), *isto é, responderia como simples partícipe*, nos termos do art. 29 do Código Penal e seus parágrafos. Isto é, aquele que distribui ou fornece documento falso não é, *necessariamente*, o *contribuinte* (sujeito passivo da relação tributária) que reduz ou suprime tributo.

Destacamos com isso que o legislador erigiu à categoria de conduta típica principal, para efeito de caracterização direta do crime do art. 1º, IV, não somente os comportamentos praticados pelo próprio sonegador, mas, também, as condutas de *participação* na sonegação fiscal perpetradas por sujeitos estranhos à relação tributária. Mas, logicamente, desde que o documento falsificado fornecido ou distribuído seja utilizado, causando a redução ou supressão de tributo (eficácia causal da participação), e desde que presente a condição objetiva de punibilidade, qual seja, a exigibilidade do crédito tributário.

### 4.4.1. Tipo objetivo: adequação típica

Em relação à terminologia adotada no inc. IV, os verbos *elaborar* e *emitir* referem-se à própria ação falsificadora na contrafação do documento falso ou inexato que é colocado em circulação; enquanto *distribuir* e *fornecer* referem-se às formas de colocar em circulação o documento falso ou inexato produzido, normalmente realizado através da compra e venda de notas fiscais. Por último, *utilizar* é a ação realizada pelo contribuinte que emprega o documento falso ou inexato para reduzir ou elidir o pagamento do tributo devido.

*Documento falso* é todo escrito materialmente falso, enquanto documento inexato deve ser interpretado como o ideologicamente falso. O legislador penal não fez menção expressa do tipo de documento, de modo que é irrelevante para a caracterização desta modalidade de ação que se trate de documento público ou particular. Nesses termos, a falsidade referida no inc. IV abrange as modalidades de falsificação de documento público e particular descritas nos arts. 297, 298 e 299 do CP, mas desde que relacionados com a obrigação tributária[24].

Neste tipo penal não se pode esquecer do *post factum* impunível, que afasta a possibilidade de punibilidade cumulativa do *uso de documento falso* por aquele que elaborou, falsificou, alterou ou o emitiu. Se o agente realiza mais de um dos verbos para a redução ou supressão de tributo, responderá pela prática do mesmo crime, pois nesse caso o tipo penal se constitui como tipo misto

---

24. Juary C. Silva. *Elementos de Direito Penal Tributário*, op. cit., p. 211.

alternativo. Justifica-se nossa preocupação, porque, a despeito de tratar-se de máxima consagrada na dogmática penal, não raro, o quotidiano forense nos oferece absurdos, *v. g.*, o "caso Daslu", entre tantos outros, quando o aplicador da lei faz questão de ignorar o *conflito aparente de normas*[25] e a impunibilidade de determinados antefatos e *post factum* de certas situações infracionais. Concretamente no "caso Daslu" o juízo de primeiro grau proferiu sentença condenatória imputando a Eliana Tranchesi, dona da Daslu, em concurso de crimes, a prática de falsidade ideológica e descaminho, quando, em tese, a falsidade ideológica deveria ser considerada como crime meio para a realização do crime de descaminho, sendo, por isso, de acordo com o princípio da consunção, somente punível o descaminho.

Um *fato típico* pode não ser punível quando anterior ou posterior a outro mais grave, ou quando integrar a fase executória de outro crime. Um fato anterior ou posterior, ainda que ofenda bem jurídico distinto, muitas vezes, é absorvido pelo fato principal, não se justificando, juridicamente, sua punição autônoma. Podem ser lembrados, como exemplos de *fato anterior impunível*, a falsificação do cheque para a obtenção da vantagem indevida no crime de estelionato; de *fato posterior*, a venda que o ladrão faz do produto do furto a terceiro de boa-fé.

Apesar de, a princípio, ser punível de forma autônoma o agente que é estranho à relação tributária, pois legalmente previstas como típicas no inc. IV as ações de elaborar, distribuir, fornecer ou emitir documento que saiba ou deva saber falso ou inexato, esses comportamentos não passam, *in concreto*, de *simples preliminares* (fatos anteriores) quando é o próprio sonegador que as realiza e também utiliza o documento falsificado para a redução

---

25. Para aprofundar, veja em Cezar Roberto Bitencourt, *Tratado de Direito Penal*, op. cit., v. 1, p. 273-277.

ou supressão de tributo. Nesses casos, *a punição do fato principal* abrangê-los-á, tornando-os, isoladamente, impuníveis.

Na hipótese de *pós-fato impunível*, inegavelmente, estamos diante do *princípio da consunção*. Normalmente, esse episódio ocorre com atos que são adequados ao *exaurimento* do crime consumado, que, no entanto, também estão previstos como *crimes autônomos*. Com efeito, a punição daquele absorve a destes. Assim, no exemplo clássico do ladrão que, de posse da *res furtiva*, a deteriora pelo seu uso, a *punição* pela lesão resultante do furto (art. 155) absorve a punição pela lesão decorrente do *dano* (art. 163).

Em síntese, deve-se considerar absorvido pela figura principal tudo aquilo que, enquanto ação – anterior ou posterior –, seja concebido como necessário, assim como tudo o que dentro do sentido de uma figura constitua o que normalmente acontece (*quod plerumque accidit*). No entanto, o ato posterior somente será impune quando com segurança possa ser considerado como tal, isto é, seja um autêntico ato posterior e não uma ação autônoma executada em outra direção, que não se caracteriza somente quando praticado contra outra pessoa, mas pela natureza do fato praticado em relação à capacidade de absorção do fato anterior.

### 4.4.2. Tipo subjetivo: adequação típica

Como indicamos ao longo deste capítulo, o crime do art. 1º somente é punível na modalidade dolosa, na medida em que é necessário demonstrar que o agente atuou com conhecimento e vontade de fraudar a administração fazendária para reduzir ou suprimir tributo. O dolo do agente projeta-se, nesse sentido, sobre os elementos essenciais do tipo objetivo, entre eles o resultado descrito no tipo.

Além disso, destacamos que os crimes contra a ordem tributária caracterizam-se, precisamente, pelo uso do engano. Nesses termos, a fraude deve ser clara e, obviamente, intencional; do contrário, se existe dúvida sobre o dolo do agente, ou mesmo erro por parte deste na apresentação de documentos à Administração, não há que se falar de crime, mas de mera infração administrativa. Por isso, pode chegar a surpreender a expressão do legislador quando expressa "documento falso ou que *deva saber falso ou inexato*". O legislador parece querer esclarecer as dúvidas porventura existentes acerca da tipicidade da conduta praticada com dolo eventual. Porque, apesar da sonegação fiscal estar normalmente relacionada com um alto grau de intencionalidade, em virtude do emprego de fraude, é também reprovável e relevante, para fins penais, a conduta de quem não manifesta o menor respeito nem compromisso com os deveres fiscais a que está obrigado, nem com o esforço realizado pela administração fazendária na tarefa de arrecadação de impostos. Por isso, a norma incriminadora também se destina àqueles que atuam com dolo eventual, assumindo o risco de produção do resultado de redução ou supressão de tributo, mediante a elaboração, distribuição, fornecimento, emissão ou utilização de documento de natureza fiscal que devia saber falso ou inexato.

**4.5. Negar ou deixar de fornecer, quando obrigatório, nota fiscal ou documento equivalente, relativa a venda de mercadoria ou prestação de serviço, efetivamente realizada, ou fornecê-la em desacordo com a legislação (V)**

A preocupação do legislador penal em especificar as variadas formas e técnicas de sonegação fiscal não implica que as condutas descritas nos incisos do art. 1º constituam, por si sós, comportamentos relevantes para o Direito Penal, sendo necessário perquirir, em cada caso, a relação que podem vir a ter com a concreta *supressão* ou *redução* de tributo devido.

*4.5.1. Tipo objetivo: adequação típica*

O inc. V abrange tanto a *recusa da entrega* e o *não fornecimento* de nota fiscal ou documento equivalente, relativa à venda efetivamente realizada de mercadoria ou prestação de serviço, como o *fornecimento em desacordo com a legislação*. Isso significa que o resultado requerido pelo tipo pode ser alcançado sob a modalidade de comissão por omissão, isto é, mediante o não cumprimento da obrigação de fazer estabelecida pela lei tributária (dever extrapenal de fornecer documento fiscal), e na medida em que esse comportamento omissivo implique a ocultação do fato gerador, repercutindo na constituição do crédito tributário, ou produzindo a completa evasão fiscal. Além disso, o resultado pode ser alcançado por comissão ativa, por meio da entrega de nota fiscal ou documento equivalente em desacordo com a legislação, desde que essa ação implique a *ocultação* do verdadeiro fato gerador, repercutindo na constituição correta do crédito tributário.

Tanto a ação como a omissão devem ser representativas do engano, no sentido de *induzir* a Administração a *erro* sobre o nascimento da obrigação tributária ou a constituição correta do crédito tributário.

As formas de atuação descritas no inc. V incidem sobre objeto material determinado: *nota fiscal* ou *documento equivalente* relativa à venda de mercadoria ou prestação de serviço. Esses *elementos normativos* devem ser interpretados levando-se em consideração a legislação tributária dos Estados, Distrito Federal e Municípios que regulamentam o ICMS e o ISS. O tipo penal não se configura, contudo, com a prática isolada de algum dos comportamentos referidos, sendo necessário constatar a sua idoneidade para a supressão ou redução do tributo. Caso contrário, estaríamos diante de um crime de mera conduta omissiva (mera infração de dever) e, consequentemente, da perniciosa administrativização do Direito Penal. Especialmente quando não fique demonstrada a efetiva repercussão do não fornecimento de nota fiscal, ou o fornecimento em desacordo com a legislação, sobre o pagamento de tributo como o ICMS, por exemplo. Isso porque cabe a possibilidade de pagamento antecipado do ICMS pelo substituto tributário, de modo que a relevância para efeitos penais do não fornecimento ou fornecimento em desacordo com a legislação tributária, de nota fiscal ou documento equivalente, relativa à venda de mercadoria ao consumidor final, depende da constatação de que o agente requereu a devolução do ICMS já pago. Na prática, essa hipótese nem sempre ocorre, dependerá do tipo de mercadoria e da legislação dos Estados federados e do Distrito Federal.

Significa afirmar que se o empresário ou comerciante não visa à devolução fraudulenta do valor do ICMS antecipado, a negativa do fornecimento de nota fiscal, ou o fornecimento em desacordo com a legislação, não é, sequer, constitutiva de tentativa, configurando, apenas, uma infração administrativo-fiscal. E mesmo que o fosse, isto é, mesmo que a tentativa estivesse caracterizada, caberia discutir a possibilidade de sua punibilidade em face da inexistência de débito para com o fisco estadual (crime impossível), posto que na hipótese de antecipação do ICMS o tributo já foi pago pelo substituto tributário, exceto se existe repercussão no pagamento do IRPJ ou do IPI. Nesse aspecto, discordamos da posição de Juary Silva[26], quando sustenta que através do inc. V somente se protege o fisco estadual e municipal para a arrecadação de ICMS ou ISS, e não a União federal, em face da não arrecadação de IRPJ ou IPI que possam ver-se afetados pela prestação de serviço ou venda de mercadoria sem o fornecimento de nota fiscal, ou o seu fornecimento em desacordo com a legislação.

As hipóteses mais claras de tentativa punível estariam vinculadas ao não fornecimento, ou fornecimento em desacordo com a legis-

---

26. Juary C. Silva, *Elementos de Direito Penal Tributário*, op. cit., p. 216.

lação, de nota fiscal relativa à venda de mercadoria ou à prestação de serviço, quando não existe o pagamento antecipado do tributo pelo substituto tributário, caso em que a tentativa pode ser considerada apta a produzir a supressão ou redução do valor do tributo.

Essas ponderações se justificam porque o crime do art. 1º é um *crime de resultado*, e seus incisos, insistimos, somente descrevem meios para o alcance do resultado descrito no tipo.

Nesta linha de entendimento, rechaçamos, *venia concessa*, a compreensão firmada a partir da jurisprudência do STF e do STJ, no sentido de que a *simples realização da conduta omissiva* descrita no inciso V, seria suficiente para caracterizar o crime na modalidade consumada, sem necessidade de demonstração da redução ou supressão de tributo[27].

A distorção decorrente da concepção encampada pelos Tribunais Superiores é gritante quando se verifica a diferença produzida quanto à análise da prescrição, como veremos quando da análise do teor da Súmula vinculante n. 24, do STF.

Por último, conforme destaca Juary Silva: "a atitude do freguês ou consumidor não tem relevo quanto à configuração do tipo, mesmo quando aquele de expresso manifeste a vontade de não ser fornecida a nota, já que não lhe é dado dispensar a prática de

---

27. Entendimento majoritário na jurisprudência do STF, reforçada com a edição da Súmula vinculante n. 24, e do STJ que, em diversas oportunidades, reiterou a compreensão de que "Os crimes contra a ordem tributária previstos no art. 1º, incisos I a IV da Lei n. 8.137/90 não se tipificam antes do lançamento definitivo do tributo, nos termos da Súmula Vinculante 24 do Supremo Tribunal Federal. Contudo, o crime do art. 1º, inciso V, dessa mesma Lei n. 8.137/90 é formal, não estando incluído na exigência da referida Súmula Vinculante" (HC 195.824/DF, Rel. Ministra LAURITA VAZ, QUINTA TURMA, julgado em 28-05-2013, *DJe* 06-06-2013; entendimento também repetido no julgamento do AgRg no HC 509.346/RN, Rel. o então Ministro NEFI CORDEIRO, SEXTA TURMA, julgado em 12-05-2020, *DJe* 18-05-2020, entre outros).

ato exigido por lei"[28]. Observe que o cliente que dispensa a nota fiscal não é o sujeito passivo do crime, nem é o titular do direito de arrecadar tributos, por isso, seu *consentimento* não tem eficácia jurídica para efeito de autorizar a conduta daquele que realiza o crime do art. 1º, V.

O cliente poderá, contudo, figurar como vítima quando a nota fiscal ou nota de venda fornecida em desacordo com o estabelecido em lei não corresponder à mercadoria vendida, em quantidade ou qualidade, ou ao serviço prestado, nos termos do art. 172 do CP. Cabe, portanto, a possibilidade de caracterizar um concurso formal de crimes quando através da mesma ação, a emissão e entrega da nota fiscal em desacordo com a legislação, o agente logra enganar a Administração, causando a redução ou supressão de tributo, e enganar o cliente. Caracterizada essa hipótese, aplica-se a regra do art. 70, primeira parte, do CP. Com esses esclarecimentos é possível deduzir que o *consentimento do cliente* somente terá a eficácia jurídica em relação ao crime do art. 172.

### 4.5.2. Tipo subjetivo: adequação típica

Como nas demais formas de comportamento estudadas, a conduta incriminada somente é punível na modalidade dolosa, de modo que o agente deve atuar com conhecimento e vontade de negar ou deixar de fornecer nota fiscal, ou fornecê-la sabendo que o faz em desacordo com a lei, para alcançar o resultado de redução ou supressão de tributo ou acessório.

A negativa na entrega de documento ou nota fiscal decorrente de *erro* do agente, por considerá-la, equivocadamente, indevida; o esquecimento da entrega, ou a entrega em desacordo com o que estabelece a legislação tributária em virtude da interpretação

---

28. Juary C. Silva, *Elementos de Direito Penal Tributário*, op. cit., p. 215.

errada do estatuído, são constitutivas de *mera infração tributária*, inclusive quando ditos comportamentos impliquem o inadimplemento da obrigação de pagar. E isso porque sem dolo não há que se falar de crime contra a ordem tributária.

### 4.6. Criminalização do desatendimento de exigência da autoridade fiscal (parágrafo único)

Determina o parágrafo único do art. 1º que: *a falta de atendimento da exigência da autoridade, no prazo de 10 (dez) dias, que poderá ser convertido em horas em razão da maior ou menor complexidade da matéria ou da dificuldade quanto ao atendimento da exigência, caracteriza a infração prevista no inciso V.*

A doutrina sustenta que esse dispositivo é inconstitucional argumentando que "fere às escâncaras o princípio da reserva de lei, ao deixar a colmatação da *fattispecie* penal ao arbítrio de autoridade administrativa, o que implica dizer que faz *tábula rasa* do princípio iluminístico albergado na fórmula *nullum crimen sine lege*, como é do Direito Positivo brasileiro (arts. 5º, XXXIX, da CF e 1º do CP)"[29].

A crítica é, sem dúvida, pertinente, mas precisa ser discutida e aprofundada descortinando seus fundamentos. Em primeiro lugar, porque *a conduta descrita não constitui um tipo penal autônomo, mas se insere como norma explicativa do alcance do inc. V*, concretamente no que diz respeito à *obrigatoriedade do fornecimento de nota fiscal ou documento equivalente*, nos termos da legislação fiscal aplicável. A *exigência da autoridade* deverá estar, portanto, necessariamente vinculada ao que a legislação fiscal estabelece. A determinação do núcleo essencial da norma penal incriminadora não foi, em realidade, deixada ao arbítrio de autoridade administrativa, pois esta desempe-

---

29. Juary C. Silva, *Elementos de Direito Penal Tributário*, op. cit., p. 121.

nha uma atividade vinculada aos ditames da legislação em matéria tributária. Tampouco foi delegada à outra fonte legislativa, porque o núcleo essencial da conduta típica está descrito pelo legislador penal no *caput* do art. 1º, e consiste em "suprimir ou reduzir tributo, ou contribuição social e qualquer acessório".

Em realidade, a despeito de estranha e incomum previsão legal, é possível interpretar o dispositivo no sentido de que *quando o agente deixa de fornecer nota fiscal ou documento equivalente, ou o fornece em desacordo com a legislação, depois de ter sido notificado pela autoridade fiscal para que o fizesse no prazo de 10 dias ou em período inferior, resta igualmente caracterizado o modo de execução descrito no inc. V*. A nosso juízo, essa previsão legal não deixa de ser uma espécie *sui generis* de *interpretação autêntica*[30] do legislador, e como tal deve ser vista e considerada. Acreditamos, no entanto, que esse prazo de dez dias não pode ser reduzido, arbitrariamente, pela autoridade administrativa para poucos dias ou até mesmo horas, em observância do *princípio da razoabilidade*.

Como já indicamos quando do estudo do inc. II, tomando como referência o teor do art. 3º, I, da Portaria RFB n. 6.478, de 29 de dezembro de 2017, entende-se por procedimento de fiscalização tributária as ações que tenham por objeto verificar o cumprimento das obrigações tributárias relativas aos tributos administrados pela RFB e a aplicação da legislação do comércio exterior, e que possam resultar em redução de prejuízo fiscal ou base de cálculo da *Contribuição Social* sobre o Lucro Líquido (CSLL) e em constituição de crédito tributário, este último inclusive quan-

---

30. Cezar Roberto Bitencourt, Tratado de Direito Penal, op. cit., v. 1, p. 207: "Essa espécie de interpretação tem sido recepcionada com reservas, em razão das consequências que pode produzir. Com efeito, a lei interpretativa é uma anomalia, e não se pode admiti-la como irrefutável e definitiva; costuma-se atribuir autonomia à lei, comparando-se ao fruto que, retirado da árvore, assume identidade própria, independente de sua fonte produtora. Pode-se, portanto, concluía Washington de Barros Monteiro, atribuir-lhe significado diverso daquele que lhe empresta o Poder que a editou".

do decorrente de glosa de crédito em análise de restituição, ressarcimento, reembolso ou compensação, apreensão de mercadorias, representações fiscais, aplicação de sanções administrativas ou exigências de direitos comerciais.

Considerando que as ações de fiscalização, segundo expressa previsão normativa, têm o propósito de reduzir o prejuízo fiscal e propiciar a constituição de créditos tributários eventualmente não declarados pelo contribuinte ou responsável tributário, tem-se por evidenciado, a nosso ver, que a relevância penal da *conduta omissiva* descrita no parágrafo único do art. 1º, depende da efetiva demonstração de que, por meio dela, deu-se causa à supressão ou redução de tributos devidos. Isto é, deu causa, como resultado passível de demonstração empírica, à frustração da arrecadação do tributo devido, seja em sua totalidade, ou somente de parte dele.

Se esta relação jurídica de imputação não for estabelecida e demonstrada, por meio de provas, não haverá *justa causa* para a propositura de ações penais pelo crime *sub examine*, ao contrário, *venia concessa*, da postura construída pela jurisprudência do STF e STJ em sentido inverso. Senão vejamos:

1. Com efeito, na medida em que o crime do art. 1º é crime de resultado, a simples realização das condutas descritas não é suficiente para a sua consumação, sendo necessário constatar a efetiva *supressão* ou *redução* de tributo. Nessa linha de entendimento, discordamos veementemente de setor da doutrina e da jurisprudência que considera a conduta descrita no parágrafo único como *crime autônomo*, de *mera conduta omissiva*, isto é, como crime omissivo próprio desprovido de resultado naturalístico, ou como crime formal, de consumação antecipada[31].

---

31. Como é o caso, por exemplo, de Paulo José da Costa Jr.; Zelmo Denari, *Infrações tributárias e delitos fiscais*, op. cit., p. 131; Luis Regis Prado, *Direito Penal econômico*, op. cit., p. 283.

2. Especialmente porque a *mera desobediência* do cidadão ao cumprimento de obrigações ditadas pelo fisco não pode assumir as características de *crime tributário*, nem mesmo na forma tentada, a menos que nos distanciemos da concepção de *Direito Penal da culpabilidade* no marco de um Estado Democrático de Direito, que prima pela liberdade do indivíduo e pela *proteção subsidiária de bens jurídicos*; caso contrário, estar-se-á assumindo uma *concepção funcional normativista radical* de Direito Penal, na linha jakobsiana, em que prevaleça o simples *dever de fidelidade às normas* independentemente de eventual ofensa a um bem jurídico determinado. Com efeito, não se pode continuar admitindo, no âmbito do Estado Democrático de Direito, que a *simples omissão ao cumprimento* de uma determinação da Administração seja considerada crime autônomo, como se a negativa de fazer o que a Fazenda Pública dita por meio de seus agentes fosse, por si só, um comportamento criminoso. Semelhante interpretação significa que se exige do cidadão um *dever de fidelidade absoluta* ao Estado e às normas, concepção que somente se encontra em regimes totalitários e ditatoriais, inconcebível sob a égide da Constituição Federal de 1988, na qual estão assegurados os direitos ao devido processo legal, ao contraditório, e à ampla defesa.

Nem mesmo o *crime de desobediência*, tipificado no art. 330 do CP, pode ser interpretado dessa forma, obstaculizando o direito de todo cidadão de discutir a legalidade da determinação que recebe do Poder Público. A proteção específica da probidade da função pública, sua respeitabilidade, bem como a integridade de seus funcionários, que o Direito Penal oferece por meio do *crime de desobediência*, não implica o *dever de subserviência* por parte do cidadão. Observe-se que o tipo se refere à desobediência de *ordem legal*, e a *declaração da legalidade da ordem* não é de competência da Administração, mas do Poder Judiciário, quando demandado.

Dito de outra forma, *o cidadão tem o direito de questionar a legalidade das determinações do Poder Público* e até mesmo o direito de não cumpri-las sem que seu comportamento constitua, pura e simplesmente, crime. Em verdade, a obrigatoriedade do *dever de agir*, cumprindo determinação da Administração, existe quando esta atua exercendo o seu poder de polícia, isto é, quando emana decisões que gozam da prerrogativa da *autoexecutoriedade* e *coercibilidade*, próprios do exercício do poder de polícia.

As questões a serem debatidas nesse âmbito são duas: a) se as exigências feitas pela autoridade, no curso do procedimento de fiscalização tributária, gozam da *prerrogativa de autoexecutoriedade* e coercibilidade, próprias do poder de polícia da Administração Pública; e, ainda, b) se essas prerrogativas do poder de polícia da Administração Pública podem ser objeto específico de tutela penal.

Por fim, essa previsão do parágrafo único, *sub examine*, deve ser recebida com extrema cautela, para circunscrevê-la em limites bem mais estreitos que a interpretação que se lhe tem dado. Com efeito, não se pode perder de vista que o contribuinte, como qualquer cidadão, tem o *direito de não se autoincriminar*, nos termos do art. 5º, LXIII, da CF. Em outros termos, se, porventura, a exigência das autoridades fiscais puder configurar possível autoincriminação ou a produção de prova contra si mesmo, mesmo no âmbito extrapenal, o contribuinte não estará obrigado a atendê-la, ante a sua *flagrante inconstitucionalidade*. Consequentemente, esse não atendimento da exigência da autoridade tributária não caracterizará o crime interpretado pelo parágrafo único, que ora se examina, em decorrência do postulado *nemo tenetur se detegere* (todos têm direito ao silêncio e a não produzir prova contra si mesmos).

## 5. Considerações críticas sobre a Súmula Vinculante 24 do STF

Uma vez analisadas as modalidades de realização do crime do art. 1º, cabe refletir criticamente sobre a Súmula Vinculante 24 do STF, concretamente sobre o entendimento de que "não se tipifica crime material contra a ordem tributária, previsto no art. 1º, incisos I a IV, da Lei n. 8.137/90, antes do lançamento definitivo do tributo".

Afinal, para o STF as condutas descritas no inc. V e parágrafo único do art. 1º não são meios para a realização do resultado de supressão e redução de tributo ou acessório, requerido pelo *caput* do art. 1º? Seriam referidas condutas tipos penais autônomos de mera conduta? Ou significa que o lançamento definitivo de tributo somente condiciona a tipicidade do crime do art. 1º em relação às modalidades de condutas descritas nos incs. I a IV?

De acordo com as posturas assumidas nesta obra, o art. 1º da Lei n. 8.137/90 constitui crime de resultado, consistindo na redução ou supressão de tributo ou qualquer acessório. Nesses termos, os comportamentos descritos nos incs. I a V, e no parágrafo único, não são representativos de tipos penais autônomos, mas, simplesmente, da forma de realização do crime previsto no *caput*. Isto é, são os meios de execução da redução ou supressão de tributo ou qualquer acessório. Técnica semelhante foi utilizada no crime do art. 337-A do CP. Por isso, consideramos um grave equívoco o entendimento de que as condutas descritas no inc. V e no parágrafo único, do art. 1º, sejam constitutivas de tipos penais autônomos de *mera conduta* ou de crime formal, de consumação antecipada. Os cinco incisos representam somente os meios ou modos pelos quais o agente pratica a supressão ou redução de tributos! Logo, todos têm a mesma natureza de crime material.

Ademais, deixamos claro que, na nossa ótica, persiste a exigência do encerramento do processo administrativo-fiscal tanto no caso do *crime de resultado* como no de *crime de mera conduta*, pois em ambas as hipóteses deve ser dada ao acusado a possibilidade de regularizar sua situação fiscal, desfrutando do benefício das cláusulas despenalizadoras estudadas, quando mais não fosse, em respeito ao *princípio da isonomia*.

Destaque-se, ademais, o efeito deletério decorrente da distorção produzida em razão da consideração das condutas descritas no inc. V e no parágrafo único, do art. 1º, como crimes formais ou de mera conduta. Por implicar na *antecipação da intervenção penal*, a nosso ver equivocada, a consumação se mostra dissociada da demonstração do resultado lesivo ao erário, impactando, diretamente, na análise da prescrição. Diferentemente dos casos de incidência do art. 1º, I a IV, da Lei n. 8.137/90, em que se requer o lançamento definitivo do tributo[32], a contagem do prazo prescricional começaria a contar, de imediato, a partir do momento em que o agente negou ou deixou de fornecer nota fiscal, ou deixou de atender exigência da autoridade fazendária, nos termos do art. 111, I, do CP.

A diferença de tratamento é notória e se afigura, segundo entendemos, injustificada, especialmente porque consubstancia postura distanciada da visão fragmentária do Direito Penal, como *ultima ratio* do sistema adotado nos Estados Democráticos de Direito.

---

32. Consoante sedimentado pelo STF, com a edição da Súmula vinculante n. 24 tornou-se patente que "o termo inicial da prescrição da ação dos crimes materiais previstos no art. 1º da Lei n. 8.137/90 é a data da consumação do delito, que, conforme a jurisprudência do Supremo Tribunal Federal, corresponde à data da constituição definitiva do crédito tributário". (RHC 122.339 AgR, rel. Min. Roberto Barroso, 1ª T, j. 4-8-2015, *DJe* 171 de 1º-9-2015.)

Se as cláusulas despenalizadoras estudadas são aplicáveis para todos os crimes contra a ordem tributária; se o Estado promove, sob a perspectiva político-criminal, medidas claramente dirigidas à composição do conflito, com reflexo na extinção da punibilidade; qual o sentido técnico-jurídico de antecipar a intervenção penal, nesta seara, sem permitir, nos moldes em que se aplica às hipóteses elencadas nos incisos I a IV, do art. 1º, que as inconformidades identificadas pelo fisco sejam previamente discutidas e resolvidas na seara administrativa, antes de que seja proposta uma ação penal?

A Súmula Vinculante 24 do STF firmou, sem dúvida, um entendimento valioso no âmbito dos crimes contra a ordem tributária, mas ele é, certamente, incompleto, pois as questões de fundo que sustentam a necessidade do encerramento do processo administrativo-fiscal, com o lançamento definitivo do tributo, também são aplicáveis às condutas descritas no inc. V e no parágrafo único do art. 1º, inclusive se admitida a classificação das aludidas figuras como sendo constitutivas de *crime de mera conduta*, ou como crime formal, de consumação antecipada. Somente após findo referido procedimento administrativo-fiscal é que se pode ter certeza da existência do débito tributário[33]. Por isso, é injustificável a antecipação da persecução penal, também nesses casos, antes do encerramento do procedimento administrativo.

## 6. Consumação e tentativa

A consumação do crime do art. 1º, em todas as modalidades elencadas nos respectivos incisos, somente ocorre com o adven-

---

33. Apesar de vencida, esta foi a compreensão alcançada pela Ministra Maria Thereza de Assis Moura, no lúcido voto proferido no julgamento do HC 260.354 – PE, pelo STJ, em 02-09-2014.

to do resultado descrito no tipo, isto é, com a efetiva supressão ou redução de tributo ou acessório. Como advertimos no início desta obra, para determinar, na prática e em sentido técnico, o momento consumativo é preciso levar em consideração o tipo de ação praticada e a espécie tributária afetada. E isso porque para tratar propriamente de *redução* e *supressão* de tributo é necessário que, em face da existência de uma obrigação tributária, o crédito tributário esteja formalmente constituído através do lançamento (art. 142 do CTN).

Não repetiremos aqui toda a reflexão crítica realizada no início destes comentários acerca das dificuldades dogmáticas em torno da determinação do momento da consumação do crime, à qual remetemos o leitor, mas reiteraremos o nosso posicionamento a respeito, indicando as especificidades do tema.

No nosso entendimento, a consumação do crime do art. 1º não depende, exclusivamente, da conduta do agente, mas, também, de ato da Administração. Isso significa que somente haverá redução ou supressão de tributo após o período de constituição do crédito tributário. Com efeito, somente com o engano ou fraude da Administração, e, em detrimento do erário público, o agente consiga pagar menos do que era realmente devido, ou elidir completamente o pagamento de tributo pela falta de constituição do crédito tributário.

Quando discutimos a consumação do crime, convém destacar, estamos delimitando o alcance da tipicidade, porque ante a previsão da punibilidade diferenciada da tentativa (art. 14, II e parágrafo único do CP), é sumamente importante determinar o enquadramento típico da conduta praticada pelo agente, isto é, a sua subsunção em tipo consumado, ou em um tipo tentado. Pretendendo-se atribuir responsabilidade penal pela prática de crime capitulado no art. 1º, na modalidade consumada, a constatação do resultado deve ser inequívoca, sob pena de *falta de justa causa* para a propositura de eventual ação penal.

Nessa linha de entendimento, defendemos que *a discussão acerca da própria existência da obrigação e do crédito tributário repercute, diretamente, na materialidade do fato tipificado como crime consumado*, isto é, na constatação da ocorrência ou não de efetiva redução ou supressão de tributo ou acessório. Com isso estamos evidenciando que, quando se discute no processo administrativo-fiscal a *existência da obrigação tributária*, ou a adequação da conduta do agente, isto é, se houve o não cumprimento dos deveres de colaboração e informação para com o fisco, o emprego de *fraude*, e se esta tem ou não relação com a redução ou supressão de tributo, é necessário esperar o encerramento de referido processo; na verdade, essas questões repercutem na constatação da materialidade delitiva, sem a qual o crime não se consubstancia para efeito de constatação da tipicidade penal. Com efeito, o contribuinte pode ter tão somente incorrido em erro relativamente à interpretação e aplicação da legislação tributária, sem que essa mera infração tributária e eventual existência de dívida apresentem natureza e características de infração penal.

Nesses termos, duas são as conclusões a que podemos chegar a respeito da consumação: a primeira delas é a de que enquanto não se esgotar o prazo para o lançamento do tributo, pela Administração, e o prazo ordinário para o seu pagamento pelo sujeito passivo da obrigação tributária, o crime não se consuma; a segunda é que, se houver discussão sobre a existência da obrigação tributária, pressuposto sem o qual não há que se falar em crime, é necessário esperar o lançamento definitivo do tributo, com o encerramento da via administrativa. Como já indicamos, é pressuposto do comportamento típico *a prévia existência de uma determinada relação jurídico-tributária entre o sujeito ativo do delito e o Estado*, concretamente, que haja nascido uma *dívida tributária*[34].

---

34. Por isso, sustentamos que nem sempre o encerramento do processo administrativo-fiscal deve ser visto como condição objetiva de punibilidade.

No que diz respeito à tentativa do crime do art. 1º da Lei n. 8.137/90, é preciso que a conduta praticada pelo agente dirija-se, inequivocamente, à redução ou supressão de tributo que se sabe devido, em face da existência da obrigação tributária. O agente deve atuar inequivocamente para *reduzir* ou *suprimir* o valor do tributo devido, após o advento do fato gerador. Nesse sentido, é necessário que a conduta praticada pelo agente implique uma clara infração dos deveres de colaboração e informação para com o fisco, apta a prejudicar a correta constituição do crédito tributário.

A identificação da tentativa punível é um tema difícil, mas de suma importância dado que em muitos casos os atos praticados pelo agente não passam da mera execução de *atos preparatórios*, em regra, impunes. Com efeito, dependendo do caso e da espécie tributária, a tentativa somente se caracteriza quando se esgota para o contribuinte o prazo para o cumprimento espontâneo de suas obrigações fiscais, sem que as manobras em si fraudulentas sejam relevantes para efeito de tentativa. Imagine-se, por exemplo, que o agente seja interpelado pela escrituração inexata de livros fiscais, apesar de esta conduta constituir um meio de execução descrito no tipo, aquele poderá, na data do vencimento do tributo, efetuar o pagamento no seu valor exato, ou, no prazo previsto em lei, informar corretamente à Administração sobre a ocorrência do fato gerador. De modo que, em regra, *a tentativa estará inequivocamente caracterizada quando estivermos diante de uma tentativa perfeita, isto é, acabada*. Em outras palavras, *quando o agente realizar todos os atos destinados a que a Administração incida em erro na constituição do crédito tributário*, mas com a diferença em relação ao delito consumado de que aquela se dá conta da manobra fraudulenta executada pelo autor, evitando o prejuízo às arcas públicas.

Com essas considerações gerais, vejamos como se caracterizam a consumação e a tentativa em cada uma das modalidades descritas nos incs. I a V e parágrafo único do art. 1º da Lei n. 8.137/90.

A consumação do crime do art. 1º, quando o agente realiza como meio de execução as modalidades de ação descritas no inc. I, ocorre após a omissão de informação ou após a prestação de declaração falsa às autoridades fazendárias, já tendo decorrido o período de constituição do crédito tributário pela Administração submetida a engano, no momento em que termina o prazo para o agente efetuar o pagamento do tributo, e esse não o faz como era devido, logrando reduzir ou suprimir tributo.

No que diz respeito à consumação do crime quando o agente atua por meio de alguma das condutas descritas no inc. II, igualmente, ela ocorre após a prática da fraude em detrimento da fiscalização tributária, depois de decorrido o período de constituição do crédito tributário pela Administração enganada. Consuma-se o crime quando encerrado o prazo para o agente efetuar o pagamento do tributo, e esse não o faz como era devido, e, assim, logra reduzir ou suprimir tributo.

A tentativa de crime sob as modalidades de ação descritas nos incs. I e II é, em tese, possível, em face da possibilidade de interrupção da execução antes da efetiva redução ou supressão de tributo; contudo, é preciso dirimir o conflito aparente de normas entre a tentativa do crime do art. 1º e o crime de mera conduta tipificado no art. 2º, I. Analisaremos essa questão especificamente no próximo capítulo, ao qual remetemos o leitor.

Quando o agente atua por meio da execução de algum dos comportamentos descritos no art. 1º, III, a consumação ocorre após a falsificação ou alteração que incidem sobre documentos relativos, especificamente, à operação tributável, após o período de constituição do crédito tributário pela Administração que atua submetida a engano, no momento em que termina o prazo para o agente efetuar o pagamento do tributo, e esse não o faz como era devido, logrando reduzir ou suprimir tributo.

A modalidade do inc. III não oferece dificuldades para a caracterização da tentativa, uma vez que o legislador penal não tipificou comportamento semelhante como crime de mera conduta no art. 2º. Nesses termos, se o contribuinte falsifica algum dos documentos referidos no art. 1º, III, com o intuito de reduzir o valor do tributo devido ou de eximir-se de seu pagamento, e se referida falsidade é detectada pelo fisco antes da consumação, fica caracterizada a tentativa[35]. A relevância típica da tentativa é, em princípio, inequívoca; entretanto, da mesma forma que acontece com os crimes consumados, está sujeita à condição objetiva de punibilidade, de tal modo que, se o contribuinte finalmente reconhece a existência do débito tributário e efetua o pagamento devido, a conduta deixa de ostentar relevância penal.

A consumação do crime executado mediante a modalidade do inc. IV ocorre após a elaboração, distribuição, fornecimento, emissão, ou utilização de documento falso ou inexato, após o período de constituição do crédito tributário pela Administração que atua submetida a engano, quando termina o prazo para o agente efetuar o pagamento do tributo, e esse não o faz como era devido, logrando reduzir ou suprimir tributo.

Verificando-se apenas uma das ações previstas no inc. IV, sem que a sonegação fiscal se consume, podem restar caracterizados alguns dos crimes de falsidade previstos no Código Penal.

A caracterização da tentativa punível depende em grande medida do agente que a pratica. Isso porque as condutas incriminadas no inc. IV nem sempre são realizadas pelo contribuinte que pretende reduzir ou suprimir o tributo devido. De modo que,

---

35. Nesse sentido também se manifesta Juary C. Silva, *Elementos de Direito Penal Tributário*, op. cit., p. 209.

quando o agente seja um mero distribuidor ou fornecedor de notas falsas, a execução do crime do art. 1º só teria início quando a referida nota fosse utilizada pelo contribuinte para a redução ou supressão de tributo. Estamos de acordo com Juary C. Silva no que diz respeito à necessidade da prática de um ato tendente, significativamente, à sonegação[36].

No que tange à consumação do crime executado mediante alguma das condutas descritas no inc. V, aquela se verifica após o não fornecimento de nota fiscal ou documento de venda ou após o fornecimento em desacordo com a legislação, após o período de constituição do crédito tributário pela Administração que atua submetida a engano, no momento em que termina o prazo para o agente efetuar o pagamento do tributo, e esse não o faz como era devido, logrando reduzir ou suprimir tributo.

E, também, na hipótese do inc. V cabe, a princípio, a tentativa. Não estamos de acordo com o entendimento de Juary Silva[37], quando afirma que a tentativa através da prática dos comportamentos referidos no inc. V é impossível, sob o argumento de que com a simples omissão da nota o crime já estaria aperfeiçoado. Como já advertimos, o inc. V é uma das formas de realização do crime do art. 1º, e este somente se aperfeiçoa com a efetiva supressão ou redução do tributo devido. Com efeito, o meio ou modo de execução do crime é esse descrito no inciso, mas o resultado buscado é a *supressão* ou *redução de tributo*, exatamente como nos demais incisos. Logo, se e o sujeito ativo, ao final, cumpre com a exigência e efetua o pagamento do tributo devido, não há que se cogitar da tipificação da conduta, sequer na modalidade tentada. Por último, considerando que a conduta descrita no parágrafo único não deve ser interpretada como se

---

36. Juary C. Silva, *Elementos de Direito Penal Tributário*, op. cit., p. 213.
37. Juary C. Silva, *Elementos de Direito Penal Tributário*, op. cit., p. 216.

fosse constitutiva de um tipo penal autônomo, mas tão somente como norma explicativa do alcance do inc. V, concretamente, no que diz respeito à *obrigatoriedade do fornecimento de nota fiscal ou documento equivalente*, nos termos da legislação fiscal aplicável, entendemos que o disposto no parágrafo único também deve ser considerado somente como mais um meio de execução do crime de resultado tipificado no *caput* do art. 1º.

Sob essa ótica, a consumação se dá após o desatendimento da exigência da autoridade fazendária, na medida em que o agente deixa de cumprir os deveres instrumentais de cooperação para com a Administração, após o período de constituição do crédito tributário que, em face do descumprimento do agente, não é feito da forma adequada. Isto é, a consumação se dá no momento em que termina o prazo para o agente efetuar o pagamento do tributo, e esse não o faz como era devido, logrando reduzir ou suprimir tributo.

## 7. Classificação doutrinária

Trata-se de crime *especial ou próprio* (exige determinada qualidade ou condição pessoal do agente, concretamente, que figure como sujeito passivo da obrigação tributária principal, exceto quando o agente é estranho à relação tributária e realiza as condutas de elaborar, distribuir, fornecer ou emitir, descritas no inc. IV); *material* (para a sua consumação é indispensável a realização do resultado de redução ou supressão de tributo descrito no *caput* do art. 1º); de *ação múltipla ou de conteúdo variado* (tipo penal contém várias modalidades de condutas); *unissubjetivo* (pode ser cometido por uma única pessoa, embora admita naturalmente o concurso eventual de pessoas); *plurissubsistente* (a conduta pode ser desdobrada em vários atos).

# 8. Pena e ação penal

A pena abstratamente cominada para o crime do art. 1º, em suas distintas modalidades de execução, é a de reclusão, de dois a cinco anos, aplicada cumulativamente com a pena de multa. O juiz deverá nortear-se pelo sistema de aplicação de pena estabelecido nos arts. 59 e seguintes da Parte Geral do Código Penal, bem como pelas normas que disciplinam a pena privativa de liberdade e seu regime de cumprimento (arts. 33 e seguintes do mesmo diploma legal).

No que diz respeito à pena de multa, o legislador prevê regramento específico, que será analisado mais adiante. A ação penal é pública e incondicionada.

# Crimes de mera conduta – equiparação equivocada

CAPÍTULO 4

**Sumário:** 1. Considerações preliminares. 2. Bem jurídico tutelado. 3. Tipos penais em espécie. 3.1. Fazer afirmação falsa ou omitir declaração sobre rendas, bens ou fatos, ou empregar outra fraude, para eximir-se, total ou parcialmente, de pagamento de tributo (I). 3.1.1. Bem jurídico tutelado. 3.1.2. Sujeitos do crime. 3.1.3. Tipo objetivo: adequação típica. 3.1.4. Tipo subjetivo: adequação típica. 3.1.5. Consumação e tentativa. 3.1.6. Delimitação entre o crime do art. 1º e o do art. 2º, I, da Lei n. 8.137/90. 3.1.7. Classificação doutrinária. 3.2. Deixar de recolher, no prazo legal, valor de tributo ou de contribuição social, descontado ou cobrado, na qualidade de sujeito passivo de obrigação e que deveria recolher aos cofres públicos (II). 3.2.1. Bem jurídico tutelado. 3.2.2. Sujeitos do crime. 3.2.2.1. Da inconstitucional ampliação da norma penal incriminadora por equivocada interpretação jurisprudencial. 3.2.3. Tipo objetivo: adequação típica. 3.2.4. Tipo subjetivo: adequação típica. 3.2.5. Casos de atipicidade: impossibilidade de agir. 3.2.6. Consumação e tentativa. 3.2.7. Classificação doutrinária. 3.3. Exigir, pagar ou receber, para si ou para o contribuinte beneficiário, qualquer percentagem sobre a parcela dedutível ou deduzida de imposto ou de contribuição como incentivo fiscal (III). 3.3.1. Bem jurídico tutelado. 3.3.2. Sujeitos do crime. 3.3.3. Tipo objetivo: adequação típica. 3.3.4. Tipo subjetivo: adequação típica. 3.3.5. Consumação e tentativa. 3.3.6 Classificação doutrinária. 3.4. Deixar de aplicar, ou aplicar em desacordo com o estatuído, incentivo fiscal ou parcelas de imposto liberadas por órgão ou entidade de desenvolvimento (IV). 3.4.1. Bem jurídico tutelado. 3.4.2. Sujeitos do crime. 3.4.3. Tipo objetivo: adequação típica. 3.4.4. Tipo subjetivo: adequação típica. 3.4.5. Consumação e tentativa. 3.4.6. Classificação doutrinária. 3.5. Utilizar ou divulgar programa de processamento de dados que permita ao sujeito passivo da obrigação tributária possuir informação contábil diversa daquela que é, por lei, fornecida à Fazenda Pública (V). 3.5.1. Bem jurídico tutelado. 3.5.2. Sujeitos do crime. 3.5.3. Tipo objetivo: adequação típica. 3.5.4. Tipo subjetivo: adequação típica. 3.5.5. Consumação e tentativa. 3.5.6. Classificação doutrinária. 3.5.7. Pena e ação penal. 4. A punibilidade dos crimes de mera conduta.

Art. 2º Constitui crime da mesma natureza:

I – fazer declaração falsa ou omitir declaração sobre rendas, bens ou fatos, ou empregar outra fraude, para eximir-se, total ou parcialmente, de pagamento de tributo;

II – deixar de recolher, no prazo legal, valor de tributo ou de contribuição social, descontado ou cobrado, na qualidade de sujeito passivo de obrigação e que deveria recolher aos cofres públicos;

III – exigir, pagar ou receber, para si ou para o contribuinte beneficiário, qualquer percentagem sobre a parcela dedutível ou deduzida de imposto ou de contribuição como incentivo fiscal;

IV – deixar de aplicar, ou aplicar em desacordo com o estatuído, incentivo fiscal ou parcelas de imposto liberadas por órgão ou entidade de desenvolvimento;

V – utilizar ou divulgar programa de processamento de dados que permita ao sujeito passivo da obrigação tributária possuir informação contábil diversa daquela que é, por lei, fornecida à Fazenda Pública.

Pena – detenção, de 6 (seis) meses a 2 (dois) anos, e multa.

## 1. Considerações preliminares

O legislador penal estabelece no art. 2º que os comportamentos incriminados nos incs. I a V são *da mesma natureza* que o crime do art. 1º, ou seja, *crimes contra a ordem tributária*, praticados por particulares em detrimento do erário público. Entretanto, a técnica de tipificação é distinta, na medida em que, ao contrário do art. 1º, não descreve no *caput* do art. 2º o núcleo essencial do tipo penal, deixando para indicá-lo em cada um dos seus incisos. Dessa forma, é possível afirmar que *cada inciso do art. 2º constitui uma norma incriminadora com preceito primário autônomo*, independente, com a peculiaridade de que *todos os incisos compartem o mesmo preceito secundário*, isto é, a mesma cominação de pena.

Além disso, a técnica de tipificação diferencia-se da utilizada no art. 1º, na medida em que não se requer, em nenhum dos incisos do art. 2º, para a consumação do crime, a *produção de resultado material* (supressão ou redução de tributo). De modo que *as condutas incriminadas no art. 2º são constitutivas de crimes de mera conduta*, isto é, distintos daqueles contidos no art. 1º.

## 2. Bem jurídico tutelado

Já evidenciamos que a norma penal tributária visa à proteção subsidiária da ordem tributária, enquanto atividade administrada pelo Estado, personificada na Fazenda Pública dos distintos entes estatais (União, Estados, Distrito Federal e Municípios), dirigida à arrecadação de ingressos e à gestão de gastos em benefício da sociedade. Atividade que, por sua importância para o desenvolvimento das finalidades do Estado, é instituída e sistematizada nos arts. 145 a 169 da Constituição Federal de 1988, assumindo o caráter de bem jurídico supraindividual.

Ademais, é claro o nosso entendimento no sentido de que os crimes contra a ordem tributária atingem diretamente a administração do erário público, prejudicando a arrecadação de tributos e a gestão dos gastos públicos. Por isso, sustentamos que o objeto de proteção específico é o patrimônio administrado pela Fazenda Pública, na sua faceta de ingressos e gastos públicos. E isso porque, repetindo, o sentido da proteção da ordem tributária, enquanto bem jurídico, justifica-se, pelas funções que os tributos desempenham, para cujo efeito é necessário assegurar tanto o cumprimento das expectativas de ingresso quanto a boa gestão dos gastos.

A proteção outorgada pelo art. 2º da Lei n. 8.137/90 à ordem tributária e, especificamente, ao erário público, enquanto patrimônio administrado pela Fazenda Pública, é muito mais ampla e difusa, comparada à proteção concedida pelo art. 1º deste mesmo diploma legal. Em primeiro lugar, porque, como veremos no estudo de cada um dos tipos penais, as normas incriminadoras inscritas no art. 2º possibilitam estender a proteção penal para além da *legítima expectativa de ingressos às arcas do Estado*, para também alcançar a *boa gestão dos gastos públicos*. Em segundo lugar, porque a técnica de tipificação de crimes de mera conduta representa uma antecipação da tutela penal, ampliando as possibilidades de punição, uma vez que, para constatar o desvalor da ação, não é necessário demonstrar a aptidão do comportamento do agente para a produção de um determinado resultado material, sendo suficiente constatar a *idoneidade da conduta do agente para produzir um potencial resultado ofensivo à preservação do bem jurídico ordem tributária, visto sob a perspectiva genérica*.

Importante destacar, neste capítulo, que a jurisprudência tradicionalmente sustenta a constitucionalidade dos crimes contra a ordem tributária tipificados na Lei n. 8.137/90, inclusive, os previstos no art. 2º, sob o argumento de que as condutas incriminadas não guardam relação com a prisão civil por dívida e, portanto, não violam a garantia individual fundamental insculpida no art. 5º, LXVII, da Constituição Federal de 1988.

Ao explicitar a base teórica e o sentido prático dessa postura sustentada, o STF ao analisar o Tema 937 (ARE 999.425 RG/SC, rel. Min. RICARDO LEWANDOWSKI, *DJe* de 2-3-2017), reafirmou a jurisprudência da Corte, no sentido de que os crimes previstos na Lei n. 8.137/90 não violavam o disposto no art. 5º, LXVII, da Constituição Federal (prisão civil por dívida). Nesse momento, reiterou-se a compreensão de que "as condutas tipificadas na Lei n. 8.137/91 não se referem simplesmente ao não pagamento de tributos, mas aos atos praticados pelo contribuinte com o fim de sonegar o tributo devido, consubstanciados em fraude, omissão, prestação de informações falsas às autoridades fazendárias e outros ardis. Não se trata de punir a inadimplência do contribuinte, ou seja, apenas a dívida com o Fisco. Por isso, os delitos previstos na Lei n. 8.137/91 não violam o art. 5º, LXVII, da Carta Magna bem como não ferem a característica do Direito Penal de configurar a *ultima ratio* para tutelar a ordem tributária e impedir a sonegação fiscal".

Com esse ponto de partida, a interpretação da norma penal incriminadora e sua aplicação ao caso concreto devem ter conexão estrita com o objeto jurídico de proteção penal e com a visão do Direito Penal como *ultima ratio* do sistema, sendo consequente com suas premissas e, não, oportunista, de modo a precaver a utilização do poder punitivo do Estado como instrumento de coação para a arrecadação de tributos.

## 3. Tipos penais em espécie

Tendo em vista que o legislador optou por criar figuras penais autônomas em cada um dos incisos do art. 2º, realizaremos a seguir a análise específica de cada uma delas.

### 3.1. Fazer afirmação falsa ou omitir declaração sobre rendas, bens ou fatos, ou empregar outra fraude, para eximir-se, total ou parcialmente, de pagamento de tributo (I)

Pela simples leitura do comportamento típico descrito no inc. I é possível observar que ele guarda grande similitude com as formas de execução do crime do art. 1º. A diferença substancial entre ambos consiste, como já indicamos, na técnica de tipificação. O crime do art. 1º é crime de resultado, enquanto *o crime deste art. 2º, I, é crime de mera conduta*, podendo, também, ser classificado, segundo o critério e referencial teórico do qual se parta, como *crime formal, de consumação antecipada*.

### 3.1.1. Bem jurídico tutelado

As duas figuras penais deste dispositivo – *fazer afirmação falsa* ou *omitir declaração sobre rendas, bens ou fatos* – visam à proteção da ordem tributária e, especificamente, do erário público, enquanto patrimônio administado pela Fazenda Pública, mas não do patrimônio já consolidado, e sim da *legítima expectativa de ingressos aos cofres da Receita*. A distinta técnica de tipificação revela os diferentes momentos e formas de incidência do Direito Penal, principalmente em função de como a prática do comportamento criminoso repercute sobre o bem jurídico protegido.

Na hipótese do crime de resultado, a repressão penal é muito mais intensa justamente porque o prejuízo à receita, com a supressão ou redução de tributo, representa, como vimos na Parte Geral desta obra, um dano efetivo à Fazenda Pública, enquanto objeto jurídico protegido nos crimes contra a ordem tributária.

Na hipótese do crime de *mera conduta*, por sua vez, a repressão penal é mais branda, na medida em que representa uma antecipação da tutela penal com o objetivo de evitar que a ordem tributária seja exposta a um perigo concreto ou a uma lesão efetiva. Na verdade, mais branda é a conduta praticada, que tem menor potencial lesivo, por isso a reprimenda estatal é menos intensa.

A questão, afinal, é: por que o legislador penal tipificou o crime de *mera conduta* do art. 2º, I, se é possível, teoricamente, a punibilidade da tentativa do crime do art. 1º? É difícil justificar, sob a perspectiva jurídico-dogmática, por que o legislador atuou dessa maneira, mas o que parece inequívoco é que, dessa forma, procurou evitar qualquer sombra de dúvida sobre a punibilidade dos comportamentos fraudulentos idôneos a provocar prejuízos ao erário público. Na realidade, considerando sua menor reprovabilidade, o legislador pune os crimes descritos no art. 2º com sanções inferiores às que normalmente seriam aplicadas à forma tentada dos crimes do art. 1º. Quer nos parecer que o grau de reprovabilidade das condutas tipificadas no art. 2º justifica essa opção do legislador!

### 3.1.2. Sujeitos do crime

Somente age "para eximir-se, total ou parcialmente, de pagamento de tributo" aquele que está obrigado, nos termos da lei, a pagá-lo. Nesses termos, a prática do crime do art. 2º, I, pressupõe a existência de uma determinada relação jurídico-tributária entre o sujeito ativo do delito e o Estado. Ademais, na medida em que o núcleo essencial do tipo está diretamente relacionado ao descumprimento de obrigações acessórias referidas ao lançamento do tributo, pode-se afirmar que o *sujeito ativo* do crime é o particular – pessoa física – responsável pelo cumprimento daquelas; normalmente, é aquele em cujo benefício reverteria a hipotética redução ou supressão de tributo sonegado.

Trata-se, nesse sentido, de *crime especial* ou próprio, porque somente o sujeito obrigado a prestar informações ao fisco indispensáveis para o lançamento, nos termos do art. 147 do CTN, pode ser *sujeito ativo* dessa infração penal. Além disso, na modalidade de emprego de outra fraude, *sujeito ativo* pode ser o *contribuinte* ou *responsável pelo pagamento do tributo*, em cujo benefício reverteria a redução ou supressão de tributo pretendida. São válidas aqui as considerações sobre a figura do contribuinte e do responsável em sentido estrito feitas quando examinamos os crimes do art. 1º deste mesmo diploma legal. Confira-se, também, outros aspectos da discussão no Capítulo 6.

Quanto ao *sujeito passivo* do crime, é a pessoa jurídica de Direito Público, titular da competência para instituir tributos e exigir o cumprimento da obrigação tributária, nos termos dos arts. 145 a 156 da CF de 1988. Trata-se do ente estatal responsável pela administração do erário público, tanto na arrecadação de tributos como na gestão do gasto público: União, Estados, Distrito Federal e Municípios. São igualmente válidas aqui as considerações que fizemos no estudo do art. 1º.

*3.1.3. Tipo objetivo: adequação típica*

Este inc. I descreve três comportamentos típicos: *a) fazer afirmação falsa* sobre rendas, bens ou fatos; *b) omitir declaração* sobre rendas, bens ou fatos; *c)* ou *empregar outra fraude*. Todos eles são dirigidos à finalidade de eximir-se, total ou parcialmente, do pagamento de tributo, sem que seja necessário que referido resultado se produza para o aperfeiçoamento do crime.

A *primeira modalidade* descrita no inc. I, do art. 2º, consiste, a exemplo do que ocorre com a previsão do art. 1º, I, na prática de um comportamento ativo: a *prestação de informação de conteúdo inverídico*, isto é, que não corresponde à realidade dos fatos, concretamente, sobre fatos com relevância tributária (fatos que fundamentam o nascimento da obrigação tributária ou repercutam sobre o *quantum* do débito).

A *segunda modalidade* descrita é puramente *omissiva – omitir declaração sobre rendas, bens ou fatos –*, o que conduz à discussão acerca da *relevância penal da omissão*, para efeito de caracterização do crime. Como já manifestamos, a *relevância da omissão* no âmbito do Direito Penal tributário depende da *existência do prévio dever ativo de prestar informação de natureza fiscal* às autoridades fazendárias.

Os *deveres* para com o fisco decorrem da lei, na medida em que a atividade tributária é plenamente vinculada. Contudo, para efeito de caracterização do crime do art. 2º, I, é necessário, da mesma forma que no art. 1º, I, que *a informação devida ao fisco esteja relacionada com o fato jurídico do qual emana a obrigação de pagar*. Isso porque, como o próprio legislador especifica, o comportamento incriminado consiste em *omitir declaração sobre rendas*, bens ou fatos, para eximir-se, total ou parcialmente, do pagamento de tributo. *A conduta omissiva deve ser, portanto, idônea a produzir um potencial efeito lesivo ao erário público*, assumindo o caráter de *ocultação intencional* de fatos com relevância tributária (fatos que fundamentam o nascimento da obrigação tributária ou repercutem sobre o *quantum* devido).

Quando a *omissão de informação* devida ou a *prestação de declaração falsa* se perfaz por meio de documento, para enganar as autoridades fazendárias, assemelham-se à prática do *crime de falsidade ideológica*, tipificado no art. 299 do CP, suscitando um autêntico conflito aparente de normas. No entanto, estando a falsidade relacionada com informações de natureza fiscal, o tipo aplicável é o do art. 2º, I, em face do princípio da especialidade.

A *terceira modalidade* está assim descrita: "ou empregar outra fraude". Além dos dois modos de execução dos comportamentos incriminados – *fazer declaração falsa* ou *omitir declaração* sobre rendas, bens ou fatos – que são *específicos* (um ativo e outro passivo), o legislador previu um terceiro – *ou empregar outra fraude* – que é *genérico*, constituindo uma fórmula abrangente para ludibriar a autoridade fiscal. Completa-se, na verdade, o conteúdo da norma com um processo de *interpretação extensiva*, aplicando-se analogicamente aos casos semelhantes que se apresentem, por determinação da própria norma; como destacava Jiménez de Asúa, "é a própria lei que a ordena e, por isso, não se trata de *analogia*, mas de *interpretação analógica*, posto que ela se vincula à própria vontade da lei"[1] (grifos acrescentados).

---

1. Luiz Jiménez de Asúa. *Principios de Derecho Penal, la ley y el delito*. Buenos Aires: Abeledo-Perrot, 1990. p. 140.

Essa locução – *ou outra fraude* – é uma fórmula genérica para admitir qualquer *espécie de fraude* que possa *enganar* o fisco. *Ou empregar outra fraude* é uma locução similar à utilizada na definição do *crime de estelionato* (art. 171 do CP), no caso, "*qualquer outro meio fraudulento*", que representa uma *fórmula genérica* para admitir qualquer espécie (modo ou forma) de *engodo*, de *artifício* ou de *fraude*, desde que tenha idoneidade suficiente para *enganar* o fisco. Não se deve esquecer, contudo, que a *interpretação* em matéria penal-repressiva deve ser sempre *restritiva*, e somente nesse sentido negativo é que se pode admitir o *arbítrio judicial*, sem ser violada a taxatividade do princípio da reserva legal. A seguinte expressão de Nelson Hungria ilustra muito bem esse raciocínio: "Não pode ser temido o *arbitrium judicis* quando destinado a evitar, *pro libertate*, a excessiva amplitude prática de uma norma penal inevitavelmente genérica"[2]. Trata-se de um *processo interpretativo* analógico previamente determinado pela lei, ou seja, um *meio* indicado para *integrar* o preceito normativo dentro da própria norma, estendendo-o a situações análogas, como ocorre, por exemplo, no art. 71 do CP, quando determina "pelas condições de tempo, lugar, maneira de execução e outras semelhantes". Não é incomum a lei dispor que, além dos casos especificados, o preceito se aplique a outros análogos ou semelhantes. Essa técnica – *interpretação analógica* –, utilizada em muitos dispositivos penais, não deixa de ser *uma espécie de interpretação extensiva*, mas em que a própria lei determina que se amplie seu conteúdo ou alcance, e fornece critério específico para isso.

A acepção do verbo *empregar* neste inc. I deste artigo é a de *utilizar, usar, servir-se de*, e a da locução "outra fraude" é a de *ação desonesta realizada com o propósito de enganar alguém ou burlar*

---

2. Nelson Hungria. *Comentários ao Código Penal*. 5. ed. Rio de Janeiro: Forense, 1980. v. 7, p. 179.

*regras e leis vigentes*, mas sempre relacionada à "afirmação falsa" ou "omissão de declaração" de dados *para eximir-se do pagamento de tributos*. Com efeito, a elementar "ou empregar outra fraude" deve, necessariamente, guardar semelhança com os meios elencados, quais sejam, *fazer afirmação falsa* ou *omitir declaração devida*, por força da tipicidade estrita.

No contexto do crime do art. 2º, I, a expressão *empregar outra fraude*, sem especificar a espécie de fraude, abre espaço para a perniciosa possibilidade de *interpretação analógica*, em detrimento do mandato de taxatividade dos tipos penais. Observe que as duas primeiras condutas (fazer afirmação falsa e omitir declaração) repercutem sobre objeto material determinado, a declaração sobre rendas, bens ou fatos, enquanto a terceira modalidade é abrangente de uma série de comportamentos que impliquem fraude à atividade arrecadatória desenvolvida pela Fazenda Pública, sem que esteja vinculada a um objeto material específico. Nesses termos, com essa terceira modalidade ampliadora, o tipo do art. 2º, I, termina por abarcar as condutas fraudulentas descritas como meio de execução do crime do art. 1º. Essa redação abrange não somente as fraudes tendentes à redução ou supressão do imposto de renda, mas também de qualquer outro tributo[3].

Enfim, para nós, sem sombra de dúvidas, além dos dois modos especificamente declinados – *fazer declaração falsa* ou *omitir declaração devida* – a terceira modalidade – *ou empregar outra fraude* – pode ser praticada, a nosso juízo, por outros meios, tais como, *artifício, ardil* ou algum *outro meio similar*, nos quais a astúcia e a dissimulação do agente possam se fazer presentes para *enganar* o fisco. Não se deve esquecer, contudo, que a interpretação em

---

3. De outra opinião, Juary C. Silva (*Elementos de Direito Penal Tributário*, São Paulo: Saraiva, 1998. p. 220-222) considera que o tipo diz respeito somente à fraude que repercute sobre o imposto de renda. Argumenta que se deve adotar uma interpretação restritiva do inc. I.

matéria penal-repressiva deve ser sempre restritiva, e somente nesse sentido negativo é que se pode admitir o arbítrio judicial, sem ser violada a taxatividade do princípio da reserva legal. Por isso, deve--se adotar grande cautela no exame da locução "ou empregar outra fraude", que, necessariamente, deve ser similar às fraudes constitutivas das duas primeiras condutas antes examinadas.

É indispensável, também por essa razão, que a "outra fraude" seja suficientemente *idônea* para *enganar* a Administração Pública, para *ludibriá-la*, isto é, para induzi-la a erro. No entanto, ao contrário do que ocorre no crime de estelionato (art. 171 do CP), não é indispensável que a Administração Pública seja *induzida* ou *mantida* em erro, basta que o modo de conduta criminosa (fraudulenta), qualquer dos três, tenha idoneidade suficiente para *enganar*, para *ludibriar*, para, enfim, *induzir* o fisco a erro. A eventual ausência dessa idoneidade torna a conduta *atípica*, por falta de potencialidade lesiva do modo ou forma utilizada.

Por fim, é indispensável que resultem descritas na denúncia a existência e a caracterização da conduta *fraudulenta*, qual seja – *declaração falsa, omissão de declaração* ou *outra fraude* – com o objetivo de enganar o fisco.

A doutrina tem criticado duramente a redação desse inciso, em virtude de sua amplitude e indeterminação[4], no que, convenhamos, tem razão. No entanto, deve-se reconhecer a dificuldade de o legislador penal poder identificar e especificar *a priori* todas as modalidades possíveis de fraude à Fazenda Pública. Por isso, é compreensível que o tipo adote uma redação ampliadora, embora seja preferível que indicasse, com rigor técnico-dogmático, a natureza e espécie de fraude que afetam a arrecadação dos tributos.

---

4. Confira Juary C. Silva, *Elementos de Direito Penal Tributário*, op. cit., p. 220-221.

O tipo penal possui uma série de elementos normativos, os quais passamos a examinar.

*Declaração* é qualquer informação ou comunicação exigida por lei tributária; *rendas* são os produtos do capital, do trabalho, ou da combinação de ambos, de acordo com o art. 43, I, do CTN, mas, na caracterização do crime em questão, também deve abarcar o conceito *proventos* regulado no inc. II do art. 43 do CTN; *bens* vêm a ser tudo que seja útil para a satisfação de necessidades humanas e que possa integrar o patrimônio de determinada pessoa, sendo passível de valoração econômica para efeito de tributação; *fatos*, termo que admite uma acepção ampla, deve ser interpretado como *fato relevante* para o nascimento da obrigação tributária (fato gerador), ou como *fato* que repercute na constituição do crédito tributário. Rendas, bens ou fatos representam o objeto material sobre o qual recaem as ações de *fazer afirmação falsa* e *omitir declaração*.

### 3.1.4. Tipo subjetivo: adequação típica

A lei pune somente a modalidade dolosa do crime do art. 2º, I, de modo que é necessário demonstrar que o agente atuou com consciência e vontade de *enganar* a Fazenda Pública, fazendo declaração que sabia ser falsa ou omitindo na declaração, intencionalmente, dados sobre rendas, bens ou fatos. O *erro*, ainda que vencível, na prestação de informação, ou, por exemplo, o *esquecimento de fatos tributáveis* no preenchimento da declaração não são constitutivos de crime.

A necessidade de demonstrar o ardil é uma exigência expressa do tipo penal através da locução "para eximir-se, total ou parcialmente, de pagamento de tributo". Em outras palavras, a relevância típica da conduta infratora, no âmbito penal, depende da constatação de que o sujeito atua ou omite com consciência e vontade, e com a *finalidade especial* de se esquivar, fraudulentamente, do pagamento integral ou parcial de tributo, que se constitui como *elemento subjetivo especial do tipo*.

A demonstração do dolo é imprescindível porque, em regra, o não cumprimento de obrigações acessórias relacionadas com o lançamento do tributo não é crime. Nem mesmo a simples *omissão do dever de prestar informações*, quando desacompanhadas de comportamentos inequivocamente direcionados a enganar o fisco, pode ser considerada típica, porque implicaria a diluição das diferenças entre ilícito penal e ilícito administrativo e conseguinte esvaziamento dos critérios estruturantes do dolo e da finalidade específica de agir requerida pelo tipo penal incriminador, inadmissível num Direito Penal mínimo e garantista.

A questão mostra-se relevante caso venha a ser formalmente deflagrada uma ação penal. Com efeito, a constatação da infração administrativa, sem a certeza do dolo sobre a ocultação de fatos jurídicos tributários relevantes para causar prejuízo ao erário público, não caracteriza adequação típica, pois implicaria um *juízo de valor* negativo desacompanhado do imprescindível *juízo de certeza* sobre o elemento subjetivo do tipo. Na dúvida, não se pode presumir o dolo do agente para atribuir responsabilidade penal, o que, de ser admitido, resultaria na aplicação do *princípio in dubio pro societate* como lastro para a condenação, em flagrante contradição com a visão instrumental constitucional do processo penal. Não se pode admitir a quebra da garantia da presunção de inocência, como regra de tratamento ao processado criminalmente, muito menos à garantia do *in dubio pro reo*, enquanto regra de julgamento no processo criminal[5].

---

5. Confira-se a esse respeito LOPES Jr., Aury. Direito Processual Penal. 17. ed. São Paulo: Saraiva, 2020; NICOLITT, André. Manual de Processo Penal. 10. ed. Belo Horizonte/São Paulo: D'Plácido, 2020.

### 3.1.5. Consumação e tentativa

O crime do art. 2º, I, consuma-se com a simples realização de algum dos comportamentos incriminados, na medida em que se trata de crime de *mera conduta*. Deve-se, contudo, constatar a idoneidade do comportamento praticado pelo agente para afetar o bem jurídico ordem tributária, uma vez que, dentro do prazo para a prestação de informações, ou o lançamento voluntário de tributos, é possível a retificação pelo contribuinte ou responsável. De sorte que o crime somente se consuma após o término do período de constituição voluntária do crédito tributário, ou seja, no momento em que se esgota o prazo para o agente cumprir com suas obrigações para com o fisco. Se o agente apresenta *declaração falsa* à Receita Federal instruída com *documentos falsos*, o ilícito penal não se caracterizará, se ainda restar prazo para a apresentação de retificação e o agente realmente o fizer, declarando corretamente as rendas auferidas ao longo do exercício fiscal objeto da declaração.

A caracterização da tentativa suscita controvérsia na doutrina especializada. Para Juary Silva a tentativa do crime descrito no art. 2º, I, é admissível em casos específicos: "Sob a forma omissiva ('omitir declaração sobre rendas, bens ou fatos') o crime não admite tentativa, por definição. Na modalidade de 'fazer declaração falsa', tampouco se afigura ela admissível, já que inexiste um *iter* a percorrer pelo agente, pois a declaração se faz ou não. Na última modalidade ('empregar outra fraude'), em tese cabe a tentativa, se o meio fraudulento empregado for suscetível de percurso escalonado"[6]. No nosso entendimento, a modalidade omissiva do crime do art. 2º, I, certamente, não admite tentativa, por se tratar de *crimes omissivos*. Relativamente à modalidade comissiva o tema requer alguns esclarecimentos, não sendo suficiente, para afirmar

---

6. Juary C. Silva. *Elementos de Direito Penal Tributário*, op. cit., p. 222.

ou negar a possibilidade da tentativa, a simples análise do fracionamento da conduta.

O primeiro aspecto a levar em consideração refere-se ao momento em que a tentativa se configura, pois enquanto houver a possibilidade de retificação dos atos praticados, isto é, enquanto houver prazo para o cumprimento das obrigações para com o fisco, a tentativa não ocorreu, pois, como vimos, nem mesmo a realização completa do comportamento descrito no tipo o caracteriza. Somente quando não houver tempo hábil para a retificação das informações, falsamente declaradas ao fisco, é que poderá ser reconhecido o início da execução configuradora da tentativa.

Dessa forma, a tentativa tem um espaço bastante reduzido de incidência, de difícil caracterização na prática, especialmente com a atual utilização de sistemas e programas informatizados como ferramenta de comunicação entre o contribuinte e o fisco. Com efeito, ou o contribuinte lança os dados no sistema, ou não o faz, sendo muito difícil caracterizar o fracionamento do comportamento, para caracterizar a tentativa.

### 3.1.6. *Delimitação entre o crime do art. 1º e o do art. 2º, I, da Lei n. 8.137/90*

As condutas descritas no art. 2º, I, como *crime de mera conduta*, coincidem, substancialmente, com as modalidades de execução do *crime de resultado* do art. 1º. A má técnica do legislador é, nesse aspecto, evidente, pois à falta de melhor conhecimento da matéria, resultou na provocação de um autêntico *conflito de normas* entre a tentativa punível do crime de resultado do art. 1º e o crime de mera conduta, consumado, do art. 2º, I.

A doutrina tem afirmado, com acerto, que se deve aplicar a qualificação mais benéfica ao acusado, no caso, o art. 2º, I, tendo em vista que esse *crime de mera conduta* é punido com pena de detenção, menos gravosa que a tentativa do crime do art. 1º, que é punido com pena de reclusão e em nível superior[7].

### 3.1.7. Classificação doutrinária

Trata-se de crime *próprio* (exige determinada qualidade ou condição pessoal do agente); de *mera conduta* (o legislador descreve somente o comportamento do agente e não requer para a sua consumação a realização de resultado material), podendo, também, ser classificado, segundo o critério e referencial teórico do qual se parta, como crime formal, de consumação antecipada; *de ação múltipla ou de conteúdo variado* (o tipo penal contém várias modalidades de condutas; mesmo sendo executada mais de uma, constituirá apenas um crime); *unissubjetivo* (pode ser cometido por uma única pessoa, embora admita naturalmente o concurso eventual de pessoas); *plurissubsistente* (a conduta pode ser desdobrada em vários atos).

### 3.2. Deixar de recolher, no prazo legal, valor de tributo ou de contribuição social, descontado ou cobrado, na qualidade de sujeito passivo de obrigação e que deveria recolher aos cofres públicos (II)

A peculiaridade do crime deste inc. II está na técnica utilizada pelo legislador na especificação do comportamento criminoso, que cria uma *figura vinculada*. A intenção do legislador é, certamente, a de evitar qualquer dúvida sobre a tipicidade da conduta, mas, em verdade, a sua tipificação pode ser considerada como des-

---

7. Nesse sentido, Juary C. Silva, *Elementos de Direito Penal Tributário*, op. cit., p. 219; Paulo José da Costa Jr.; Zelmo Denari. *Infrações tributárias e delitos fiscais*. 4. ed. São Paulo: Saraiva, 2000. p. 133.

necessária, segundo a perspectiva adotada nesse trabalho, porque o comportamento incriminado nada mais é do que uma espécie de fraude para lograr o não pagamento de tributo, e, nesse sentido, poderia estar compreendido no tipo do art. 2º, I, na hipótese, por exemplo, de fraude praticada pelo responsável tributário em sentido estrito[8] para eximir-se, total ou parcialmente, do pagamento de tributo. No entanto, considerando que o disposto no art. 2º, II, apresenta-se como tipo penal autônomo, passamos a examinar seus elementos.

Não é demais reiterar, desde logo, que a disciplina das relações tributárias é fonte necessária e vinculante para a interpretação do tipo penal, em se tratando de crime contra a ordem tributária, de modo a precaver indevida ampliação da punibilidade, com afronta ao *princípio da legalidade*, como já apontamos ao início desta obra, no item 1 do Capítulo 1.

Assim, já é possível estabelecer, em uma primeira aproximação ao objeto de análise, que a conduta especificamente incriminada no art. 2º, II, descrita no enunciado normativo como sendo "*deixar de recolher, no prazo legal, valor de tributo ou de contribuição social, descontado ou cobrado, na qualidade de sujeito passivo de obrigação e que deveria recolher aos cofres públicos*", se refere à atuação do sujeito que, de acordo com as normas de Direito Tributário em vigor, tem a responsabilidade, por substituição, de efetuar o pagamento do valor do tributo, sem se confundir com o contribuinte diretamente relacionado com o fato jurídico tributário.

---

8. Quando nos referimos à figura do *responsável em sentido estrito*, nele entendemos incluído todo aquele que não tenha relação pessoal e direta com o fato jurídico tributário, mas que, por força de lei, tenha a obrigação regular e preferente de cumprir a prestação exigida pelo fisco, liberando o contribuinte de referido cumprimento. Nesse sentido, o *substituto tributário* responsável é também aquele que passa a integrar o polo passivo da obrigação em virtude de transferência. Confira a respeito, entre outros, Paulo de Barros Carvalho. *Curso de Direito Tributário*. 13. ed. São Paulo: Saraiva, 2000, p. 297-299; Hugo de Brito Machado. *Curso de Direito Tributário*. 19. ed. São Paulo: Malheiros, 2001. p. 116 e s.

Nesse sentido, manifestamos convergência com o voto vencido proferido pelo Ministro Marco Aurélio, no julgamento do ARE 999425 ED/SC, com os votos vencidos proferidos pelos Ministros Gilmar Mendes, Ricardo Lewandowski e Marco Aurélio, no julgamento do RHC 163.334/SC; bem como com o voto vencido, proferido pela Ministra Maria Thereza de Assis Moura, no julgamento, pela Terceira Seção do STJ, do HC 399.109/SC, os quais serão referidos adiante com mais vagar.

### 3.2.1. Bem jurídico tutelado

A presente norma penal incriminadora também objetiva a proteção da ordem tributária, especificamente, do erário público, enquanto patrimônio administrado pela Fazenda Pública, e, de maneira similar ao crime do inc. I do art. 2º, não se dirige ao patrimônio já consolidado, mas, sim, à *legítima expectativa de ingressos ao erário público*.

Importante repetir aqui, por sua estrita relação com a controvérsia jurídica instaurada no país acerca da interpretação e alcance da norma incriminadora em análise, que a jurisprudência tradicionalmente sustenta a constitucionalidade dos crimes contra a ordem tributária tipificados na Lei n. 8.137/90, inclusive, os previstos no art. 2º, sob argumento de que as condutas incriminadas não guardam relação com a prisão civil por dívida e, portanto, não violam a garantia individual fundamental insculpida no art. 5º, LXVII, da Constituição Federal de 1988.

Ao explicitar a base teórica e o sentido prático da postura sustentada, o STF ao analisar o Tema 937 (ARE 999.425 RG/SC, rel. Min. RICARDO LEWANDOWSKI, *DJe* de 2/3/2017), reafirmou a jurisprudência da Corte, no sentido de que os crimes previstos na Lei n. 8.137/90 não violavam o disposto no art. 5º, LXVII, da Constituição Federal (prisão civil por dívida). Nesse momento, reiterou-se a compreensão de que "as condutas tipificadas na Lei n. 8.137/91 não se referem simplesmente ao não pagamento de tributos, mas aos atos praticados pelo contribuinte *com o fim de sonegar o tributo devido*, consubstanciados em fraude, omissão, prestação de informações falsas às autoridades fazendárias e outros ardis. Não se trata de punir a simples inadimplência do contribuinte, ou seja, apenas a dívida com o Fisco. Por isso, os delitos previstos na Lei n. 8.137/91 não violam o art. 5º, LXVII, da Carta Magna bem como não ferem a característica do Direito Penal de configurar a *ultima ratio* para tutelar a ordem tributária e impedir a sonegação fiscal".

Sob esse ponto de partida, o que se espera, quando o caso concreto é submetido à apreciação do Poder Judiciário, é que a deliberação judicial, que contempla o juízo de subsunção da hipótese fática acusatória ao tipo penal do art. 2º, II, guarde estrita conexão com o objeto jurídico de proteção penal e com a visão do Direito Penal como *última ratio* do sistema, sendo consequente com suas premissas e, não, oportunista, de modo a precaver a utilização do poder punitivo do Estado como instrumento de coação para a arrecadação de tributos.

Há de lamentar-se profundamente, por isso, a evolução equivocada, *venia concessa*, da atual jurisprudência do Superior Tribunal de Justiça e do Supremo Tribunal Federal, na interpretação e aplicação prática do art. 2º, II, como veremos a seguir.

### 3.2.2. Sujeitos do crime

O *sujeito ativo* do crime é, regra geral, a pessoa física que ostenta a condição de *responsável* pelo pagamento do tributo, isto é, aquele que, no papel de substituto tributário, *deixa de recolher o tributo descontado ou cobrado de outrem*. Corresponde à figura do *responsável tributário em sentido estrito*, sujeito que, sem revestir a condição de contribuinte diretamente vinculado ao fato jurídico tributário, é obrigado, ante expressa disposição de lei, a cumprir a prestação exigida pelo fisco[9].

A obrigação do responsável tributário pode se caracterizar tanto no âmbito de impostos diretos, que incidem diretamente sobre a renda do contribuinte, como no de impostos indiretos, incidentes sobre produtos e serviços objeto de contratação e consumo, os quais são calculados sem levar em consideração a renda da pessoa que adquire e contrata.

No caso do imposto de renda, exemplo típico de imposto direto, o contribuinte é aquele que aufere rendas ou proventos de qualquer natureza (art. 43 do CTN); entretanto, de acordo com a legislação sobre imposto de renda, a fonte pagadora das rendas ou proventos tributáveis pode ser *responsável* (responsável por substituição) pela retenção e recolhimento, em favor do erário, do valor do imposto devido (parágrafo único do art. 45 do CTN). Se a fonte pagadora (o empregador, por exemplo) deixa de recolher o valor do IR descontado na folha de pagamento, pode ser punido como autor do crime.

O *responsável* também pode ser *sujeito ativo* do crime quando *deixa de recolher o valor do tributo cobrado de terceiros*. Nesse caso, a cobrança normalmente incide sobre tributos indiretos, como o imposto sobre operações financeiras, o IOF, e o imposto sobre operações relativas à circulação de mercadorias e sobre prestações de serviços de transporte interestadual e intermunicipal e de comunicação, o ICMS.

Em razão da controvérsia relativa aos limites de incidência da figura penal em estudo, vale pena alongar-se mais, na segunda edição desta obra, sobre alguns aspectos da regulamentação do IOF,

---

9. *Vide* nota de rodapé 8.

de competência da União, e sobre peculiaridades do ICMS, de competência dos Estados, para a conseguinte identificação do sujeito passivo da relação tributária e do sujeito ativo do crime.

No que se refere ao IOF, há de se destacar que a normativa em vigor, segundo o disposto no Decreto n. 6.306/2007 e na Instrução Normativa RFB n. 1969, de 28 de julho de 2020, possibilita a identificação expressa, por um lado, do *contribuinte* – pessoa física ou jurídica – como sendo aquele que, por exemplo, contrata a operação de crédito (mutuário), ou aliena direito creditório resultante de vendas a prazo, em operações de *factoring*; diferenciando-o da figura do *responsável tributário*, ou seja, aquele que, no regime de substituição, efetua a cobrança e recolhimento do IOF devido, que será, respectivamente, nos exemplos propostos, o mutuante (pessoa jurídica, normalmente uma instituição financeira, que disponibiliza o numerário correspondente ao valor do crédito) ou a empresa de *factoring* adquirente do direito creditório.

O regramento possibilita a individualização clara da figura do responsável tributário que, no desempenho de suas funções e obrigações contratuais, efetivamente cobra e dispõe do valor do tributo a ser recolhido em favor dos cofres públicos.

Advirta-se, por oportuno, que embora a pessoa jurídica figure, nos exemplos propostos, como responsável tributário por substituição, isso não significa que ela se apresente como sujeito ativo do crime, nem que a ela seja atribuível responsabilidade penal. O próprio legislador especificou no art. 11 da Lei n. 8.137/90 que "quem, de qualquer modo, inclusive por meio de pessoa jurídica, concorre para os crimes definidos nesta lei, incide nas penas a estes cominadas, na medida de sua culpabilidade". Isto é, somente as pessoas físicas podem figurar como sujeito ativo dos crimes contra a ordem tributária, até por essa expressa previsão legal.

A responsabilidade penal continua a ser pessoal (art. 5º, XLV). Por isso, quando se identificar e se puder individualizar quem são os autores físicos dos fatos praticados em nome de uma pessoa jurídica, tidos como criminosos, aí sim deverão ser responsabilizados penalmente. Em não sendo assim, corre-se o risco de termos de nos contentar com uma pura penalização formal das pessoas jurídicas, que, ante a dificuldade probatória e operacional, esgotaria a real atividade judiciária, em mais uma comprovação da função simbólica do Direito Penal. Nessa linha, o sujeito ativo do crime do art. 2º, II, é a pessoa física que deixa de recolher o tributo, em nome ou em representação da pessoa jurídica que detém a condição de substituto tributário. Na medida em que o sujeito ativo deve ostentar a condição referida, pode-se afirmar que estamos diante de *crime próprio* ou *especial*.

De modo similar, tem-se no ICMS, com lastro nos arts. 150, § 7º, e 155, II, e § 2º, XII, b da Constituição Federal de 1988; no art. 128 do Código Tributário Nacional, e na Lei Complementar n. 87/96, o fundamento normativo a partir do qual se disciplina, nas respectivas legislações estaduais, as hipóteses fáticas que podem ser definidas como *fato gerador*, a identificação do contribuinte e os casos de substituição tributária. Há, portanto, uma expressa disciplina jurídica da forma como se materializa a relação tributária, inclusive acerca da caracterização e atuação do *responsável tributário*, que é própria e específica a depender da espécie de tributo, a qual possibilita a identificação concreta e passível de demonstração empírica, caso a caso, daquele que, tendo *cobrado* ou *descontado* o valor do tributo devido pelo contribuinte, tem a obrigação legal de recolhê--lo em favor do erário público, efetuando o pagamento.

### 3.2.2.1 Da inconstitucional ampliação da norma penal incriminadora por equivocada interpretação jurisprudencial

A disciplina jurídica da relação tributária que possibilita a delimitação técnica da figura do contribuinte e do responsável tributário não contempla, contudo, regulamentação acerca da repercussão econômica dos tributos. Desse modo, para efeito de interpretação do tipo penal previsto no art. 2º, II, não se mostra possível, em respeito aos princípios da legalidade e da tipicidade estrita, a utilização de argumentos sobre o impacto econômico da carga tributária para a modificação do *status* dos sujeitos da relação tributária. Sob esse ponto de partida, deve ser duramente criticado o entendimento adotado pelo Superior Tribunal de Justiça, no julgamento, pela Terceira Seção, por maioria de votos, do HC 399.109/SC (*DJe*: 31-08-2018), ao prescrever que o termo *cobrado*, presente na figura penal do art. 2º, II, "*deve ser compreendido nas relações tributárias havidas com tributos indiretos, mesmo aqueles realizados em operações próprias, visto que o contribuinte de direito, ao reter o valor do imposto ou contribuição devidos, repassa o encargo para o adquirente do produto*", outorgando, assim, a despeito da *ausência de previsão legal,* efeito jurídico à figura mítica do "contribuinte de fato", com a conseguinte *ampliação* daqueles que podem ser identificados como sujeitos ativos do crime, impactando, diretamente, na *expansão da punibilidade.*

De igual forma, deve ser repudiado o entendimento firmado pelo Supremo Tribunal Federal, no julgamento, pelo Pleno, por maioria de votos, do RHC 163.334/SC (*DJe*: 13-11-2020), ao estabelecer, a partir do voto proferido pelo Relator, Ministro Roberto Barroso, que: "*o sujeito passivo cobra o valor do tributo conjuntamente com o preço. A previsão visa a abarcar os tributos indiretos, cuja incidência acarretará o aumento do valor do produto a ser suportado pelo contribuinte de fato*". "*O melhor exemplo da hipótese é justamente o do ICMS. O produtor da mercadoria, ao vendê-la, repassa o valor do imposto devido na operação ao atacadista e, no prazo legal, recolhe-o aos cofres públicos. O atacadista, de sua parte, revende a mercadoria ao varejista, repassando-lhe a carga econômica do tributo antes de recolhê-lo. Finalmente, o varejista vende a mercadoria para o consumidor final, que assume o economicamente o encargo tributário de toda a cadeia produtiva. Cada integrante da cadeia cobra o imposto do próximo adquirente do produto, até que o consumidor final, após sucessivas transferências de encargo, suporte o ônus de pagar o valor correspondente ao ICMS, acrescido ao preço do produto".*

Com essa odiosa interpretação, os Tribunais Superiores incluem todo e qualquer consumidor final na categoria jurídica de *contribuinte*, ampliando, sem respaldo legal, o âmbito de incidência da norma incriminadora, prevista no art. 2º, II. Isto é, apesar de, em regra, não ocupar nenhum papel na relação jurídica tributária[10], o consumidor final passa a ser tratado como contribuinte (de fato), para que, sob essa justificativa, o empresário ou comerciante, que atua no final da cadeia de circulação de mercadorias, seja visto, não mais como contribuinte direto do ICMS, em razão de operações próprias, mas, *artificialmente*, como *responsável tributário por substituição*. Assim é que, segundo pretendem, estaria caracterizado o descumprimento do dever de recolher o valor do tributo *descontado* ou *cobrado*.

Todo esse esforço ampliador do sentido e alcance da conduta incriminada impacta, portanto, repita-se, na caracterização do sujeito ativo do crime, com indevida expansão da punibilidade. Voltaremos a essa análise quando da explicitação do tipo objetivo.

---

10. À exceção da previsão legal contida no art. 4°, da Lei Complementar n. 87/96, a partir da qual as legislações estaduais podem instituir e cobrar ICMS, identificando como contribuinte, mesmo sem habitualidade ou intuito comercial, o consumidor final de mercadoria ou bem importado do exterior; o destinatário de serviço prestado no exterior ou cuja prestação se tenha iniciado no exterior; o adquirente em licitação de mercadorias ou bens apreendidos ou abandonados; e o adquirente de lubrificantes e combustíveis líquidos e gasosos derivados de petróleo e energia elétrica oriundos de outro Estado, quando não destinados à comercialização ou à industrialização.

O *contribuinte*, fora dos casos expressamente previstos na legislação tributária de caracterização de responsabilidade por substituição, pode, igualmente, dadas as circunstâncias do caso concreto, figurar como sujeito ativo. Imagine-se, por exemplo, a hipótese do autônomo, prestador de serviço, que por meio de convenção particular repassa para o seu cliente (tomador do serviço), de forma específica, os gastos com o pagamento do ISS e do IRPF, e, ardilosamente, deixa de recolher em favor do Estado o valor dos impostos devidos.

Quanto ao *sujeito passivo* do crime, é a pessoa jurídica de Direito Público, titular da competência para instituir tributos e exigir o cumprimento da obrigação tributária, nos termos dos arts. 145 a 156 da CF de 1988. Trata-se do ente estatal responsável pela administração do erário público, tanto na arrecadação de tributos como na gestão do gasto público, quais sejam: União, Estados, Distrito Federal e Municípios. São válidas aqui as considerações feitas no estudo do art. 1º.

### 3.2.3. Tipo objetivo: adequação típica

A conduta típica consiste no comportamento omissivo *de não recolher* (*deixar de recolher*, na dicção do texto legal), no prazo legal, valor de tributo ou de contribuição social, descontado ou cobrado, na qualidade de sujeito passivo de obrigação, e que deveria recolher aos cofres públicos. *Deixar de recolher* implica na *omissão do dever ativo de providenciar o recolhimento* ao erário do valor em dinheiro relativo ao tributo retido ou cobrado de terceiro.

*Tributo*, como já destacamos, é o gênero das espécies tributárias referidas expressamente no art. 145 da CF (impostos, taxas e contribuições de melhoria), além das *contribuições sociais* instituídas pela União federal, com fundamento nos arts. 149 e 195 da CF. Essas contribuições dividem-se em três subespécies: a) as *contribuições de intervenção no domínio econômico*, b) as *contribuições de interesse das categorias profissionais ou econômicas*, e c) as *contribuições de seguridade social*.

Considerando que o não recolhimento de contribuições destinadas à seguridade social configura o tipo penal do art. 168-A do CP, somente as contribuições indicadas nas "a" e "b" podem ser objeto do crime omissivo do art. 2º, II. Imagine-se, exemplificativamente, a hipótese de não recolhimento da *Contribuição Social sobre o Lucro Líquido* – CSLL. De acordo com o art. 30, da Lei n. 10.833/2003, estão obrigadas a efetuar o desconto dessa espécie de *contribuição social* as pessoas jurídicas[11] de direito privado (tomadora do serviço), que efetuarem pagamentos a outras pessoas jurídicas de direito privado (prestadora do serviço), ou seja, a obrigação de descontar e recolher é da tomadora do serviço, cuja omissão pode ser constitutiva do crime do art. 2º, II.

É, igualmente, objeto da omissão tipificada no art. 2º, II, a *contribuição para o custeio do serviço* de iluminação pública, instituída pelos Municípios e pelo Distrito Federal, com fundamento no art. 149-A da CF, quando se faz a cobrança na fatura de consumo de energia elétrica (parágrafo único do art. 149-A da CF), e a companhia elétrica não recolhe o valor da contribuição cobrada.

No que tange aos impostos, a *omissão* tipificada poderá repercutir sobre impostos diretos e indiretos, notadamente quando houver previsão legal de hipótese de substituição tributária, como já indicamos ao tratar do sujeito ativo do crime.

Sustenta Juary Silva que, em lugar da expressão "deixar de recolher", o legislador deveria ter empregado a expressão "apropriar-se",

---

11. A referência à pessoa jurídica não significa admitir a responsabilidade penal da pessoa jurídica. Confira nesta obra nossos comentários ao art. 11 da Lei n. 8.137/90.

utilizada no *caput* do art. 168 do CP[12]. Essa afirmação integra uma certa polêmica existente sobre a natureza do crime descrito no art. 2º, II, da Lei n. 8.137/90, que exige maior reflexão.

Em primeiro lugar, discute-se se o crime do art. 2º, II, pode ser considerado espécie de *apropriação indébita*, por ter, como objeto material, *coisa fungível*: o dinheiro retido ou cobrado de terceiro. Ricardo Perlingeiro[13] sustenta que a apropriação indébita, segundo o disposto no art. 168 do CP, consiste na apropriação de coisa alheia móvel, de que tem a *posse* ou *detenção*. Com essa redação, não seria passível de apropriação indébita *coisa fungível*, posto que, "na realidade, qualquer negócio jurídico que transfira, provisoriamente, a posse de bens fungíveis não obriga a devolução do mesmo bem, mas sim de outro equivalente em espécie, qualidade e quantidade, tal como nos contratos de mútuo"[14]. Com efeito, o *empréstimo* em dinheiro não pode ser objeto de apropriação indébita, pela singela razão de que o empréstimo transfere o *domínio* do valor correspondente ao mutuário, perdendo, consequentemente, a natureza de *posse lícita* de *coisa alheia*. Em outros termos, com o empréstimo de *coisa fungível* o mutuário adquire a "propriedade" do objeto do mútuo, tornando-se, por isso, insuscetível de apropriação indébita[15]. Assim, aquele que recebe *coisa fungível* poderia, em tese, dela dispor com *animus domini*, na medida em que somente estaria obrigado a restituir *coisa equivalente*. Sob esse argumento, Ricardo Perlingeiro defende que "a retenção de valores devidos ao Fisco (Lei n. 8.137/91, art. 2º, II, e Lei n.

---

12. Juary C. Silva, *Elementos de Direito Penal Tributário*, op. cit., p. 223.

13. Ricardo Perlingeiro. Apropriação indébita tributária? In: Wladimir Noaves Martinez (Org.). *Temas atuais de previdência social*. São Paulo: LTr, 1998, p. 223--232. Disponível em: http://bdjur.stj.gov.br/xmlui/bitstream/handle/2011/20181/apropriacao_indebita.pdf?sequence=1. Acesso em: 10 fev. 2012.

14. Ricardo Perlingeiro, *Apropriação indébita tributária?*, op. cit., p. 213.

15. Cezar Roberto Bitencourt. *Tratado de Direito Penal:* parte especial. 18. ed. São Paulo: Saraiva, 2022. v. 3, p. 278 e s.

8.212/91, art. 95, *d*) consiste apenas no inadimplemento de obrigação tributária, ainda que o contribuinte seja legalmente considerado depositário (Lei n. 8.866/94, art. 1º) já que a propriedade do dinheiro – bem eminentemente fungível – permanece no seu patrimônio até que haja o efetivo pagamento"[16].

Realmente, não é o que ocorre com a *retenção de valores correspondentes a tributos*, com a obrigação de posterior recolhimento. Em momento algum esse valor pode ser considerado como tendo ingressado no "domínio" de quem o reteve, posto que o fez em nome de terceiro. Por essa razão, sustentamos que, em tese, é perfeitamente admissível a *apropriação indébita de valores em dinheiro*, que, na verdade, é a forma mais frequente de apropriar-se indevidamente de coisa alheia móvel.

Enfim, não é, por certo, a *natureza de coisa fungível* que apresenta dificuldade de caracterização da *apropriação indébita de valores em dinheiro*, mas a natureza do título que acompanha a posse de tais valores.

Para Hugo de Brito Machado, não seria *apropriação indébita* porque aquele que tem a obrigação de recolher o valor do tributo, e não o faz, não se *apropria de coisa alheia* porque é, em verdade, o proprietário do dinheiro: "No caso do imposto de renda na fonte, ou das contribuições descontadas nos salários, embora possa parecer que há uma apropriação, na verdade ela não existe, porque o empregador, ao pagar o salário, ou a fonte ao pagar o rendimento sujeito à incidência do imposto, na verdade, está pagando parte de seu débito, e fica a dever o restante, a ser pago ao fisco. A relação jurídica, em qualquer dos casos, com o fisco é uma relação de direito obrigacional"[17]. Observe que este autor não discute se o dinheiro pode, ou não, ser objeto de apropriação. O argumento

---
16. Ricardo Perlingeiro, *Apropriação indébita tributária?*, op. cit., p. 213.
17. Hugo de Brito Machado, *Curso de Direito Tributário*, op. cit., p. 413.

do autor reside na *negação da transmissão da posse*, na medida em que o sujeito obrigado a recolher o tributo não é mero possuidor, mas o efetivo *proprietário* do dinheiro.

De maneira similar, em relação ao ICMS, manifesta-se Paulo José da Costa Jr.[18]. Entretanto, excepciona o caso em que *coisa fungível* pode vir a ser objeto de apropriação: "A coisa fungível, confiada em empréstimo ou depósito para restituição da mesma espécie, quantidade e qualidade, não pode ser objeto de apropriação. Apresenta-se, porém, o crime quando as coisas fungíveis forem entregues para ser transmitidas a terceiros, delas apropriando-se o intermediário. O dinheiro que os cobradores detêm poderá ser objeto de apropriação (não o do mútuo)"[19].

A definição da natureza do crime do art. 2º, II, dependeria, portanto, de que previamente se resolvesse a relação jurídica existente entre o sujeito obrigado a recolher e o dinheiro. Especialmente porque, nos casos de tributos devidos por empresas com problemas financeiros, nem sempre a *apropriação* se dá de fato, por tratar-se a quantia do dinheiro não recolhido de mero registro contábil.

A despeito dessa desinteligência relacionada a (im)possibilidade de *coisa fungível* poder ser objeto material do crime de *apropriação indébita*, nosso entendimento diverge ligeiramente das afirmações supracitadas[20].

O objeto material do crime de *apropriação indébita* é a coisa *alheia móvel*, que tem ampla abrangência, incluindo-se coisas

---

18. Paulo José da Costa Jr.; Zelmo Denari, *Infrações tributárias e delitos fiscais*, op. cit., p.137.

19. Paulo José da Costa Jr., *Direito Penal:* curso completo. São Paulo, Saraiva, 1999. p. 350.

20. Cezar Roberto Bitencourt. T*ratado de Direito Penal – crimes contra o patrimônio*, Parte Especial, 19. ed. São Paulo: Saraiva, 2023. v. 3, p. 244.

divisíveis, indivisíveis, inconsumíveis, infungíveis e, inclusive, as *fungíveis*, desde que não haja a obrigação de devolver na mesma qualidade e quantidade, isto é, com características iguais às da coisa recebida. Nessa linha, pontificava Hungria: "quando as coisas fungíveis são entregues, não para guardar, mas para serem transmitidas a terceiro, ou para outro fim determinado pelo *dominus*, ou para uso apenas *ad pompam vel ostentationem* (ex.: um agricultor empresta a outro, exclusivamente para que em nome deste figurem numa exposição, os frutos colhidos na sua própria granja). Em tais casos, não há faculdade de substituição, pelo *tantundem*, e, quaisquer que sejam as coisas fungíveis, são suscetíveis de apropriação indébita"[21].

Em segundo lugar, discute-se se é possível configurar o tipo *apropriação indébita* através de um comportamento meramente omissivo (deixar de recolher)[22]. Alguns autores afirmam que *apropriar-se* é conduta comissiva e não pode ser realizado por omissão[23]. Entretanto, como observa Paulo José da Costa Jr.[24] sobre o crime do art. 168 do CP, a *apropriação indébita* também pode ser consumada por omissão, isto é, através da não restituição da coisa emprestada ou da não consignação da coisa à pessoa destinada, na medida em que estas omissões representem a exteriorização do inequívoco *animus domini*. A vontade consciente de não restituir, exteriorizada pelo não cumprimento da obrigação de devolver a coisa que está sob sua posse ou detenção, pode, nesse sentido, ser meio de execução do crime de apropriação indébita.

---

21. Nelson Hungria. *Comentários ao Código Penal*. 5. ed. Rio de Janeiro: Forense, 1980. v. 7, p. 134.

22. Confira a respeito Antônio Lopes Monteiro. *Crimes contra a previdência social*. São Paulo: Saraiva, 2000, p. 32-34; Luiz Flávio Gomes. *Crimes previdenciários*. São Paulo: Revista dos Tribunais, 2001. p. 24-47.

23. Antônio Lopes Monteiro, *Crimes contra a previdência social*, op. cit., p. 33-34.

24. Paulo José da Costa Jr., *Direito Penal*, op. cit., p. 351.

Por isso, muitos autores defendem que o crime do art. 2º, II, é uma espécie de *apropriação indébita*, sendo indispensável demonstrar o *animus rem sibi habendi*, isto é, que o agente atuou como se tivesse se apropriado do dinheiro que não lhe pertence[25].

A interpretação do art. 2º, II, no sentido exposto, ainda mais se justifica quando o comparamos com as modalidades do crime de *apropriação indébita previdenciária*. Com efeito, na redação do art. 168-A o legislador também emprega expressões de caráter omissivo, como "deixar de repassar" e "deixar de recolher", estabelecendo, portanto, a relação entre estes comportamentos e a apropriação indébita.

As controvérsias resenhadas revelam as dificuldades jurídico-dogmáticas de *equiparar*, para todos os efeitos, o crime do art. 2º, II, com o crime de apropriação indébita. E elas existem porque nem o tipo do art. 2º, II, nem o tipo do art. 168-A constituem crimes contra o patrimônio, enquanto bem jurídico individual já constituído[26]. Como já indicamos, a ordem tributária é bem jurídico coletivo, e a norma incriminadora do art. 2º, II, visa à específica proteção da *legítima expectativa de ingressos ao erário público*. De maneira similar, como indicamos no v. 3 do nosso *Tratado de Direito Penal*, o crime do art. 168-A não visa à proteção do patrimônio já constituído da seguridade social, mas sim à proteção de suas *fontes de custeio*[27].

---

25. Nesse sentido, Paulo José da Costa Jr.; Zelmo Denari, *Infrações tributárias e delitos fiscais*, op. cit., p. 136-137; Gamil Föppel; Rafael de Sá Santana, *Crimes tributários*. 2. ed. Rio de Janeiro, Lumen Juris, 2010, p. 79; Luis Regis Prado, *Direito Penal econômico*, op. cit., p. 293.

26. Nesse sentido, tem razão Luis Regis Prado, *Direito Penal econômico*, op. cit., p. 326-327, quando, com base na doutrina espanhola, manifesta que os comportamentos incriminados no art. 168-A não deveriam ter sido inseridos no âmbito dos crimes contra o patrimônio.

27. Cezar Roberto Bitencourt, *Tratado de Direito Penal*, op. cit., v. 3, p. 294 e s.

Entendemos, contudo, que *se o legislador penal estabelece expressamente a referida equiparação* (pelo menos no que diz respeito ao art. 168-A a equiparação é expressa) *ela não deve ser interpretada em detrimento do acusado para facilitar sua incriminação*, isto é, dispensando a constatação de elemento próprio da apropriação indébita, qual seja, o *animus rem sibi habendi*. Como manifestamos no v. 3 do nosso *Tratado de Direito Penal*, em relação ao art. 168-A: "tratando-se de *apropriação indébita*, é indispensável o *elemento subjetivo especial do injusto*, representado pelo *especial fim* de apropriar-se dos valores pertencentes à previdência social, isto é, o agente se apossa com a intenção de não restituí-los".

Lamentamos, contudo, que esse entendimento não venha sendo acatado nos nossos tribunais superiores, em prejuízo da interpretação restritiva dos tipos penais[28].

A conduta omissiva de deixar de recolher tem por objeto material de referência, valor de tributo ou de contribuição social, *descontado ou cobrado, na qualidade de sujeito passivo de obrigação*. Como já adiantamos ao tratar do sujeito ativo do crime, a omissão criminalizada diz respeito ao descumprimento da obrigação que recai sobre o substituto tributário, de acordo com a disciplina legal em vigor acerca da relação tributária concreta.

Assim, no caso do imposto de renda, por exemplo, é passível de subsunção típica a omissão do *responsável* (responsável por substituição) pela retenção e recolhimento, em favor do erário, do valor do imposto devido por aquele que aufere a renda. Se a

---

28. No julgamento do AgRg no REsp 868944/CE (Agravo Regimental no Recurso Especial 2006/0132708-5), publicado no *DJe* 12-9-2011, o STJ reiterou o entendimento de que "para a caracterização do delito de apropriação indébita previdenciária, basta o dolo genérico, já que é um crime omissivo próprio, não se exigindo, portanto, o dolo específico do agente de se beneficiar dos valores arrecadados dos empregados e não repassados à Previdência Social (*animus rem sibi habendi*)". De igual forma no julgamento, pela Sexta Turma do STJ, em 11-10-2016, do AgRg no REsp 1477691/DF, *DJe* 28-10-2016.

fonte pagadora (o empregador, por exemplo) deixa de recolher o valor do IR *descontado* na folha de pagamento, realiza a conduta omissiva prevista no art. 2º, II, e pode ser punido como autor do crime.

O *responsável* também pode realizar a figura típica quando *deixa de recolher o valor do tributo cobrado de terceiros*. Nesse caso, a cobrança normalmente incide sobre tributos indiretos, como o imposto sobre operações financeiras, o IOF, e o imposto sobre operações relativas à circulação de mercadorias e sobre prestações de serviços de transporte interestadual e intermunicipal e de comunicação, o ICMS.

No que se refere ao IOF, atendo-nos ao que já foi explicado acerca do sujeito ativo do crime, a *omissão típica* estará caracterizada, por exemplo, segundo o disposto no Decreto n. 6.306/2007 e na Instrução Normativa RFB n. 1969, de 28 de julho de 2020, quando o mutuante, normalmente uma instituição financeira, que disponibiliza o numerário correspondente ao valor do crédito, ou a empresa de *factoring* adquirente do direito creditório, deixar de recolher em favor da união, o valor do tributo *cobrado* do mutuário ou do alienante de direito creditório resultante de vendas a prazo. Reiterando a advertência manifestada no texto, o sujeito ativo do crime do art. 2º, II, é a pessoa física que deixa de recolher o tributo, em nome ou em representação da pessoa jurídica que detém a condição de substituto tributário.

De modo similar, tem-se no ICMS, a partir da disciplina jurídica da forma como se materializa a relação tributária, notadamente a caracterização e atuação do responsável tributário – com lastro nos arts. 150, § 7º, e 155, II, e § 2º, XII, b, da Constituição Federal de 1988; no art. 128, do Código Tributário Nacional; na Lei Complementar n. 87/96, e o disposto nas respectivas legislações estaduais, o caminho epistêmico para a interpretação do tipo penal e conseguinte delimitação da omissão incriminada.

Desse modo, realiza a *conduta omissiva* o agente que, na condição de substituto tributário, deixar de recolher às arcas estaduais o ICMS formalmente *cobrado* de terceiro.

Sob essa perspectiva, na medida em que o consumidor final, em regra, não ocupa nenhum papel na relação jurídica tributária[29], não comporta subsunção típica no art. 2º, II, a conduta do comerciante ou empresário que, no final da cadeia de circulação de mercadorias, vende um produto, declara o valor do ICMS devido e deixa de pagar o imposto declarado. Isso porque, contrariamente ao que vem sendo sustentado, por maioria de votos, na jurisprudência dos Tribunais Superiores, não se pode atribuir, artificialmente, efeito jurídico à figura mítica do "contribuinte de fato" para, assim, afirmar que dele é *cobrado* o imposto.

Não é demais repetir aqui, *para efeito de interpretação do tipo penal previsto no art. 2º, II*, que não se mostra possível, em respeito ao princípio da legalidade e tipicidade estrita, a utilização de argumentos sobre o impacto econômico da carga tributária para a modificação do *status* dos sujeitos da relação tributária.

Com efeito, na medida em que o contribuinte direto do ICMS, em razão de operações próprias, na cadeia final de circulação da mercadoria, não atua como *responsável tributário por substituição*, não pode o Poder Judiciário *inovar artificialmente* para, assim, *ampliar* o sentido e alcance da norma penal incriminadora. Ora, com isso pretende-se evidenciar que o *dever de recolhimento*

---

29. À exceção da previsão legal contida no art. 4°, da Lei Complementar n. 87/96, a partir da qual as legislações estaduais podem instituir e cobrar ICMS, identificando como contribuinte, mesmo sem habitualidade ou intuito comercial, o consumidor final de mercadoria ou bem importado do exterior; o destinatário de serviço prestado no exterior ou cuja prestação se tenha iniciado no exterior; o adquirente em licitação mercadorias ou bens apreendidos ou abandonados; e o adquirente de lubrificantes e combustíveis líquidos e gasosos derivados de petróleo e energia elétrica oriundos de outro Estado, quando não destinados à comercialização ou à industrialização.

*de tributo cobrado* na qualidade de sujeito passivo de obrigação tributária somente se dá, em sentido técnico, no âmbito da substituição tributária. Admitir que também haveria cobrança de ICMS ao consumidor final, *fora das hipóteses expressamente contempladas no art. 4º, da Lei Complementar n. 87/96*[30], para a consequente *ampliação da incriminação*, afigura-se, a nosso ver, flagrante arbitrariedade que implica no uso do Direito Penal como instrumento de coação política para a cobrança de tributos, implicando em violação ao art. 5º, LXVII, da CF.

Rechaçamos, portanto, a conclusão alcançada no julgamento, por maioria de votos, pelo Tribunal Pleno do STF, do RHC 163334/SC, no sentido de que: "o termo 'cobrado' deve ser compreendido nas relações tributárias havidas com tributos indiretos (incidentes sobre o consumo), de maneira que não possui relevância o fato de o ICMS ser próprio ou por substituição, porquanto, em qualquer hipótese, não haverá ônus financeiro para o contribuinte de direito. É inviável a absolvição sumária pelo crime de apropriação indébita tributária, sob o fundamento de que o não recolhimento do ICMS em operações próprias é atípico".

O sentido da incriminação, a nosso juízo, é justamente o de reprovar a conduta daquele que, na condição de responsável por substituição, segundo a normativa em vigor, efetivamente retém ou cobra o valor do tributo, com o objetivo de enriquecer, deixando de recolher a quantia aos cofres públicos. Na medida em que primamos pela *interpretação sistemática* e harmônica do sistema penal, o tipo do art. 2º, II, deve ser interpretado no mesmo sentido do crime do art. 168-A, como espécie *sui generis* de apropriação indébita, pois o legislador utiliza a mesma terminologia.

---

30. *Vide* nota de rodapé n. 28.

Por fim, sustentamos que, se o *desconto ou cobrança do tributo não for formalmente realizado*, o crime não estará caracterizado. Assim, por exemplo, quando a fonte pagadora *deixa de reter o valor do IRPF* (não aparece o desconto no contracheque do empregado), o agente estaria apenas sujeito a sanção administrativa (multa e juros sobre o valor não retido), por absoluta inadequação típica.

### 3.2.4. Tipo subjetivo: adequação típica

O elemento subjetivo do tipo é o dolo, de modo que o sujeito ativo do crime deve atuar com conhecimento e vontade de permanecer com o dinheiro efetivamente retido ou cobrado, omitindo o cumprimento do dever ativo de recolhê-lo às arcas públicas.

Como indicamos, por tratar-se de espécie *sui generis* de *apropriação indébita*, é indispensável o *elemento subjetivo especial do injusto*, representado pelo *especial fim* de apropriar-se dos valores retidos ou cobrados, isto é, o agente se apossa com a intenção de não recolhê-los, a despeito do entendimento supracitado do Superior Tribunal de Justiça[31].

A demonstração do *elemento subjetivo especial do tipo* torna-se, inclusive, necessária, por força da garantia constitucional que veda a *prisão civil por dívida*, segundo o art. 5º, LXVII, da CF. Sem a demonstração da relevância penal da conduta, que, no tipo penal em deslinde, se equipara a uma espécie de apropriação indébita, a omissão no recolhimento do tributo descontado ou cobrado de terceiro deve ser tratada como mera infração administrativa.

Neste aspecto, o reconhecimento, pelo Tribunal Pleno do STF, no julgamento do RHC 163.334, de que a caracterização

---

31. Confira-se a nota de rodapé n. 27.

do crime tipificado no art. 2º, II, "*depende de demonstração do dolo de apropriação*", constitui uma importante contribuição jurisprudencial. É, de fato, relevante o esclarecimento, entre outros aspectos, de que "cabe ao Ministério Público, ao narrar a conduta, demonstrar que não se cuidou de um *inadimplemento eventual* do acusado, mas de ação premeditada dolosamente, voltada à lesão do erário em proveito próprio ou da empresa. Insuficiente, para a caracterização do dolo, alusão exclusivamente à escrituração e não recolhimento do ICMS, uma vez que a inobservância da técnica arrecadatória, por si só, não revela ânimo de prejudicar o Fisco"[32].

No entanto, há de lamentar, como já explicitado anteriormente, o entendimento manifestado pela Corte Suprema, neste julgado paradigmático, ao apreciar o sentido da incriminação da conduta omissa "deixar de recolher, no prazo legal, valor de tributo *cobrado*". Isso porque implicou em *interpretação ampliativa* da conduta típica, sem respaldo legal, ao estabelecer que: "o termo 'cobrado' deve ser compreendido nas relações tributárias havidas com tributos indiretos (incidentes sobre o consumo), de maneira que não possui relevância o fato de o ICMS ser próprio ou por substituição, porquanto, em qualquer hipótese, não haverá ônus financeiro para o contribuinte de direito".

Demonstra-se o dolo do agente quando este efetivamente dispõe de dinheiro e não o recolhe como devido. Contudo, são amplamente discutidas na doutrina e na jurisprudência as hipóteses em que esse elemento subjetivo do tipo estaria realmente configurado e qual o seu alcance para efeito de caracterização da tipicidade, inclusive no que se refere aos *meios de prova da finalidade de apropriação*. Quanto a este último aspecto, a proposta do STF, no RHC 163.334/SC, é a de que o dolo de apropriação seja demonstrado a partir de circunstâncias objetivas factuais, isto é,

---

32. Trecho do voto Ministro Luiz Fux, no julgamento do RHC 163.334.

com lastro nos dados do caso concreto, passíveis de comprovação empírica, não se admitindo, portanto, *a presunção* da caracterização do elemento subjetivo do tipo.

### 3.2.5. Casos de atipicidade: impossibilidade de agir

A jurisprudência dos Tribunais Regionais Federais vem acatando a tese de que cabe a *exclusão da culpabilidade*, com base na *inexigibilidade de conduta diversa*, quando é demonstrada a dificuldade financeira da empresa.

Defendemos, contudo, o entendimento de que em determinados casos a hipótese é de *atipicidade*. Nesse sentido, já havia se manifestado Luiz Flávio Gomes[33] em relação ao crime de *apropriação indébita previdenciária*, com apoio na lição de Juarez Tavares sobre a configuração dos *crimes omissivos*. O argumento desenvolvido merece destaque: "Na parte omissiva dos vários delitos cabe destacar que ela não se constitui única e exclusivamente da *inação* (que corresponde a uma infração à norma comando), senão também e, sobretudo, da *real possibilidade ou capacidade de agir* [...] quem deixou de repassar ou recolher a contribuição previdenciária ou mesmo que não pagou ao segurado o benefício reembolsado somente responde pelo delito de apropriação se *podia agir de modo diferente*, isto é, se *tinha real possibilidade de realizar* o repasse ou o recolhimento ou o pagamento"[34]. Em outros termos, além da inação, violando o dever de agir, é indispensável outro requisito, sem o qual não se configura nenhum crime omissivo, qual seja, "poder agir". Na verdade, *poder agir* é um pressuposto básico de todo

---

33. Nesse sentido também se manifesta Luiz Flávio Gomes, *Crimes previdenciários*, op. cit., p. 40-47.

34. Luiz Flávio Gomes, *Crimes previdenciários*, op. cit., p. 40-41, cursivas no original.

comportamento humano. Também na *omissão*, evidentemente, é necessário que o sujeito tenha a *possibilidade física* de agir, para que se possa afirmar que *não agiu voluntariamente*[35]. Assim, a *inexistência de meios* para recolher a contribuição social inviabiliza a tipificação da conduta incriminada, por absoluta carência de um elemento constitutivo da conduta incriminada. Nesse sentido, examinando os *crimes omissivos*, tivemos oportunidade de afirmar: "É insuficiente, pois, o *dever de agir*. É necessário que, além do dever, haja também a *possibilidade física* de agir, ainda que com risco pessoal. Essa possibilidade física falta, por exemplo, na hipótese de *coação física irresistível*, não se podendo falar em *omissão penalmente relevante*, porque o *omitente* não tem a possibilidade física de agir. Aliás, a rigor, nem pode ser chamado de *omitente*, porque lhe falta a própria vontade, e sem vontade não há ação, ativa ou passiva"[36].

O desdobramento lógico dessa argumentação em sede de tipicidade é o de que se os valores a serem recolhidos não passavam, por exemplo, de um mero registro formal na folha de pagamento da empresa, sem que estivessem realmente em poder do empresário, não há possibilidade real de ele dispor para efetivar o recolhimento devido. Consequentemente, não há que falar em crime. Daí a conclusão alcançada por Luiz Flávio Gomes: "a real capacidade de agir nos crimes omissivos integra a própria essência da tipicidade. Na sua ausência, o fato é atípico. E com isso dispensa-se a análise da culpabilidade"[37].

A hipótese de acolhimento da tese da *inexigibilidade de conduta diversa* (causa supralegal de exclusão da culpabilidade) estaria,

---

35. Juarez Tavares, *Crimes omissivos*, op. cit., p. 75.
36. Cezar Roberto Bitencourt, *Tratado de Direito Penal*, op. cit., v. 1, p. 333.
37. Luiz Flávio Gomes, *Crimes previdenciários*, op. cit., p. 47.

então, reservada para os casos em que "o não recolhimento do tributo deve-se à decisão do contribuinte de utilizar os recursos financeiros para pagar empregados, fornecedores, com o fito de evitar o fechamento da empresa"[38].

Outra questão que merece ser debatida diz respeito ao erro do agente que deixa de recolher tributo por considerá-lo não devido. Para Paulo José da Costa Jr., "incorre em erro de proibição o agente que deixa de recolher tributo ou contribuição social por entendê-los não devidos. O produtor industrial ou comerciante pode estar regularmente cadastrado como microempresa, fazendo jus à isenção tributária, ou então supõe ser imune à tributação. Em ambas as hipóteses poderá invocar a ocorrência de erro sobre a ilicitude do fato"[39].

*Venia concessa*, é discutível a natureza do *erro* nessa hipótese, porque ele incide sobre o *dever de pagar tributo*. No caso, o contribuinte sabe da ocorrência do fato gerador, mas acredita que *não deve recolher tributo* em face de má interpretação da normativa sobre o regime fiscal aplicável. Certamente o *erro* incide sobre o que é, ou não, devido, isto é, há erro sobre o alcance do *mandamento normativo*, entretanto, este *erro* não é, propriamente, um *erro sobre a antijuridicidade*, mas, sim, sobre o dever *de agir* cujo não cumprimento caracteriza o tipo de delito omissivo. Nesse sentido, a hipótese é de *erro de tipo* que afasta o dolo do agente. Com efeito, não há no comportamento do agente *conhecimento do dever de pagar* (elemento do tipo omissivo) e vontade de deixar de recolher o tributo, mas, sim, um *conhecimento errôneo sobre o dever de agir* em si mesmo, que o leva a deixar de recolher o tributo.

---

38. Hugo de Brito Machado. *Estudos de Direito Penal Tributário*. São Paulo: Atlas, 2002. p. 170.

39. Paulo José da Costa Jr.; Zelmo Denari, *Infrações tributárias e delitos fiscais*, op. cit., p. 111.

O *erro de proibição* estaria caracterizado, por exemplo, se o agente, na condição de responsável tributário, considerasse permitido deixar de recolher tributo com a mera autorização do contribuinte. Imagine-se, por exemplo, que o cliente de um banco, revoltado com o alto índice de corrupção no governo federal, autorizasse ao diretor de sua sucursal que destinasse o valor do IOF descontado, diretamente, a obras sociais. Caso o diretor da sucursal atendesse à solicitação de seu cliente, estaria omitindo o recolhimento do tributo que sabia devido (omissão dolosa), submetido a erro sobre a ilicitude (certamente vencível), por considerar que o consentimento do cliente era suficiente, no caso, para autorizar a operação.

Com isso queremos deixar clara a diferença jurídico-dogmática existente entre o erro que incide sobre o dever de agir, cujo não cumprimento caracteriza o tipo omissivo, e o erro sobre a norma permissiva que autoriza o não cumprimento do dever de agir. Quando o sujeito deixa de cumprir o mandado normativo porque conhece mal o mandamento, atua submetido a *erro de tipo*, porque a *ordem normativa* é elemento do tipo omissivo que deve ser conhecido pelo agente. E quando o agente conhece o *mandamento normativo*, mas omite o seu cumprimento porque considera, de maneira errônea, que existe uma norma permissiva autorizando, no caso, dita omissão, atua submetido a um *erro de proibição* (que pode ser irrelevante, vencível, ou invencível, dependendo das circunstâncias).

### 3.2.6. Consumação e tentativa

O crime se consuma com o simples vencimento do prazo da lei para o recolhimento do tributo. Como a conduta típica é *meramente omissiva*, é desnecessária a constatação de resultado material para o seu aperfeiçoamento, não cabe tentativa.

### 3.2.7. Classificação doutrinária

Trata-se de crime *especial ou próprio* (exige determinada qualidade ou condição pessoal do agente, qual seja, a de contribuinte ou responsável tributário); de *mera conduta* (o legislador descreve somente o comportamento do agente e não requer para a sua consumação a realização de resultado material); *de ação única* (contém somente uma modalidade de conduta, expressa pelo verbo nuclear do tipo, deixar de recolher); *de forma vinculada* (o tipo penal especifica a forma de realização do delito, isto é, não recolhimento de tributo *descontado* ou *cobrado*); *unissubjetivo* (pode ser cometido por uma única pessoa); *unissubsistente* (a conduta constitui-se de ato único).

### 3.3. Exigir, pagar ou receber, para si ou para o contribuinte beneficiário, qualquer percentagem sobre a parcela dedutível ou deduzida de imposto ou de contribuição como incentivo fiscal (III)

O tipo penal do inc. III incrimina o comportamento de quem embaraça e entorpece o sistema de concessão de incentivos fiscais, exigindo vantagem econômica em prejuízo da transparência e lisura do procedimento, e frustrando os objetivos do Estado, constitucionalmente estabelecidos, na instituição e concessão de incentivos fiscais. Como destaca Juary Silva, "a finalidade do preceito é resguardar o normal funcionamento do mecanismo dos incentivos fiscais, evitando que terceiros, ou os próprios contribuintes beneficiários desses valores legais, obtenham vantagens ilícitas, ou pelo menos prejudiquem o livre curso do mecanismo em tela"[40].

---

40. Juary C. Silva, *Elementos de Direito Penal Tributário*, op. cit., p. 229.

Os incentivos fiscais constituem espécie de subsídio concedido pelo Estado por meio da renúncia de parte da receita tributária auferida pelo pagamento de tributos, para que o beneficiário empregue o dinheiro em atividades cujo desenvolvimento é de interesse do Estado. Nos termos do art. 151, I, da CF, por exemplo, a concessão de incentivos fiscais pela União é destinada a promover o "equilíbrio do desenvolvimento socioeconômico entre as diferentes regiões do país".

### 3.3.1. Bem jurídico tutelado

Através da norma incriminadora do art. 2º, III, o legislador penal visa à proteção da ordem tributária, que tem por objeto imediato o patrimônio público administrado pela Fazenda Pública. A peculiaridade da tutela penal aqui é que a proteção do patrimônio público se dá por meio da persecução de comportamentos que atingem a transparência e a lisura do procedimento de concessão dos incentivos fiscais, de modo a garantir que estes incentivos cumpram com as finalidades a que estão destinados, e que não sejam, de alguma forma, desviados.

### 3.3.2. Sujeitos do crime

O alcance da conduta típica precisa ser esclarecido porque a redação do tipo, repleta de elementos normativos, enseja dúvidas no que diz respeito à identidade do sujeito que pratica as condutas *exigir, pagar* e *receber*. Vejamos, se o incentivo fiscal é concedido para beneficiar o contribuinte em troca de que este ajude no desenvolvimento de determinado setor econômico, o sentido da incriminação está justamente na perseguição da negociação que é feita entre o funcionário responsável pela concessão do incentivo e o contribuinte interessado em obtê-lo. Nessa linha de raciocínio, aquele que exige ou recebe *percentagem sobre parcela dedutível ou deduzida de imposto ou de contribuição como incentivo fiscal* só pode ser quem negocia ou intermedia junto à Administração a concessão do referido incentivo, enquanto aquele que paga dita percentagem somente pode ser aquele que o faz em nome ou em interesse do contribuinte.

Essa interpretação afeta, consequentemente, a identificação do *sujeito ativo*. No que diz respeito às condutas *exigir* e *receber*, em princípio, tanto o funcionário público como o terceiro intermediador podem figurar como sujeito ativo do crime. Contudo, é preciso solucionar o *conflito aparente de normas*, em relação ao art. 3º, que tipifica, expressamente, *crimes próprios funcionais*. Observe que tanto no crime do art. 2º, III, como no crime do art. 3º, II, o legislador penal se refere a *exigir* e *receber*.

Sendo o autor da conduta *funcionário público*, levando em consideração o princípio da especialidade, prevalece o tipo especial, no caso do art. 3º, II, que é, inclusive, mais abrangente, porque abarca a exigência ou recebimento de *vantagem indevida*.

Para Paulo José da Costa Jr.[41], contudo, o funcionário público pode ser sujeito ativo do crime do art. 2º, III, na modalidade de comportamento *receber*, quando aceita uma porcentagem oferecida pelo contribuinte, deduzida da quantia do incentivo fiscal, correspondendo dito comportamento a uma forma de corrupção passiva. A postura defendida resulta, sem embargo, contraditória quando na análise do art. 3º o mesmo autor defende que se "o funcionário público vier a praticar o crime de corrupção passiva estará sujeito às penas cominadas no inciso II do art. 3º da presente lei"[42].

---

41. Paulo José da Costa Jr.; Zelmo Denari, *Infrações tributárias e delitos fiscais*, op. cit., p. 138.

42. Paulo José da Costa Jr.; Zelmo Denari, *Infrações tributárias e delitos fiscais*, op. cit., p. 145.

Por outro lado, quanto à conduta de *pagar*, havíamos dito que o sujeito ativo somente pode ser aquele que o faz *em nome* ou *em interesse do contribuinte*. Com isso queremos dizer que não é o próprio contribuinte que o faz diretamente, mas através de intermediário, porque na redação do artigo o legislador se refere a exigir, *pagar* ou receber, *para si ou para o contribuinte beneficiário*. Observe que a expressão *para si* não tem sentido no que diz respeito ao verbo pagar, pois *pagar a si mesmo* é um comportamento que carece de significado lógico. E no que diz respeito a *pagar para o contribuinte beneficiário*, entendemos que o sentido lógico da expressão somente pode ser o de *pagar em nome ou em representação dos interesses do contribuinte beneficiário*.

Com essa interpretação entendemos que o tipo do art. 2º, III, incrimina a conduta do intermediador, que age em nome próprio ou a pretexto de influenciar funcionário público, ou em nome ou em interesse do contribuinte beneficiado pelo incentivo fiscal. Ou seja, *o sujeito ativo do crime do art. 2º, III, não é, portanto, nem o contribuinte, nem o funcionário público, mas uma espécie de lobista ou intermediador* que agencia negociando a concessão de incentivos fiscais, estipulando *extorsivamente* uma espécie de comissão pelo serviço prestado, que é calculada sobre a base de percentuais que incidem sobre a *parcela dedutível ou deduzida de imposto ou de contribuição como incentivo fiscal*. Trata-se, portanto, de crime comum.

Sujeito passivo é, em regra, a pessoa jurídica de Direito Público, instituidora do incentivo fiscal: a União federal, Estados-membros, o Distrito Federal ou Municípios. Mas também o contribuinte pode ser sujeito passivo do crime quando é vítima da intermediação extorsiva de concessão de incentivos fiscais.

### 3.3.3. Tipo objetivo: adequação típica

O legislador penal elenca três modalidades de conduta: *exigir, pagar* ou *receber*, que podem incidir *sobre parcela dedutível ou de-*

duzida de imposto ou de contribuição como incentivo fiscal. Exigir é reivindicar, impor, ordenar; *pagar* é dar quantia em dinheiro, remunerar, retribuir em dinheiro satisfazendo o preço de determinado bem, mercadoria ou serviço; *receber* é, no caso, aceitar o pagamento de valor, recepcionar ou ganhar em troca de algo.

A expressão *percentagem* sobre parcela *dedutível* ou *deduzida* significa que o objeto da ação pode ser tanto um percentual já subtraído (deduzido) do montante do incentivo fiscal concedido como um percentual a ser subtraído (dedutível) no futuro. Isso significa que para a caracterização do crime não é necessário que a dedução ocorra, de fato, sendo suficiente a negociação do percentual.

Como já indicamos *supra*, o *incentivo fiscal* é espécie de subsídio concedido pelo Estado por meio da renúncia de parte da receita tributária que seria auferida pelo pagamento de tributos. Dessa forma, o que é negociado pelo sujeito ativo do crime é um percentual que incide sobre o total do valor do incentivo fiscal, calculado sobre a base do tributo que o contribuinte beneficiado deixa de pagar ao erário público. O legislador penal não estabeleceu o valor do percentual, de modo que é, em princípio, indiferente, para efeito de caracterização do crime, o valor cobrado, exigido ou pago.

Pune-se, em suma, a negociação ou intermediação extorsiva de concessão de incentivos fiscais.

### 3.3.4. Tipo subjetivo: adequação típica

Elemento subjetivo é o dolo, de modo que a relevância típica do comportamento do agente depende de que este atue – *exigindo, pagando ou recebendo* – com consciência e vontade de que seu comportamento incide sobre quantia dedutível ou deduzida de imposto ou de contribuição como incentivo fiscal.

Se o agente erra exigindo, por exemplo, o pagamento de determinada quantia a título de custas para a tramitação, junto à Administração, do pedido de concessão de incentivo fiscal, acreditando falsamente que é devido, não comete crime, porque estará incorrendo em *erro de tipo*. Sendo o erro relevante, afasta-se o dolo, e como não é prevista a punibilidade do crime a título de culpa, seja o erro de tipo vencível ou invencível, o agente não será punido. Afirmamos tratar-se da hipótese de erro de tipo porque o dolo incide sobre o objeto da conduta típica (elemento essencial do tipo), *percentagem sobre parcela dedutível ou deduzida de imposto ou de contribuição como incentivo fiscal*. Se o agente crê que seu comportamento incide sobre objeto distinto, isto é, que exige o pagamento de custas, sua conduta é atípica.

### 3.3.5. Consumação e tentativa

A consumação do crime do art. 2º, III, ocorre mediante a prática de qualquer dos comportamentos descritos, independentemente da produção de um resultado material. O crime caracteriza-se com a negociação do percentual sobre parcela *dedutível* ou *deduzida* do montante do incentivo fiscal concedido. Nesses termos, é desnecessário averiguar se – após a exigência, pagamento ou recebimento –, produziu-se algum tipo de prejuízo para o fisco.

É certo que nas modalidades *pagar* e *receber* faz-se necessário demonstrar a materialização da entrega de dinheiro. Mas esse evento, que se exterioriza no mundo dos fatos, não corresponde no plano sistemático à descrição do elemento típico *resultado* que integra a categoria dos crimes de resultado material. O *recebimento* e o *pagamento*, de percentual sobre parcela dedutível ou deduzida do montante do incentivo fiscal concedido, constituem no art. 2º, III, tão somente a descrição da (mera) conduta comissiva típica, cuja prática, por si só, realiza o tipo, independentemente da ocorrência de um resultado material, separado no tempo e no espaço, do comportamento que o precede.

Quanto à tentativa, é preciso analisar cada uma das modalidades de ação. Na modalidade *exigir*, estamos diante de um comportamento unissubsistente, que, em regra, realiza-se instantaneamente em um único ato. A simples *exigência* do sujeito ativo é suficiente para a consumação do crime, aperfeiçoando-se no momento em que o sujeito passivo toma conhecimento de seu conteúdo. Nesses termos, torna-se difícil a caracterização da tentativa, exceto quando ela se realiza de forma indireta, por exemplo, por meio de correspondência, que se extravia, sendo interceptada pela autoridade policial antes de a vítima conhecer seu conteúdo. Nessa hipótese, pode, teoricamente, dependendo da idoneidade da exigência, caracterizar-se a figura tentada.

Não existem maiores dificuldades para a admissibilidade da tentativa nas modalidades *pagar* e *receber*, uma vez que essas modalidades de ação são passíveis de fracionamento. Nessas hipóteses, a casuística poderá demonstrar, com segurança, a ocorrência de tentativa.

## 3.3.6. Classificação doutrinária

Trata-se de crime *comum* (não se exige condição especial para ser sujeito ativo do crime); de *mera conduta* (o legislador descreve somente o comportamento do agente e não requer para a sua consumação a realização de resultado material); *de ação múltipla ou de conteúdo variado* (o tipo penal contém várias modalidades de condutas, e, ainda que seja praticada mais de uma, haverá somente um crime); *de forma vinculada* (o tipo penal especifica a forma de realização do delito); *unissubjetivo* (pode ser cometido por uma única pessoa, embora admita o concurso eventual de pessoas); em regra *unissubsistente* (a conduta normalmente constitui-se de ato único, mas é possível que na modalidade de *pagar* e *receber* a conduta se desdobre em vários atos).

**3.4. Deixar de aplicar, ou aplicar em desacordo com o estatuído, incentivo fiscal ou parcelas de imposto liberadas por órgão ou entidade de desenvolvimento (IV)**

No inc. IV o legislador penal incrimina, especificamente, o *desvio de finalidade* no que diz respeito à aplicação de incentivos fiscais concedidos, concretamente a ação do contribuinte que não aplica o incentivo fiscal ou o aplica em desacordo com o estabelecido. Em regra, os incentivos fiscais são concedidos a pessoas jurídicas que, na condição de contribuintes ou responsáveis tributários, podem obter descontos ou resultar isentas do pagamento de determinados tributos em troca de que desenvolvam, fomentem ou executem determinada atividade de interesse do Estado.

A título meramente exemplificativo podemos nos referir aos incentivos fiscais criados pela Lei n. 11.096/2005, que institui o Programa Universidade para Todos – PROUNI, regula a atuação de entidades beneficentes de assistência social no ensino superior e dá outras providências. Por meio dessa lei federal, as Instituições de Ensino Superior (IES) com fins lucrativos que aderirem ao PROUNI terão a isenção dos seguintes impostos e contribuições, no período de vigência do termo de adesão ao programa: *a*) Imposto de Renda da Pessoa Jurídica; *b*) Contribuição Social sobre o Lucro Líquido; *c*) COFINS – Contribuição Social para Financiamento da Seguridade Social; *d*) Contribuição ao Programa de Integração Social – PIS. Em troca do benefício da isenção as IES deverão oferecer um determinado número de bolsas de estudo, parciais e integrais, conforme estipulado no termo de adesão ao PROUNI. Outro exemplo é o regime especial de incentivos para o desenvolvimento de infraestrutura da indústria petrolífera nas regiões Norte, Nordeste e Centro-Oeste – REPENEC – instituído pela Lei n. 12.249/2010.

O não cumprimento intencional dos compromissos assumidos pelo beneficiário do incentivo fiscal, seja pela sua não aplicação ou pela aplicação em desacordo com o estatuído, caracteriza o crime do art. 2º, IV.

### 3.4.1. Bem jurídico tutelado

A tutela dispensada ao bem jurídico ordem tributária, cujo objeto jurídico é o patrimônio administrado pela Fazenda Pública, se dá por meio da persecução de comportamentos que afligem a correta destinação do gasto público em matéria de incentivos fiscais.

### 3.4.2. Sujeitos do crime

Os incentivos fiscais são, em regra, concedidos a pessoas jurídicas. Ocorre que a pessoa jurídica não pode ser considerada propriamente como autora do crime. A responsabilidade penal ainda se encontra limitada à responsabilidade subjetiva e individual, sendo válido aqui o princípio *societas delinquere non potest*. Não desconhecemos a polêmica existente acerca da admissibilidade da responsabilidade penal da pessoa jurídica, em nosso ordenamento jurídico, em razão do previsto no art. 225, § 3º, da CF, relativamente ao meio ambiente. Contudo, como já manifestamos na Parte Geral do nosso *Tratado de Direito Penal*[43], para combater a tese da doutrina brasileira, de que a atual Constituição consagrou

---

43. Confira a respeito Cezar Roberto Bitencourt, *Tratado de Direito Penal*, op. cit., v. 1, p. 324.

a responsabilidade penal da pessoa jurídica, trazemos à colação o disposto no seu art. 173, § 5º, que, ao regular a *Ordem Econômica e Financeira,* dispõe: "A lei, sem prejuízo da *responsabilidade individual dos dirigentes* da pessoa jurídica, *estabelecerá a responsabilidade desta,* sujeitando-a *às punições compatíveis com sua natureza,* nos atos praticados contra a ordem econômica e financeira e contra a economia popular" (grifamos). Dessa previsão podem-se tirar as seguintes conclusões: 1ª) a *responsabilidade pessoal* dos dirigentes não se confunde com a *responsabilidade da pessoa jurídica;* 2ª) a Constituição não dotou a pessoa jurídica de *responsabilidade penal.* Ao contrário, condicionou a sua responsabilidade à aplicação de sanções compatíveis com a sua natureza.

Ademais, o próprio legislador especificou no art. 11 da Lei n. 8.137/90 que "quem, de qualquer modo, inclusive por meio de pessoa jurídica, concorre para os crimes definidos nesta lei, incide nas penas a estes cominadas, na medida de sua culpabilidade". Isto é, somente as pessoas físicas podem figurar como sujeito ativo dos crimes contra a ordem tributária, até por essa expressa previsão legal.

Enfim, a *responsabilidade penal continua a ser pessoal* (art. 5º, XLV). Por isso, quando se identificar e se puder *individualizar* quem são os *autores físicos* dos fatos praticados em nome de uma pessoa jurídica, tidos como criminosos, aí sim deverão ser responsabilizados penalmente. Em não sendo assim, corre-se o risco de termos de nos contentar com uma pura *penalização formal das pessoas jurídicas,* que, ante a dificuldade probatória e operacional, esgotaria a real atividade judiciária, em mais uma comprovação da *função simbólica* do Direito Penal.

Esclarecida essa questão, o *sujeito ativo* do crime do art. 2º, IV, é a pessoa física que, atuando em nome ou em representação da pessoa jurídica beneficiária do incentivo fiscal, seja responsável pela aplicação do incentivo fiscal ou parcelas de imposto liberadas por órgão ou entidade de desenvolvimento, nos termos do que foi estatuído. Na medida em que o sujeito ativo deve ostentar a condição referida, pode-se afirmar que estamos diante de crime próprio ou especial.

*Sujeito passivo* é a pessoa jurídica de Direito Público que instituiu o incentivo fiscal, estando autorizados a instituí-los, nos termos do art. 150, § 6º, da CF, a União, os Estados e os Municípios por meio de lei específica federal, estadual e municipal.

### 3.4.3. *Tipo objetivo: adequação típica*

O tipo abrange tanto uma modalidade omissiva pura "deixar de aplicar", como uma conduta comissiva "aplicar", sem exigência de resultado material para a consumação do crime. Na modalidade *omissiva*, não é, em tese, necessário que o contribuinte se aproprie do valor do benefício incentivado, sendo suficiente, para a consumação, que não diligencie na sua aplicação como era devido, no prazo estipulado. Mas essa interpretação conduz à criminalização da mera infração do estabelecido no momento da concessão do incentivo fiscal. É necessário demonstrar que a não aplicação deve-se à intenção do contribuinte beneficiário de não aplicar como estatuído, enriquecendo ilicitamente, sem realizar a contraprestação devida.

Menos problemática é a caracterização do crime quando o contribuinte beneficiário *aplica o incentivo fiscal em desacordo com a determinação legal*, porque é materialmente tangível o desvio de finalidade.

As condutas incriminadas incidem sobre o objeto material "incentivo fiscal ou parcelas de imposto liberadas por órgão ou entidade de desenvolvimento". Observe-se, contudo, que o *desvio de finalidade constitutivo do crime* do art. 2º, IV, caracteriza-se em relação ao incentivo fiscal *concedido* ou às parcelas de imposto *liberadas*, de modo que não basta "que sejam parcelas apenas dedutíveis, isto é, em que o suporte fático do benefício ainda não se corporificou"[44].

O tipo contém uma série de elementos normativos: incentivo fiscal, parcela de imposto, aplicar em desacordo com o estatuído, órgão ou entidade de desenvolvimento, que necessitam ser esclarecidos na valoração do caso concreto, mediante a consulta da legislação extrapenal que regula a instituição e concessão de incentivos fiscais. A legislação extrapenal representa o referente normativo necessário para esclarecer, entre outros aspectos, a quantia do incentivo concedido, as obrigações assumidas pelo beneficiário e as condições de seu cumprimento. Trata-se, nesse sentido, de norma penal em branco.

### 3.4.4. Tipo subjetivo: adequação típica

O elemento subjetivo do tipo é o dolo, que é constituído pela consciência e vontade do agente de desviar a finalidade do incentivo fiscal concedido, deixando de aplicá-lo ou aplicando-o em desacordo com o que foi estatuído. *Deixar de aplicar o incentivo fiscal* por descuido ou negligência não constitui crime porque a modalidade culposa não está expressamente prevista. Tampouco constitui crime o *erro* na aplicação do incentivo fiscal decorrente da má interpretação da normativa.

### 3.4.5. Consumação e tentativa

Tanto na modalidade omissiva como na comissiva, o crime consuma-se instantaneamente, com a mera realização de algum dos

---

44. Juary C. Silva, *Elementos de Direito Penal Tributário*, op. cit., p. 231. Nesse sentido também se manifesta Luis Regis Prado, *Direito Penal econômico*, op. cit., p. 296.

comportamentos descritos no tipo. Trata-se de um crime de mera conduta. Mas a idoneidade do comportamento, para efeito de caracterização do tipo, depende da valoração do desvio de finalidade relativa às obrigações vinculadas à concessão do incentivo fiscal. Estamos, novamente, diante de uma norma penal em branco, que necessita, para sua integração, de um complemento normativo especificando as regras sobre as condições da concessão de incentivos fiscais, sem o qual não é possível constatar se o agente deixou de aplicar o incentivo ou se o aplicou em desacordo com o estatuído.

Esse juízo de valor, eminentemente normativo, requer, precisamente, que se estabeleça uma comparação entre o comportamento do agente (omissivo ou comissivo) e as obrigações vinculadas à concessão do incentivo fiscal. Nesses termos, somente estaremos em condições de afirmar ou negar a relevância típica da conduta, uma vez que o agente tenha realmente deixado de aplicar, nas condições pactuadas, o incentivo fiscal ou parcelas de imposto liberadas por órgão ou entidade de desenvolvimento (modalidade omissiva), ou a partir do momento em que o agente comece a empregar os recursos incentivados na execução de projeto, obra ou serviço diverso do que se havia comprometido (modalidade comissiva). Os atos preparatórios, anteriores ao desvio, não são puníveis.

A consumação ocorre instantaneamente em ambas as hipóteses, não sendo admissível a tentativa, nem mesmo na modalidade comissiva, pois qualquer tipo de desvio de finalidade constitui o crime do art. 2º, IV, independentemente de ser o desvio total ou parcial.

### 3.4.6. Classificação doutrinária

Trata-se de crime *especial ou próprio* (exige determinada qualidade ou condição pessoal do agente); de *mera conduta* (o legislador descreve somente o comportamento do agente e não requer para a sua consumação a realização de resultado material); *de ação múltipla ou de conteúdo variado* (o tipo penal contém várias modalidades de condutas, e, ainda que seja praticada mais de uma, haverá somente um crime); *unissubjetivo* (pode ser cometido por uma única pessoa, mas admite concurso eventual de pessoas); *unissubsistente* (quando a conduta é meramente omissiva e consiste em *deixar de aplicar*); mas também pode caracterizar-se como *plurissubsistente* (quando a conduta consiste em *aplicar em desacordo*). Apesar da possibilidade de caracterizar-se como crime plurissubsistente, o crime não admite tentativa, sendo de *consumação instantânea*, porque os atos preparatórios, anteriores à caracterização do desvio, não são puníveis.

**3.5. Utilizar ou divulgar programa de processamento de dados que permita ao sujeito passivo da obrigação tributária possuir informação contábil diversa daquela que é, por lei, fornecida à Fazenda Pública (V)**

Vivemos numa época em que a maior parte do sistema de gestão dos serviços prestados pelo Estado, aos seus cidadãos, é informatizada. Isso significa que a relação estabelecida entre Estado e cidadão é mediada pelo uso de equipamentos e programas informáticos na transmissão de informação e dados essenciais, com o objetivo de melhorar e agilizar a operacionalidade e eficiência do serviço prestado.

Essa evolução também está presente na relação existente entre a Fazenda Pública da União, dos Estados e dos Municípios e o contribuinte, na medida em que os procedimentos para o cumprimento de obrigações fiscais vêm sendo progressivamente informatizados e digitalizados. O grande volume de produção e acumulação de documentos em papel vem sendo paulatinamente substituído pela técnica de transmissão digital de documentos fiscais. A utilização de programas de processamento de dados faz-se, para esse fim, imprescindível, mas desde que o contribuinte ou responsável tributário utilize, adequadamente, os programas indicados pela Administração e neles introduza corretamente as informações contábeis e dados fiscais.

A utilização não fraudulenta de programas de processamento de dados no cumprimento dos deveres instrumentais para com o fisco é, nesse sentido, imprescindível para que a transmissão digital de documentos fiscais cumpra com o objetivo de facilitar o processo de informatização da arrecadação de tributos.

### 3.5.1. Bem jurídico tutelado

A norma incriminadora do art. 2º, V, dirige-se à proteção específica do moderno processo de arrecadação de tributos, de modo a evitar que o contribuinte ou o responsável tributário possa, eventualmente, ocultar, de forma fraudulenta, fatos com relevância tributária (fatos que fundamentam o nascimento da obrigação tributária ou repercutam sobre o *quantum* do débito).

A incriminação das condutas descritas no art. 2º, V, apresenta-se, nesses termos, como uma nítida antecipação da tutela penal, de maneira similar ao crime de petrechos de falsificação do art. 294 do CP, sendo que, no caso do art. 2º, V, o legislador especifica a natureza do objeto da ação, que incide sobre programa de processamento de dados que permita ao sujeito passivo da obrigação tributária possuir informação contábil diversa daquela que é, por lei, fornecida à Fazenda Pública. Criminalizam-se, em outros termos, simples atos preparatórios.

### 3.5.2. Sujeitos do crime

*Sujeito ativo* é tanto o programador informático ou qualquer pessoa que divulgue e promova a utilização do referido programa, como o contribuinte ou o responsável tributário que, de fato, o utilize. Trata-se, nesse sentido, de crime comum, no que diz respeito à prática da conduta *divulgar*, e crime próprio ou especial, no que diz respeito à conduta *utilizar*, pois somente tem sentido punir a utilização em relação àqueles que têm um vínculo obrigacional para com o fisco isto é, o sujeito passivo da obrigação tributária.

*Sujeito passivo* é o Estado, concretamente a pessoa jurídica de Direito Público, titular da competência para instituir tributos e exigir o cumprimento da obrigação tributária, nos termos dos arts. 145 a 156 da CF de 1988. Trata-se do ente estatal responsável pela administração do erário público, tanto na arrecadação de tributos como na gestão do gasto público: União, Estados, Distrito Federal e Municípios.

### 3.5.3. Tipo objetivo: adequação típica

As condutas incriminadas são as de *utilizar* ou *divulgar* programa de processamento de dados que permita ao sujeito passivo da obrigação tributária possuir informação contábil diversa daquela que é, por lei, fornecida à Fazenda Pública. Perseguem-se aqueles comportamentos que possibilitam ao contribuinte possuir um "caixa 2".

O verbo *utilizar* significa aqui empregar, fazer uso do referido programa, e *divulgar* é o mesmo que difundir, propagar, promover, fazer conhecer. Cabe, contudo, advertir que a divulgação somente será relevante para efeito penal se o seu propósito for o de fomentar o uso dos programas ilegais, ou de facilitar a sua comercialização, também ilegal. Isso porque a divulgação meramente informativa acerca da existência de tais programas, por exemplo, em textos jornalísticos, em artigos de divulgação científica etc., dissociada do fomento de sua utilização, não é, por si só, idônea para afetar a ordem tributária, nem representa uma ameaça para o moderno processo de arrecadação de tributos.

O objeto das condutas incriminadas é, especificamente, o programa de processamento de dados que permita ao sujeito passivo da obrigação tributária possuir informação contábil diversa daquela que é, por lei, fornecida à Fazenda Pública. É necessário, portanto, que referido programa seja idôneo a fraudar o fisco, permitindo a alteração ou a ocultação de fatos com relevância tributária; do contrário, as condutas deixam de ser relevantes para efeito de caracterização do tipo em face do princípio da ofensividade.

O tipo penal não requer a produção de resultado, de modo que basta a mera realização de alguns dos comportamentos descritos para que se caracterize o crime. Trata-se, nesse sentido, de crime de *mera conduta*. Mas o uso de programa de processamento de dados, que permita ao contribuinte possuir informação contábil diversa da que é apresentada à Fazenda Pública, também pode ser meio de execução do crime do art. 1º. Com efeito, caso o contribuinte logre a efetiva redução ou supressão de tributo, a conduta subsume-se no tipo do art. 1º, que é crime de resultado, hipótese em que o crime do art. 2º, V, será absorvido em face do princípio da consunção. Porém, se a utilização do programa for detectada sem que haja efetiva sonegação fiscal, então o tipo aplicável é o do art. 2º, V.

Questão polêmica, contudo, é a relativa à caracterização da conduta do agente, que somente divulga o programa de processamento de dados quando este é realmente utilizado, causando a efetiva redução ou supressão de tributo. Nesse caso, deve-se conectar causal e juridicamente a conduta de quem divulga com o resultado de sonegação fiscal? Em outras palavras, o resultado típico deve ser imputado a quem divulgou o programa, para que este seja responsabilizado pelo crime do art. 1º na condição de partícipe? Ou aquele que divulga deve sempre responder pelo crime de mera conduta do art. 2º, V?

É certo que, sob a perspectiva causal, a utilização de programa de processamento de dados é normalmente precedida pela conduta de quem divulga, promove ou comercializa dito programa. Contudo, parece-nos excessiva a ampliação dos limites do tipo do art. 1º, para alcançar o agente da divulgação, quando este não oferece informações ou instruções específicas para o agente da sonegação fiscal acerca da utilização do programa. Em verdade, a simples divulgação pode ser vista como um mero ato preparatório, que seria atípico se não estivesse prevista a sua incriminação pelo art. 2º, V. Nessa linha de entendimento a mera conduta de divulgação será, em regra, subsumível no tipo do art. 2º, V, nos estritos termos do § 2º do art. 29 do Código Penal; contudo, caracterizar-se-á como participação no crime do art. 1º, quando ficar demonstrado que o agente da divulgação forneceu instruções específicas acerca da utilização do programa, e que estas foram idôneas para a produção do resultado de redução ou supressão de tributo.

### 3.5.4. Tipo subjetivo: adequação típica

O elemento subjetivo do tipo é o dolo, constituído pela consciência e vontade de divulgar ou utilizar programa de processamento de dados, sabendo que é idôneo a produzir sonegação fiscal. A má utilização do programa correto ou a utilização de programa sem o conhecimento de que ele possibilita reter informação contábil diversa daquela que é, por lei, fornecida à Fazenda Pública não são constitutivas de crime, nem mesmo a título de culpa, pois não há previsão legal da modalidade culposa.

Tampouco é constitutivo de crime divulgar programa sem conhecer que o seu uso pode resultar na configuração de registro contábil fraudulento. Por isso, pode-se afirmar que, além do dolo, o tipo penal exige a constatação do *elemento subjetivo especial*, consistente na utilização ou divulgação de programa de processamento de dados com o fim de *permitir* que o sujeito passivo da obrigação tributária possua informação contábil diversa daquela que é, por lei, fornecida à Fazenda Pública.

### 3.5.5. Consumação e tentativa

A consumação do crime do art. 2º, V, ocorre com a simples realização dos comportamentos descritos no tipo. Trata-se de crime de mera conduta. A caracterização da tentativa é teoricamente possível na medida em que as condutas incriminadas admitem fracionamento. Na prática, é difícil punir a tentativa em relação à ação de *divulgar*, na medida em que deve restar comprovado, não somente a tentativa da divulgação em si, mas, também, que a divulgação estava dirigida, especificamente, a que *o sujeito passivo da obrigação tributária possuísse informação contábil diversa daquela que é, por lei, fornecida à Fazenda Pública*. Essa prova é certamente mais fácil quando se demonstra, através de prova pericial, que o programa se destinava a alterar os registros contábeis relativos ao faturamento de empresas.

O mesmo raciocínio deve ser utilizado no que diz respeito à tentativa da ação de *utilizar*. Fica ela caracterizada quando o agente é flagrado no momento de instalação do programa no seu equipamento, ou uma vez que o programa já foi instalado, e está prestes a ser utilizado, sempre e quando reste comprovado pela perícia que se tratava de programa idôneo para alterar dados relevantes sobre fatos com repercussão fiscal.

### 3.5.6. Classificação doutrinária

Trata-se de crime *comum* (pode ser praticado por qualquer pessoa) em relação à conduta *divulgar*, e *especial ou próprio* (exige determinada qualidade ou condição pessoal do agente) em relação à conduta *utilizar*; de *mera conduta* (o legislador descreve somente o comportamento do agente e não requer para a sua consumação a realização de resultado material); *de ação múltipla ou de conteúdo variado* (o tipo penal contém várias modalidades de condutas, cuja execução resulta em crime único); *unissubjetivo* (é cometido por uma única pessoa, mas admite concurso eventual de pessoas); *unissubsistente* (constitui-se, em regra, de ato único, mas pode haver fracionamento da conduta).

### 3.5.7. Pena e ação penal

A pena abstratamente cominada para todos os crimes tipificados no art. 2º é a de detenção, de seis meses a dois anos, aplicada, cumulativamente, com a pena de multa. No que diz respeito à pena de multa, o legislador prevê regramento específico, que será analisado mais adiante.

A competência para o processo e julgamento é do Juizado Especial, de acordo com o art. 61 da Lei n. 9.099/95. Também é cabível a suspensão condicional do processo nos termos do art. 89 do mesmo diploma legal.

A ação penal é pública e incondicionada.

## 4. A punibilidade dos crimes de mera conduta

A discussão acerca da punibilidade dos crimes de mera conduta, tipificados no art. 2º da Lei n. 8.137/90, gira em torno do seguinte questionamento: é necessário esgotar a via administrativa, com o lançamento definitivo do tributo, para que os crimes sejam passíveis de persecução penal, a exemplo do que ocorre com os crimes materiais relacionados no art. 1º deste mesmo diploma legal? Em outras palavras, o encerramento do processo administrativo-fiscal também é *condição objetiva de punibilidade* dos crimes de mera conduta tipificados neste art. 2º?

Como deixamos evidenciado no início desta obra, entendemos que quando o objeto de discussão no processo administrativo-fiscal versar sobre a *existência da obrigação tributária* ou sobre *o não cumprimento dos deveres de colaboração e informação para com o fisco*, aquela repercute diretamente sobre a materialidade da infração penal. De modo que o encerramento do processo administrativo-fiscal é necessário para que se possa formar um juízo mínimo de convicção acerca, não apenas da prática de um crime, mas da sua própria existência, independentemente de sua natureza material ou formal. No entanto, quando o objeto de discussão no processo administrativo-fiscal versar sobre o *quantum* do débito, o encerramento da via administrativa justifica-se para que o agente possa beneficiar-se das *medidas despenalizadoras* previstas, mediante o pagamento do que é devido.

Nesse sentido, podemos afirmar que não existe um contexto essencialmente distinto que justifique um tratamento diferenciado entre os crimes contra a ordem tributária, no que diz respeito ao momento de sua punibilidade. A discussão em processo administrativo-fiscal que repercute na valoração da tipicidade da conduta impede a deflagração da ação penal por falta da constatação da materialidade delitiva, isto é, não existe interesse de agir por falta de *justa causa*. E a regularização da situação fiscal antes do recebimento da denúncia deve ser oferecida ao contribuinte, tanto na hipótese mais grave da prática de um crime de resultado como na hipótese menos grave da prática de um crime de mera conduta. Dessa forma, seja porque a matéria da discussão em processo administrativo-fiscal afeta a tipicidade, seja porque ao acusado deve ser garantida a possibilidade de regularizar sua situação fiscal; em qualquer caso, não se deve propor ação penal pelo crime do art. 2º sem antes encerrar a via administrativa. Nesses termos, deve-se entender que o encerramento do processo administrativo-fiscal também é *condição objetiva de punibilidade* dos crimes de mera conduta tipificados no art. 2º.

CAPÍTULO 5

# Crimes funcionais contra a ordem tributária

**Sumário:** 1. Considerações preliminares. 2. Bem jurídico tutelado. 3. Sujeitos do crime. 4. Tipos penais em espécie. 4.1. Extraviar livro oficial, processo fiscal ou qualquer documento, de que tenha a guarda em razão da função; sonegá-lo, ou inutilizá-lo, total ou parcialmente, acarretando pagamento indevido ou inexato de tributo ou contribuição social (I). 4.1.1. Tipo objetivo: adequação típica. 4.1.2. Tipo subjetivo: adequação típica. 4.1.3. Consumação e tentativa. 4.1.4. Classificação doutrinária. 4.2. Exigir, solicitar ou receber, para si ou para outrem, direta ou indiretamente, ainda que fora da função ou antes de iniciar seu exercício, mas em razão dela, vantagem indevida; ou aceitar promessa de tal vantagem, para deixar de lançar ou cobrar tributo ou contribuição social, ou cobrá-los parcialmente (II). 4.2.1.Tipo objetivo: adequação típica. 4.2.2. Elemento normativo especial da ilicitude: vantagem indevida. 4.2.3. Destinatário do produto do crime: o ente público. 4.2.4. Tipo subjetivo: adequação típica. 4.2.5. Consumação e tentativa. 4.2.6. Classificação doutrinária. 4.2.7. Pena e ação penal. 4.3. Patrocinar, direta ou indiretamente, interesse privado perante a administração fazendária, valendo-se da qualidade de funcionário público (III). 4.3.1. Tipo objetivo: adequação típica. 4.3.2. Tipo subjetivo: adequação típica. 4.3.3. Consumação e tentativa. 4.3.4. Classificação doutrinária. 4.3.5. Pena e ação penal.

Art. 3º Constitui crime funcional contra a ordem tributária, além dos previstos no Decreto-lei n. 2.848, de 7 de dezembro de 1940 – Código Penal (Título XI, Capítulo I):

I – extraviar livro oficial, processo fiscal ou qualquer documento, de que tenha a guarda em razão da função; sonegá-lo, ou inutilizá-lo, total ou parcialmente, acarretando pagamento indevido ou inexato de tributo ou contribuição social;

II – exigir, solicitar ou receber, para si ou para outrem, direta ou indiretamente, ainda que fora da função ou antes de iniciar seu exercício, mas em razão dela, vantagem indevida; ou aceitar promessa de tal vantagem, para deixar de lançar ou cobrar tributo ou contribuição social, ou cobrá-los parcialmente.

Pena – reclusão, de 3 (três) a 8 (oito) anos, e multa.

III – patrocinar, direta ou indiretamente, interesse privado perante a administração fazendária, valendo-se da qualidade de funcionário público.

Pena – reclusão, de 1 (um) a 4 (quatro) anos, e multa.

## 1. Considerações preliminares

O art. 3º apresenta a peculiar tipificação de crimes funcionais contra a ordem tributária. A redação do *caput* é criticável porque o Código Penal não regula especificamente *crimes funcionais contra a ordem tributária*, mas crimes contra a administração pública e, concretamente, no Capítulo I do Título XI, os crimes praticados por funcionários públicos contra a administração em geral. E se o que o legislador pretendia através da Lei n. 8.137/90 era criar *tipos penais especiais*, praticados por funcionários públicos especificamente contra a ordem tributária, deixa de ser necessário para sua aplicação o uso da expressão "Constitui crime funcional contra a ordem tributária, *além dos previstos...*", porque, como veremos ao longo deste capítulo, ou aplicam-se os tipos penais especiais aqui tratados, quando presentes todos os seus elementos, ou aplicam-se os tipos penais previstos no Código Penal. Com efeito, se o funcionário público pratica alguma conduta não expressamente tipificada na Lei n. 8.137/90, mas sim no Capítulo I do Título XI do Código Penal, não será autor de um crime contra a ordem tributária, mas de um crime contra a administração pública em geral. Os princípios de hermenêutica que resolvem os eventuais *conflitos aparentes de normas*, notadamente o de *especialidade*, são suficientes para guiar o labor dos juristas na interpretação e aplicação das normas penais, sendo, nesse sentido, desnecessária a referência, aliás, de todo equivocada, ao Código Penal no *caput* do art. 3º.

De maneira similar ao art. 2º, não se descreve no *caput* do art. 3º o núcleo essencial do tipo penal, deixando para indicá-lo em cada um dos seus incisos, de tal forma que é possível afirmar que cada inciso do art. 3º constitui uma norma penal incriminadora com preceito primário autônomo, com a peculiaridade de que os incs. I e II compartem o mesmo preceito secundário, isto é, a mesma cominação de pena, enquanto o inc. III apresenta-se com preceito primário e secundário próprios, configurando, portanto, uma norma penal incriminadora completa.

## 2. Bem jurídico tutelado

Como já indicamos ao longo desta obra, a ordem tributária é um dos bens jurídicos protegidos pela Lei n. 8.137/90, sendo que os delitos fiscais atingem diretamente a administração do erário público, prejudicando a arrecadação de tributos e a gestão dos gastos públicos.

A proteção que o Direito Penal outorga à ordem tributária é exercida desde diferentes perspectivas, na medida em que pune tanto a conduta do contribuinte ou do responsável tributário que prejudica de maneira fraudulenta a arrecadação de tributos e a gestão do gasto público como o comportamento do funcionário público que perturba a normalidade da atividade arrecadadora, comprometendo a probidade e moralidade da administração do erário público.

Os comportamentos incriminados no art. 3º tratam, precisamente, dos crimes cometidos por funcionários públicos que, comprometendo a probidade e moralidade da administração do erário público, prejudicam as expectativas legítimas de ingresso nas arcas do Estado.

## 3. Sujeitos do crime

O sujeito ativo dos crimes previstos nos incs. I, II e III, do art. 3º, é o funcionário público. Trata-se, portanto, de crimes próprios. Cabe, contudo, esclarecer que o *funcionário público*, para efeito de caracterização do crime do art. 3º, é aquele cujo emprego, cargo ou função tenha relação com a administração do erário público. A observação pode parecer supérflua, mas se justifica na medida em que é preciso demonstrar a idoneidade da conduta do funcionário público para afetar a atividade arrecadadora do Estado; caso contrário, aplicam-se os tipos penais previstos no Título XI, Capítulo I, do Código Penal. Observe-se que em todos os incisos do art. 3º o legislador se refere à relação entre o comportamento do funcionário público e a atividade arrecadadora do Estado. No inc. I o legislador relaciona o extravio de livro oficial, processo fiscal ou qualquer documento, com o pagamento indevido ou inexato de tributo ou contribuição social. No inc. II, o comportamento incriminado repercute no lançamento ou cobrança de tributo ou contribuição social. E, no inc. III, o legislador se refere ao patrocínio de interesse privado perante a administração fazendária.

O sujeito passivo de crime é o Estado, concretamente, o ente estatal responsável pela administração do erário público: União, Estados, Distrito Federal e Municípios, que deixam de arrecadar o valor correto do tributo. Mas quando também é atingido o patrimônio ou qualquer outro interesse penalmente tutelado do particular, este também se apresenta como sujeito passivo dos crimes tipificados no art. 3º. Cabe esclarecer, contudo, que nem sempre o contribuinte é vítima, podendo estar de comum acordo com o funcionário público para locupletar-se com o pagamento reduzido do imposto.

Com esses esclarecimentos acerca dos aspectos comuns dos comportamentos incriminados no art. 3º, passamos ao estudo particularizado das especificidades de cada um dos seus incisos.

## 4. Tipos penais em espécie

Como já antecipamos, o *caput* do art. 3º não contém o núcleo essencial do tipo penal, adotando técnica similar à do art. 2º, que consiste na criação de normas incriminadoras autônomas em cada um de seus incisos, configurando, dessa forma, diferentes figuras penais. Em razão dessa peculiar técnica de tipificação, passaremos ao estudo específico de cada um dos tipos penais inscritos no art. 3º.

### 4.1. Extraviar livro oficial, processo fiscal ou qualquer documento, de que tenha a guarda em razão da função; sonegá-lo, ou inutilizá-lo, total ou parcialmente, acarretando pagamento indevido ou inexato de tributo ou contribuição social (I)

O inc. I do art. 3º possui uma redação similar à art. 314 do CP, que incrimina o extravio, sonegação ou inutilização de livro ou documento. A previsão legal da modalidade específica descrita no inc. I do art. 3º requer, contudo, a análise de seus elementos, com o objetivo de identificar em que casos ele pode vir a ser aplicado.

### 4.1.1. Tipo objetivo: adequação típica

As condutas incriminadas são as de *extraviar, sonegar* ou *inutilizar* livro ou documento. *Extraviar* significa perder; *sonegar* é o mesmo que deixar de apresentar aquilo que se detém, quando exigido por quem de direito; *inutilizar* é tornar a coisa imprestável para o fim que lhe é próprio, total ou parcialmente.

A descrição do comportamento criminoso pode parecer, à primeira vista, simples; contudo, a interpretação do tipo do art. 3º, I, suscita as mesmas controvérsias do art. 314 em relação ao alcance da conduta *extraviar*. Como indicamos no v. 5 do nosso *Tratado de Direito Penal*[1], a antiga doutrina, ao examinar a conduta de *extraviar*, a começar por Hungria, adotava a seguinte orientação[2]: Hungria: "extraviar é desencaminhar, desviar do destino"; Magalhães Noronha: "extravio é desvio, descaminho e mudança de destino ou fim"; Heleno Fragoso: "extraviar (desencaminhar, fazer desaparecer)"; Paulo José da Costa Jr: "extraviar é desviar do destino, é desencaminhar"; Damásio de Jesus: "extraviar quer dizer desencaminhar, desviar, alterar a sua destinação". Mais recentemente, pode-se dizer que parte da nova geração de penalistas[3],

---

1. Cezar Roberto Bitencourt. *Tratado de Direito Penal*: parte especial. 16. ed. São Paulo: Saraiva, 2022. v. 5, p. 95.

2. Nelson Hungria. *Comentários ao Código Penal*. Rio de Janeiro: Forense, p. 336; Edgard Magalhães Noronha. *Direito Penal*: parte especial. São Paulo: Saraiva, 1986. v. 4, p. 239; Heleno Cláudio Fragoso, *Lições de Direito Penal*. Rio de Janeiro: Forense, 1981. v. 2, p. 403; Paulo José da Costa Jr. *Comentários ao Código Penal*. 6. ed. São Paulo: Saraiva, 2000. p. 457; Damásio de Jesus. *Direito Penal*: parte geral. 19. ed. São Paulo: Saraiva, 1995. v. 1, p. 146.

3. Luiz Regis Prado. *Curso de Direito Penal*. São Paulo: Revista dos Tribunais, 1999. p. 383; Luiz Regis Prado. *Direito Penal econômico*. 4. ed. São Paulo: Revista dos Tribunais, 2011. p. 301; Guilherme de Souza Nucci. *Comentários ao Código Penal*. 5. ed. São Paulo: Revista dos Tribunais, 2005. p. 984.

pelo menos, continua trilhando o mesmo caminho. Com efeito, para Regis Prado: "extraviar expressa a ideia de desencaminhar, de desviar destino, de desaparecimento"; na opinião de Guilherme de Souza Nucci: "extraviar é fazer com que algo não chegue ao seu destino, que, em outras palavras, quer dizer a mesma coisa, desencaminhar, desviar do destino".

Constata-se, assim, que passadas décadas daquela primeira e sintética afirmação de Hungria – *extraviar é desencaminhar, desviar do destino* – a definição, para efeitos penais, permanece praticamente com o mesmo sentido. Apesar de mostrar-se ancorada em uma explicitação literal do sentido linguístico do verbo, segundo os mais variados dicionários da língua portuguesa a definição do alcance do verbo *extraviar* requer reflexões adicionais, como apontado na primeira edição desta obra, a qual se mostra recomendável, ao menos, pelo passar dos anos. Destacamos a importância de reinterpretar o velho Código Penal, em respeito à nova ordem democrática e, especialmente, ao princípio da tipicidade estrita de novos tempos de Estado Democrático de Direito.

Derivado do latim *extra* (fora) + *via* (caminho), ao qual se acrescenta o sufixo "ar", que indica o infinitivo dos verbos de primeira conjugação, o vocábulo ostenta sentidos e conotações que não estão estritamente vinculados à existência necessária de uma predisposição anímica do agente que dá causa ao extravio, acerca do objeto extraviado.

Assim, *extraviar*, a nosso juízo, também é perder, é não saber onde se guardou, arquivou ou protocolou; *extravio*, nesse sentido, é produto de descuido, de desatenção, de desleixo no trato da coisa pública, *in casu*, de livro oficial ou qualquer documento de que o funcionário tem a guarda em razão do cargo. Em outros termos, *extraviar* pode ser interpretado em sentido jurídico-penal como negligenciar o dever de cuidado que incumbe ao funcionário público no exercício do cargo. Logo, a definição que sempre se deu à conduta de *extraviar*, como tipicamente vinculada a uma atuação conscientemente dirigida ao desvio ou desencaminhamento de uma determinada coisa revela-se equivocada e fere o *princípio da reserva legal* (além de possibilitar, na prática, autêntica *responsabilidade penal objetiva*, como veremos). Com efeito, parte-se da perspectiva de que *extraviar* implica, necessariamente, em *desencaminhar* ou *desviar do destino* – definição repetida pela doutrina ao longo dos anos – ou seja, que é dar destinação diferente daquela que na realidade deveria ter; é utilizar mal, é dar uma finalidade inadequada ou imprópria.

Presume-se, aliás, na própria análise da conduta criminalizada o estado anímico do agente, descartando-se, sem prévia reflexão, a hipótese de caracterização do *extravio como simples negligência funcional* que, nesta modalidade, se caracterizaria como conduta omissiva atípica.

*Extraviar* – na nossa concepção – também pode significar na prática, dependendo das particularidades do caso concreto, *desconhecer* seu paradeiro, *ignorar* a sua localização, não saber onde se encontra o objeto material, perdê-lo de modo não intencional, enfim, é não ter como localizá-lo. Nota-se, portanto, que os possíveis sentidos do verbo devem ser distinguidos com o conseguinte impacto na identificação da conduta típica punível.

A afirmação de Regis Prado de que perdura o extravio "enquanto o agente entender que o livro ou documento deva permanecer extraviado" encerra, a nosso juízo, uma espécie de *dolo subsequente*, inadmissível em Direito Penal, pois o *dolo* deve ser contemporâneo à ação típica, e nunca posterior. Ademais, *manter-se extraviado*, enquanto o agente o desejar, desnatura a ação de *extraviar*, que se caracteriza no momento em que o objeto é procurado e não é encontrado, em que sua busca resulta inexitosa, mas isso ocorre exatamente por desconhecer seu paradeiro e não por não querer encontrá-lo ou desejar que continue "extraviado", como sustentam, equivocadamente, alguns.

A modo de conclusão, em face das considerações críticas tecidas, pretendemos explicitar de modo claro que *extraviar* pode ter, em face das circunstâncias do caso concreto, natureza intrinsecamente *omissiva* e derivar de uma condução negligente do funcionário público no desempenho de suas funções! Em outros termos, como ninguém (os penalistas) ignora o *princípio da excepcionalidade do crime culposo*, tampouco desconhece o sentido *culposo* que decorre desse verbo nuclear – ao contrário do mencionado similar argentino – e a clara equiparação das condutas – extraviar, sonegar e inutilizar – contidas no tipo penal, que descreve *crime de conteúdo variado*, o velho e matreiro Hungria (seguido por todos) procurou, certamente, "salvar" o texto legal, emprestando-lhe o significado já referido, como se fora o pretendido pela *mens legis*.

Na realidade, estamos diante de um verbo nuclear – *extraviar* – em cujo âmbito há de se advertir e atentar para a peculiaridade de que é possível sua consecução na forma *omissiva* por desatenção do sujeito ativo, representadora de uma conduta negligente que, em assim sendo caracterizada, ante as circunstâncias do caso concreto, não será passível de punição, dada a ausência de previsão legal como conduta omissiva. Com efeito, nosso ordenamento jurídico não equipara crimes dolosos e culposos, não lhes dispensa o mesmo tratamento; pelo contrário, distingue-os, atribuindo-lhes responsabilidades e consequências igualmente distintas. Por isso, em sendo admitida essa *equiparação* generalizada entre os verbos *extraviar*, *sonegar* e *inutilizar* – que evidentemente é atribuída somente a título de dolo –, nesse dispositivo, pode resultar em verdadeira afronta a todo o sistema e a filosofia de nosso direito punitivo, que consagraria uma autêntica responsabilidade penal objetiva, proibida pela atual Constituição Federal. *Extraviar*, com efeito, pode denotar negligência, desatenção; talvez esse aspecto tenha levado o velho Hungria a adotar a alternativa mencionada que passou a defender, sendo seguido por seus contemporâneos e sucessores, inclusive pelas possíveis dificuldades na explicitação da diferença existente entre a *omissão dolosa* e a *omissão culposa*, notadamente entre a *omissão do dever de agir do garantidor*, que pode ser dolosa, frente aos casos em que a omissão do dever de agir ocorre com infração do dever de cuidado, ou quando pode ser de modo culposo, caracterizando a conduta negligente[4].

No entanto, a Reforma Penal de 1984, sob o comando do saudoso Ministro Francisco de Assis Toledo, oferece-nos possibilidade de solução jurídico-dogmática, sem a necessidade de buscarmos subterfúgios linguístico-doutrinários, para justificar o, por vezes, injustificável. Referimo-nos à recepção no texto legal da figura do *agente garantidor*. No Código de 1940, em sua versão original, o *garantidor* era simples produto de elaboração doutrinária, não havendo nenhuma norma legal que permitisse identificá-lo. A Reforma Penal de 1984 regulou expressamente – quando tratou da *relação de causalidade* – as hipóteses em que o *agente assume a condição de garantidor*, e, não impedindo o resultado, responde pelo crime *omissivo impróprio*. Nesses crimes, o agente não tem simplesmente a obrigação de agir, mas a *obrigação de agir*

---

4. Essa problemática é Destacada por Luciana de Oliveira Monteiro, *in* Aspectos fundamentais da autoria mediata nos crimes culposos. *Revista Brasileira de Ciências Criminais*, v. 96, 2012, p. 123-128; e por Heloisa Estellita, *in Responsabilidade penal de dirigentes de empresas por omissão*, op. cit., p. 105-108. Para o estudo específico e aprofundado dos *crimes omissivos*, da imputação subjetiva dos *crimes omissivos* e, inclusive, das questões relativas à caracterização do *crime omissivo culposo*, torna-se indispensável a leitura das obras monumentais de Juarez Tavares: *Teoria dos crimes omissivos* (São Paulo: Marcial Pons, 2012) e *Teoria do crime culposo* (Florianópolis: Empório do Direito, 2016).

*para evitar um resultado*, isto é, deve agir com a *finalidade* de impedir a ocorrência de determinado evento. Nos crimes *comissivos por omissão* há, na verdade, *um crime material,* isto é, um crime de resultado[5]. Nesse sentido, a Reforma Penal de 1984 (Parte Geral), cedendo à antiga elaboração doutrinária, ao regular a *figura do garantidor,* determina que o *dever de agir,* para evitar o resultado, incumbe a quem: *a) tenha por lei obrigação de cuidado, proteção ou vigilância*; *b) de outra forma, assumiu a responsabilidade de impedir o resultado*; *c) com seu comportamento anterior, criou o risco da ocorrência do resultado* (art. 13, § 2º).

Esses sujeitos relacionados assim de maneira especial, com determinados interesses jurídicos, são chamados de *garantidores*, que, segundo Guillermo Sauer, devem prevenir, ajudar, instruir, defender e proteger o bem tutelado ameaçado[6]. São a *garantia* de que um resultado lesivo não ocorrerá, pondo em risco ou lesando um interesse tutelado pelo Direito.

A primeira fonte do *dever de evitar* o resultado é a *obrigação de cuidado, proteção* ou *vigilância* imposta por lei (art. 13, § 2º, *a*). *Dever* este que aparece numa série de situações, como, por exemplo, o *dever de assistência* que se devem mutuamente os cônjuges, que devem os pais aos filhos, e assim por diante. Há também um *dever legal* daquelas pessoas que exercem determinadas atividades, as quais têm implícita a *obrigação de cuidado, proteção* ou *vigilância* ao bem alheio, como policial, médico, bombeiro etc., ou, como é o caso do funcionário público, que tem o *dever de guarda* de livros ou documentos em razão do cargo. Nessas hipóteses, portanto, se o sujeito, em virtude de sua abstenção ou negligência, descumprindo o *dever de agir*, no caso – de "guarda" de livros e

---

5. Cezar Roberto Bitencourt. *Tratado de Direito Penal:* parte geral. 28. ed. São Paulo: Saraiva, 2022. v. 1, p. 332.

6. Guillermo Sauer. *Derecho Penal.* Barcelona: Bosch, 1956. p. 156.

documentos em razão do cargo –, isto é, não evita o *extravio* ou perda de tais objetos que lhe compete *guardar*, cuidar e proteger, ou, em outros termos, não obstrui o *processo causal* que se desenrola diante dele, digamos assim, é considerado, pelo Direito Penal, como tendo-o *causado*. Na hipótese concreta, o funcionário tem a *especial função de garantir* a não superveniência de um resultado lesivo – o *extravio* do objeto material sob sua guarda –, e esse *dever* lhe é imposto por lei, isto é, decorre do seu *dever funcional*, em razão do cargo que exerce.

Deve-se observar, assim, a presença dos *pressupostos* fundamentais do crime omissivo impróprio, tais como poder de agir, evitabilidade do resultado e, evidentemente, *dever de impedi-lo*. Por fim, como os *pressupostos fáticos* que configuram a *condição de garantidor* – dever de *guarda* em razão do cargo que exerce – são elementos constitutivos do tipo penal em análise, quando praticado por *omissão imprópria*, devem ser abrangidos pelo *dolo*. Por isso, o agente – funcionário público – deve ter *consciência da sua condição de garantidor* da não ocorrência do resultado, qual seja, do não extravio do objeto material mencionado no tipo penal. O *erro* sobre os pressupostos fáticos dessa condição constitui *erro de tipo*.

Para arrematar, o art. 255 do Código Penal argentino, à época invocado por Fragoso e Magalhães Noronha, consagra, coerentemente, a modalidade *culposa* da respectiva infração penal. Dentre os verbos nucleares, ademais, convém ressaltar, não se inclui o de "extraviar", que apresenta a dificuldade interpretativa que procuramos demonstrar. Os verbos utilizados pelo Código Penal argentino são: *subtrair, ocultar, destruir* ou *inutilizar*. E, por fim, ressaltamos novamente que, para a previsão do tipo penal argentino – como destacava Soler[7] –, "deve tratar-se de objetos custo-

---

7. Sebastian Soler. *Derecho Penal argentino*. Buenos Aires: TEA, 1976. p. 154.

diados *com a finalidade de serem utilizados como meios de prova*, de registros ou de documentos" (destaque acrescentado), similar ao previsto no art. 356 do Código Penal brasileiro.

À míngua de previsão da modalidade culposa, em nosso diploma legal resta, evidentemente, a *responsabilidade administrativa* por eventual *extravio* do objeto material da conduta penal em exame, quando decorrente de descuido, a ser apurada através do devido processo legal (administrativo), não deixando, dessa forma, o funcionário negligente impune.

*Sonegar* é omitir, deixar de mencionar ou de apresentar quando lhe é exigido por quem de direito, e desde que o funcionário esteja obrigado a fazê-lo. "Sonegação – na dicção de Magalhães Noronha – é não apresentar, relacionar ou mencionar quando isso é devido".

*Inutilizar* é retirar a aptidão, é tornar inidônea, desnaturar a coisa – total ou parcialmente – suprimindo suas propriedades essenciais, tornando-a inapta para atingir suas finalidades. "Inutilizar é tornar uma coisa imprestável para o fim a que se destina"[8]. A inutilização, mesmo total, não chega a ponto de destruí-la[9], pois mantém seus caracteres identificadores, embora não sirva mais à sua destinação legal. Em outros termos, pode subsistir no plano material, mas torna-se ineficaz ou inútil no plano funcional, ou seja, perde a razão de ser, como acontece, por exemplo, com os documentos impressos molhados ou manchados.

É necessário que o *livro oficial* ou *documento* tenha sido confiado ao funcionário público para a guarda *ratione officii*, ou seja, em razão do cargo público que ocupa. A confiança ao funcionário

---

8. Nelson Hungria, *Comentários ao Código Penal*, op. cit., p. 356.

9. Em sentido contrário, Damásio de Jesus, *Direito Penal*, op. cit., p. 146: "a inutilização pode ser total (destruição) ou parcial (inutilização propriamente dita)".

público não se refere somente à guarda ou detenção material do livro ou documento, mas também à faculdade de dele dispor, visto que administrar não se resume apenas em tê-lo sob sua guarda física. Sem esse pressuposto, o crime poderá ser aquele capitulado no art. 337 do Código Penal, ainda que o sujeito ativo seja funcionário público, pois lhe falta o *dever funcional* próprio e inerente ao cargo.

Essas condutas – *sonegar* ou *inutilizar* – devem ser cometidas pelo funcionário público que tem a incumbência – em razão do cargo – da guarda de livro oficial ou qualquer documento (público ou particular). Quaisquer das ações – repetindo mais uma vez – devem ser cometidas pelo funcionário público, no exercício do cargo, qual seja, o de *guarda* do livro oficial ou documento. "Não está isso, naturalmente, jungido à noção de lugar, noutras palavras, tanto a guarda existe quando a coisa se encontra em seu lugar *normal* (na repartição etc.), como quando acidentalmente aí não se encontra, incumbindo do mesmo modo – ou mais ainda – a guarda ao funcionário público"[10]. No mesmo sentido, Damásio de Jesus[11]: "Existe guarda quer na repartição pública quer em outro local destinado a tal fim pela Administração Pública". A *guarda* pode existir tanto na repartição pública como em qualquer outro lugar destinado a esse fim, segundo determinação da própria Administração Pública. Como destacava Manzini, referindo-se a dispositivo similar do Código Penal Rocco: "a expressão ofício público é tomada no art. 351, não em sentido subjetivo, mas objetivo e compreensivo, seja dos lugares em que se exercita uma função pública, seja daqueles em que se dirige ou se presta um serviço público"[12].

---

10. Magalhães Noronha, *Direito Penal*, op. cit., p. 239.
11. Damásio de Jesus, *Direito Penal*, op. cit., p. 147.
12. Vincenzo Manzini. *Trattato di Diritto Penale italiano*. Torino, 1948. p. 156.

Uma das peculiaridades do crime do art. 3º, I, está em que referidas condutas incidem sobre objetos materiais específicos, elementos do tipo especializantes que tornam a aplicação do art. 3º, I, preferente, em face do princípio da especialidade. Observe que aqui o legislador faz menção expressa a *livro oficial, processo fiscal, ou qualquer documento*; além disso, o legislador descreve o resultado de *pagamento indevido ou inexato de tributo ou contribuição social*.

A realização do resultado descrito denota que os objetos materiais sobre os quais incide o comportamento criminoso estão estritamente relacionados com a relação obrigacional existente entre o fisco e o contribuinte. Isto é, para efeito de caracterização do crime do art. 3º, I, o livro oficial, o processo fiscal ou o documento somente podem ser aqueles cujo conteúdo seja relevante para o conhecimento da obrigação tributária e/ou constituição do crédito tributário. Nesse sentido, o *livro oficial* é aquele destinado à escrituração ou registro de operações e transações tributáveis; o *processo fiscal* abrange tanto o processo administrativo como o processo judicial em que se discutem os diversos aspectos da relação obrigacional existente entre o fisco e o contribuinte; *documento* pode ser tanto o documento público como o documento particular, esteja ele em suporte papel ou em suporte digital, que verse sobre fatos relevantes para o nascimento da obrigação tributária ou para a constituição do crédito tributário.

Na presença dos elementos especializantes (funcionário público, cujo emprego, cargo ou função tenha relação com a administração do erário público; objeto material específico; e resultado), aplica-se, portanto, não o art. 314 do CP, e sim o tipo do art. 3º, I, da Lei n. 8.137/90.

### 4.1.2. Tipo subjetivo: adequação típica

Elemento subjetivo é o dolo, consistente na vontade consciente de sonegar ou inutilizar, total ou parcialmente, livro oficial, processo fiscal ou qualquer documento para alcançar o resultado de pagamento indevido ou inexato de tributo ou contribuição social. Não é punível a modalidade culposa por ausência de previsão legal expressa (excepcionalidade do crime culposo).

De acordo com o nosso entendimento acerca do sentido do verbo *extraviar*, o descuido do funcionário público no cumprimento do *dever de guarda e custódia* de livro oficial, processo fiscal ou qualquer documento que resulte no seu extravio e, consequentemente, pagamento indevido ou inexato de tributo ou contribuição social, não será punível pelo Direito Penal, podendo o funcionário responder por processo administrativo.

### 4.1.3. Consumação e tentativa

O legislador fez menção expressa ao resultado de *pagamento indevido ou inexato de tributo ou contribuição social*, sem o qual o crime não se consuma. Trata-se, portanto, de *crime de resultado* (à diferença do art. 314 do CP, que é de mera conduta), e admite tentativa quando a conduta é interrompida antes que o contribuinte pague o valor indevido ou inexato do tributo.

Não estamos de acordo, portanto, com o posicionamento de Paulo José da Costa Jr. quando sustenta que na modalidade de *sonegação* "aperfeiçoa-se o crime quando surgir a exigência legal de apresentar o livro, o processo ou o documento", nem que "não se admite a forma tentada, em razão da natureza omissiva do comportamento"[13]. Em nosso entendimento, o crime somente se aperfeiçoa com o advento do resultado descrito no tipo e, em se tratando da realização do resultado mediante a sonegação de livro

---

13. Paulo José da Costa Jr.; Zelmo Denari. *Infrações tributárias e delitos fiscais.*
4. ed. São Paulo: Saraiva, 2000. p. 146.

oficial, processo fiscal ou qualquer documento, estaremos diante de um crime *comissivo por omissão*, que nada mais é do que um crime de resultado realizado por omissão, nos termos do art. 13, § 2º, do CP.

Além disso, entendemos que a sonegação de livro oficial, processo fiscal ou documento pode ser interrompida mediante, por exemplo, a intervenção de outro funcionário que, tendo conhecimento do comportamento ilegal, efetue a entrega deles a quem de direito a tempo de evitar que o pagamento indevido ou inexato de tributo seja feito pelo contribuinte. Com efeito, tratando-se de crime de resultado e adotando o agente um comportamento que admite fracionamento, não há nenhum impedimento à caracterização da tentativa, tanto na hipótese de sonegação como na hipótese de inutilização de livro oficial, processo fiscal ou qualquer documento.

### 4.1.4. *Classificação doutrinária*

Trata-se de crime *especial ou próprio* (exige determinada qualidade ou condição pessoal do agente, qual seja, funcionário público); *material* (para a sua consumação é indispensável a realização do resultado de *pagamento indevido ou inexato* de tributo ou contribuição social); de *ação múltipla ou de conteúdo variado* (tipo penal contém várias modalidades de condutas); *comissivo*, quando o agente inutiliza, total ou parcialmente, livro oficial, processo fiscal ou qualquer documento, causando o resultado descrito no tipo; *comissivo por omissão*, quando sonega livro oficial, processo fiscal ou qualquer documento, causando o resultado descrito no tipo; *unissubjetivo* (pode ser cometido por uma única pessoa, embora admita naturalmente o concurso eventual de pessoas); *plurissubsistente* (a conduta pode ser desdobrada em vários atos).

**4.2. Exigir, solicitar ou receber, para si ou para outrem, direta ou indiretamente, ainda que fora da função ou antes de iniciar seu exercício, mas em razão dela, vantagem indevida; ou aceitar promessa de tal vantagem, para deixar de lançar ou cobrar tributo ou contribuição social, ou cobrá-los parcialmente (II)**

O presente tipo reúne comportamentos incriminados no *caput* do art. 316 e no art. 317 do Código Penal; assemelha-se, portanto, tanto ao crime de concussão quanto ao crime de corrupção passiva. Os elementos que aproximam esses tipos penais não implicam, contudo, que estejamos diante de tipos penais idênticos. Como veremos, existem diferenças importantes entre o crime do art. 3º, II, e as condutas tipificadas nos arts. 316 e 317 do CP. O conhecimento das peculiaridades de cada uma das figuras penais norteará o trabalho do jurista na interpretação correta da norma penal em apreço, delimitando o seu âmbito concreto de incidência com o fim de dirimir a possibilidade de um eventual conflito aparente de normas.

*4.2.1. Tipo objetivo: adequação típica*

As condutas incriminadas pelo art. 3º, II, são as de *exigir, solicitar* ou *receber* vantagem indevida, para si ou para outrem, direta ou indiretamente, ou *aceitar promessa* de tal vantagem, em razão da função pública exercida pelo agente, mesmo que fora dela, ou antes de assumi-la, mas, de qualquer sorte, em razão dela. É necessário que qualquer das condutas – *exigir, solicitar, receber* ou *aceitar*, implícita ou explícita –, seja motivada pela *função pública* que o agente exerce ou exercerá. Não existindo função ou não havendo *relação de causalidade* entre ela e o fato imputado, não se pode falar na aplicação do tipo do art. 3º, II, podendo caracterizar-se, residualmente, qualquer outro crime, *v. g.*, como apropriação indébita, estelionato etc.

Como sustentamos no v. 5 do nosso Tratado de Direito Penal[14], o verbo *exigir* tem o sentido de obrigar, ordenar, impor ao sujeito passivo a concessão da pretendida vantagem indevida. A exigência caracteriza-se como uma espécie de *abuso de autoridade*, uma vez que o agente atua na "qualidade de funcionário" ou valendo-se das prerrogativas e do poder que lhe conferem a "função pública". *Solicitar*, no sentido do texto legal, quer dizer pedir, postular, demandar, direta ou indiretamente, para si ou para outrem. *Receber* significa obter, direta ou indiretamente, para si ou para outrem, a vantagem indevida. Nessa modalidade, a iniciativa parte do *extraneus* interessado no não lançamento ou na não cobrança, total ou parcial, do tributo, a quem o funcionário público adere. Aqui, portanto, o funcionário não apenas *aceita* como *recebe* a oferta ou promessa daquele.

*Aceitar* representa a anuência do funcionário público à promessa indevida de vantagem futura ofertada pelo *extraneus*. Nessa modalidade, ao contrário da anterior, não há o recebimento da vantagem indevida, sendo suficiente que o *funcionário* esteja de acordo com a oferta, isto é, concorde com o recebimento futuro da promessa feita. É necessário que haja uma promessa formulada por um *extraneus*, que é aderida pelo funcionário público, aceitando recebê-la futuramente. Pressuposto dessa figura é a existência de promessa de vantagem indevida formulada pelo agente corruptor.

À ação de receber ou aceitar corresponde o oferecimento de vantagem indevida, caracterizadora, em tese, de *corrupção ativa*. Ocorre que a corrupção ativa não está expressamente tipificada na Lei n. 8.137/90. Essa circunstância não impede, contudo, a punibilidade

---

14. Cezar Roberto Bitencourt, *Tratado de Direito Penal*, op. cit., v. 5, p. 113.

do corruptor. Mas, nesse caso, qual o tipo penal aplicável? Deverá o corruptor responder pelo crime de corrupção ativa, tipificado no art. 333 do CP, ou como partícipe (indutor) do crime funcional do art. 3º, II, ora analisado? A questão é certamente polêmica porque, como vimos no v. 5 do nosso *Tratado de Direito Penal*, o legislador optou por estabelecer uma exceção à concepção monista da ação (art. 29 do CP) no tratamento do crime de corrupção, configurando um tipo penal específico para o sujeito corrompido (corrupção passiva do art. 317 do CP), e outro tipo penal específico para o corruptor (art. 333 do CP). O fato de não haver na Lei n. 8.137/90 a tipificação expressa do comportamento do corruptor significaria, então, que no âmbito dos crimes contra a ordem tributária volta a viger a concepção monista da ação? Entendemos que sim, mas essa resposta admite certos matizes, como veremos.

Se o funcionário da Fazenda Pública recebe ou aceita a oferta ou promessa do *extraneus,* está claro que se estabelece um acordo de vontades entre ambos. Nesse caso, é preferível tipificar o comportamento do *extraneus* corruptor como participação no crime do art. 3º, II, adotando a regra da concepção monista da ação (art. 29 do CP), pois dessa forma mantém-se a proporcionalidade das penas aplicáveis. Observe-se que o tipo penal ora comentado tem uma pena menor que a dos crimes de corrupção ativa e passiva do Código Penal. Dessa forma seria desproporcional e injusto punir, com pena menor, o funcionário da Fazenda Pública, que viola seu *dever de fidelidade funcional*, nos termos do art. 3º, II, quando este atua em conluio com o corruptor *extraneus*, e punir esse último de forma mais severa, nos termos do art. 333 do CP. Contudo, a solução deve ser outra quando não se dá a anuência do funcionário, isto é, quando rejeita a proposta que lhe é feita e o corruptor atua sozinho. Em outras palavras, se somente se caracteriza a oferta ou promessa de vantagem ao funcionário da Fazenda, mas este rejeita a proposta de infringir o seu *dever funcional*, o corruptor deverá ser punido pelo art. 333, pois não restou configurado o crime funcional.

Por último, cabe advertir que não existe bilateralidade entre o crime do art. 3º, II, sob exame, e o crime do art. 2º, III, porque este se refere, especificamente, à negociação extorsiva da concessão de benefícios fiscais, sem guardar relação com a prática de corrupção para deixar de lançar tributo ou cobrá-lo parcialmente. Trata-se, portanto, de crimes autônomos e independentes.

Doutrina e jurisprudência, de um modo geral, têm sustentado a necessidade de a vantagem ser de *natureza econômico-patrimonial*[15]. Nesse sentido, afirma-se que a *vantagem* pode relacionar-se a qualquer ganho, lucro ou benefício de natureza patrimonial, mesmo que possa ser obtido indiretamente. No entanto, conforme destacamos ao examinarmos no v. 3 do nosso *Tratado de Direito Penal* os crimes de extorsão (art. 158) e extorsão mediante sequestro (art. 159), quando a lei quer restringir a vantagem à de natureza econômica, o faz expressamente, posicionamento normalmente adotado na disciplina dos crimes patrimoniais (arts. 155 a 183). Por isso, sustentamos que, tanto nos crimes de concussão e corrupção passiva como no crime do art. 3º, II, da Lei n. 8.137/90, a *vantagem indevida* pode ser de qualquer natureza: tanto *patrimonial*, quando a vantagem exigida, solicitada, recebida ou aceita referir-se a bens ou valores materiais, como *não patrimonial*, de valor imaterial, simplesmente para satisfazer um interesse, como forma de reconhecimento, por pura vaidade – por exemplo, a concessão de um título honorífico, a conferência de um título de graduação –, enfim, a vantagem indevida pode não ter necessariamente valor econômico.

---

15. Sobre esse tema remetemos o leitor para o entendimento que sustentamos ao examinarmos os arts. 158 (extorsão) e 159 (extorsão mediante sequestro), no v. 3 do nosso *Tratado de Direito Penal*.

### 4.2.2. Elemento normativo especial da ilicitude: vantagem indevida

A *vantagem*, por expressa determinação do legislador, deve ser *indevida*. Vantagem "indevida" é aquela que é ilícita, ilegal, injusta ou *contra lege*, isto é, não amparada pelo ordenamento jurídico. Normalmente, a *ilegalidade da vantagem* é determinada por norma extrapenal.

A exigência, solicitação, recebimento ou aceitação da *vantagem indevida* pode ser direta ou indireta. É *direta* quando o sujeito ativo a formula diretamente à vítima ou *de forma explícita*, deixando clara a sua pretensão; é *indireta* quando o sujeito vale-se de interposta pessoa ou a formula tácita, implícita ou sub-repticiamente. O fato de o sujeito ativo não efetuar pessoalmente a *exigência, solicitação, recebimento* ou *aceitação* da vantagem indevida não desnatura o crime, apenas confirma a regra, valendo-se de interposta pessoa, na tentativa de expor-se o menos possível. Ademais, a *vantagem* não precisa ser efetivamente entregue, nem concretizada. E caso o seja, é indiferente se a vantagem antecede o fato ou se é contemporânea a ele, podendo concretizar sua entrega no futuro, desde que a ação seja anterior ao ato de ofício. Pode, ainda, ter como destinatário tanto o próprio sujeito ativo quanto terceira pessoa (outrem). Resumindo, a *vantagem indevida* (ilícita, ilegal) pode ser atual ou futura; pode ser patrimonial ou não patrimonial, para si ou para terceiro, direta ou indireta, e a exigência, solicitação, recebimento ou aceitação de promessa de vantagem indevida deve ser feita em razão da função, ainda que fora dela. Mas tanto aqui quanto naquele diploma codificado não existe *corrupção subsequente*, o que pode existir é o recebimento posterior da propina, mas a ação corruptora deve acontecer antes da prática ou omissão do ato visado, tanto numa quanto noutra modalidade de corrupção.

As semelhanças entre o crime do art. 3º, II, e o crime de corrupção passiva, previsto no art. 317 do CP, são muito grandes.

Distinguem-se somente, além das sanções cominadas, pela *especialidade* destacada neste art. 3º, qual seja, o *fim especial* da propina, "para deixar de lançar ou cobrar tributo ou contribuição social, ou cobrá-los parcialmente". Esse *fim especial* não existe na corrupção passiva prevista no Código Penal.

Contudo, não existe previsão no art. 3º, II, da forma majorada prevista no § 1º do art. 317 do CP. Caso o funcionário da Fazenda Pública deixe de lançar ou cobrar tributo ou contribuição social, ou realize sua cobrança parcialmente, este resultado representará o simples *exaurimento* do crime, sem que isso implique o aumento de pena.

Além disso, de acordo com a redação do art. 3º, II, a conduta criminosa é praticada para *deixar de lançar ou cobrar tributo ou contribuição social, ou cobrá-lo parcialmente*. Essa descrição significa que a finalidade da corrupção dirige-se a que o funcionário *deixe de praticar ato de ofício* (lançar ou cobrar tributo), ou atue com *infração dos deveres funcionais* (cobrança parcial). Em ambas as hipóteses, o funcionário contraria os deveres do cargo ou da função. *O tipo do art. 3º, II, somente abrange, portanto, por expressa determinação legal, a hipótese de corrupção passiva própria*. Não cabe a aplicação do presente artigo, quando, por exemplo, o *funcionário* recebe ou aceita vantagem indevida *para lançar corretamente tributo*, ou para conceder parcelamento previsto em lei, porque essas hipóteses, caracterizadoras da *corrupção imprópria* não estão contempladas no art. 3º, II[16]. Isso não significa, contudo, que o funcionário da Fazenda Pública resulte impune. Nessa hipótese, a nosso juízo, poderá responder, pelo art. 317, *caput*, do CP, que tem pena mínima cominada inferior (dois anos), embora admitamos tratar-se de interpretação merecedora de questio-

---

16. Discordamos, por isso, da postura de Luis Regis Prado, *Direito Penal econômico*, op. cit., p. 304, quando, na interpretação do art. 3º, II, defende a possibilidade de sua aplicação diante de atos de corrupção imprópria.

namento. Com efeito, não é nada impróprio sustentar-se, nessa hipótese, sua inadequação típica. Por último, caso o funcionário atue cedendo a *pedido ou influência* de outrem, será aplicável o art. 317, § 2º, do CP, que tipifica a corrupção passiva privilegiada.

### 4.2.3. Destinatário do produto do crime: o ente público

As semelhanças entre o crime do art. 3º, II, e o crime de concussão e o de corrupção passiva, nos levam a reproduzir aqui o debate acerca de questões controvertidas, concretamente, sobre os limites da interpretação da locução "ou para outrem", para efeito de identificação daquele que pode ser considerado o destinatário do comportamento criminoso[17]. Estaria caracterizado o crime do art. 3º, II, quando o destinatário da vantagem indevida é o próprio ente público?

A locução "ou para outrem" indica a possibilidade de a ação *objetivar* um "resultado" para *terceira pessoa*, que pode ser física ou jurídica. Questão que merece ser destacada, sob esse aspecto, é a possibilidade de a *terceira pessoa* ser de direito público ou não. Em caso positivo, interessa a este estudo a hipótese em que o *funcionário infrator* estaria exigindo, solicitando ou recebendo a *vantagem indevida* para o próprio órgão público a que serve, e não para si. Será, afinal, isso possível, isto é, pode o Estado ser o *destinatário do produto* da ação criminosa de seu funcionário, locupletando-se com o crime que deveria combater?

A doutrina tem negado a possibilidade de *órgãos da Administração Pública* ou *empresas públicas* serem *sujeito ativo* de crime (mesmo, contraditoriamente, aqueles que defendem a responsabilidade penal da pessoa jurídica). No mesmo sentido, grande parte

---

17. A questão é tratada no v. 5 do nosso *Tratado de Direito Penal*, quando do estudo específico do art. 316 do Código Penal.

da doutrina nega também a possibilidade de *órgãos públicos* poderem ser apontados como *destinatários* do produto de crime.

A exigência, solicitação ou recebimento de vantagem indevida, em proveito do próprio ente público, para deixar de lançar ou cobrar tributo, ou cobrá-lo parcialmente, significa, na prática, que o ente público deixa de atuar dentro da legalidade na arrecadação de tributos e passa a adotar um procedimento ilegal na obtenção de proventos e verbas. Observe que essa pode ser uma manobra fraudulenta do Administrador Público para a obtenção de verbas e a posterior realização de gastos que não seriam normalmente autorizados pela lei orçamentária.

Observe-se que admitir a punibilidade da conduta quando a vantagem indevida é exigida, solicitada ou recebida em benefício do próprio Estado significa interpretar o tipo penal de maneira extensiva, ampliando o âmbito da punição. Semelhante entendimento, sendo possível no plano teórico, contraria frontalmente o princípio da tipicidade estrita, que demanda uma interpretação restritiva dos tipos penais. Por isso, consideramos que, quando o beneficiado pela vantagem indevida é o próprio ente público, o comportamento não se encaixa no crime do art. 3º, II, podendo ser punível, se presentes todos os seus requisitos, pelo crime de emprego irregular de verbas ou rendas públicas, tipificado no art. 315 do CP, ou sujeitar-se à responsabilidade civil e administrativa, nos termos da Lei n. 8.429/92, de improbidade administrativa.

### 4.2.4. Tipo subjetivo: adequação típica

O tipo subjetivo é composto pelo dolo, como elemento subjetivo geral, e pelo elemento subjetivo especial do injusto. O dolo é constituído pela vontade consciente de exigir, solicitar, receber vantagem indevida, direta ou indiretamente, ou aceitar promessa de tal vantagem. É necessário que o agente saiba que se trata de *vantagem indevida*, e que o faz em razão da função que exerce ou assumirá, isto é, que tenha conhecimento ou consciência dessa circunstância. É indispensável, enfim, que o dolo abranja todos os elementos constitutivos do tipo penal, sob pena de configurar-se o *erro de tipo*, o qual, por ausência de dolo (ou dolo defeituoso), afasta a tipicidade.

O *elemento subjetivo especial do tipo* é representado tanto pela finalidade da ação que visa à vantagem indevida *para si ou para outrem* como, cumulativamente, pela finalidade de *deixar de lançar tributo ou cobrar tributo ou contribuição social, ou cobrá-los parcialmente*. Observe que ambos os elementos devem estar presentes, pois se não se demonstra, além da finalidade de auferir vantagem indevida *para si ou para outrem*, que o agente atuou com o propósito de *deixar de lançar ou cobrar tributo, ou de cobrá-lo parcialmente*, restaria caracterizado crime diverso, ou o de concussão ou o de corrupção passiva privilegiada, segundo o tipo de conduta praticada pelo agente.

### 4.2.5. Consumação e tentativa

O art. 3º, II, não descreve nenhum resultado material como elemento do tipo, de modo que basta a realização dos comportamentos descritos para que o crime se aperfeiçoe e seja punível como consumado. Em todas as modalidades previstas (exigir, solicitar, receber ou aceitar promessa), o crime se consuma instantaneamente com a simples *exigência, solicitação, recebimento ou aceitação* do sujeito ativo. Trata-se de crime de mera conduta.

Quanto ao momento da consumação, na modalidade *exigir*, ela se dá com a simples exigência do sujeito ativo, mas desde que o conteúdo da exigência chegue ao conhecimento daquele a quem vai dirigida. A importância dessa especificação reside no fato de que cabe a possibilidade da tentativa quando a exigência se faz por meio escrito ou, indiretamente, por meio de pessoa interposta, e o comportamento é interrompido, por circunstâncias alheias à vontade do agente, antes que o destinatário da exigência tome conhecimento dela[18]. Não é necessário que se efetive o recebimento da vantagem exigida; se ocorrer, este representará somente o *exaurimento* do crime, que se encontrava perfeito e acabado com a imposição do sujeito ativo.

De maneira similar, na modalidade *solicitar*, o crime se consuma com a simples solicitação da vantagem indevida, mas desde que o conteúdo da solicitação chegue ao conhecimento daquele a quem vai dirigida. Se a solicitação é feita por escrito ou, indiretamente, por meio de pessoa interposta, cabe a possibilidade da tentativa. Ademais, a consumação não depende do recebimento efetivo, configurando-se com a simples solicitação da *vantagem indevida*, mesmo que não seja atendida, não sendo necessária a adesão do *extraneus* à vontade do agente para consumar-se. É fundamental que, em toda modalidade de corrupção passiva, a *solicitação* preceda a obtenção da "indevida vantagem", isto é, a solicitação não pode ser posterior a ela.

Nas hipóteses de *recebimento* ou de *aceitação da promessa de vantagem indevida*, a iniciativa é do corruptor, e o crime do art. 3º, II, se consuma com o recebimento ou com a manifestação do aceite da promessa. É certo que para a consumação na modalidade "receber" é imprescindível que o evento do recebimento se materialize, mas o tipo pode continuar sendo considerado como de mera conduta na medida em que basta o recebimento, sem que seja necessário que se realize a finalidade à qual se dirige o

---

18. Nesse sentido se posicionam diversos autores, entre eles Edgard Magalhães Noronha, *Direito Penal*, op. cit., p. 262-263; Paulo José da Costa Jr.; Zelmo Denari, *Infrações tributárias e delitos fiscais*, op. cit., p. 150; Luis Regis Prado, *Direito Penal econômico*, op. cit., p. 305, n. 142.

comportamento. Isto é, não é necessário que o tributo deixe de ser lançado ou cobrado para que o crime do art. 3º, II, se consume.

A Lei n. 8.137/90 não pune expressamente o comportamento de quem oferece ou promete vantagem indevida para que o funcionário público deixe de lançar ou cobrar tributo ou contribuição social, ou para que os cobre parcialmente. No entanto, como este diploma legal, ao contrário do que ocorre no Código Penal, não excepciona a aplicação da teoria monística, o corruptor responderá pelo mesmo crime, sendo alcançado pela previsão do art. 29 do CP.

Por último, não é necessário que o funcionário deixe de lançar ou cobrar tributo ou contribuição social, ou o cobre parcialmente para que haja consumação; se aquele resultado ocorrer, representará simples *exaurimento* do crime.

### 4.2.6. Classificação doutrinária

Trata-se de crime *especial ou próprio* (exige determinada qualidade ou condição pessoal do agente); *de mera conduta* (o legislador descreve somente o comportamento do agente e não requer para a sua consumação a realização de resultado material); a conduta de "receber" requer, contudo, que o evento do recebimento se materialize, mesmo assim o crime sob esta modalidade pode ser considerado como de mera conduta, na medida em que não é necessário que o tributo deixe de ser lançado ou cobrado; de *ação múltipla ou de conteúdo variado* (tipo penal contém várias modalidades de condutas); *unissubjetivo* nas modalidades "exigir" e "solicitar" (pode ser cometido por uma única pessoa, embora admita naturalmente o concurso eventual de pessoas); *plurissubjetivo* nas modalidades de "receber" e "aceitar" (de concurso necessário); *plurissubsistente* (a conduta pode ser desdobrada em várias), quando a exigência, solicitação ou recebimento se realiza por escrito ou, indiretamente, por meio de pessoa interposta, admitindo, excepcionalmente, fracionamento em sua execução e a caracterização da tentativa.

### 4.2.7. *Pena e ação penal*

A pena abstratamente cominada, comum para os crimes do art. 3º, I e II, é de 3 (três) a 8 (oito) anos de reclusão e multa. Ela apresenta-se como mais gravosa, quando comparada com a pena cominada no art. 314 do CP. A agravação se justifica na medida em que o crime do art. 3º, I, é de resultado, enquanto o crime do art. 314 é de mera conduta e, expressamente, subsidiário.

Quando comparados o art. 3º, II, e os arts. 316 e 317 do CP, observa-se que o legislador realizou uma espécie de compensação, aumentando para o crime do art. 3º, II, a pena mínima aplicável, mas limitando o máximo em 8 anos de reclusão.

O diferente marco penal entre os crimes funcionais tipificados na Lei n. 8.137/90 e os crimes funcionais previstos no CP requer do intérprete o necessário cuidado na identificação do tipo penal aplicável, pois as consequências na individualização da pena são significativas.

A ação penal é pública e incondicionada.

### 4.3. **Patrocinar, direta ou indiretamente, interesse privado perante a administração fazendária, valendo-se da qualidade de funcionário público (III)**

A conduta incriminada constitui uma modalidade do crime *advocacia administrativa*, tipificado no art. 321 do Código Penal. A especificidade aqui diz respeito ao ente público perante o qual é exercida a advocacia administrativa, pois, à diferença do art. 321 do CP, o legislador requer, para a caracterização do art. 3º, III, que o patrocínio, direto ou indireto, de interesse privado seja realizado "perante a administração fazendária". A presença desse elemento especializante torna sua aplicação preferente, em decorrência da aplicação do princípio da especialidade.

A proteção do bem jurídico *ordem tributária* é exercida por meio do controle da moralidade e probidade administrativa, com o objetivo de reafirmar, positivamente, a importância do princípio da legalidade e isonomia na arrecadação e fiscalização de impostos. O tratamento igualitário de todos os contribuintes perante o fisco representa uma garantia em prol da normalidade do desempenho da atividade administrativa na arrecadação e gestão dos tributos.

### 4.3.1. Tipo objetivo: adequação típica

A ação incriminada consiste em *patrocinar* (advogar, proteger, defender), direta ou indiretamente, *interesse privado* (de particular) perante a administração fazendária, *valendo-se da qualidade de funcionário,* isto é, aproveitando-se da facilidade de acesso junto a seus colegas e da camaradagem, consideração ou influência de que goza entre estes.

O comportamento típico se perfaz quando o funcionário público da Fazenda Pública federal, estadual ou municipal, com o prestígio que tem junto aos órgãos responsáveis pela arrecadação, fiscalização e gestão dos tributos, e a facilidade de acesso às informações ou troca de favores, interfere, patrocinando interesse privado de alguém. A incriminação se justifica porque a interferência retira a imparcialidade e a isenção que a administração fazendária deve manter no desempenho da atividade arrecadadora. O que se reprime efetivamente é o patrocínio de interesse privado, que pode, inclusive, chocar-se com os próprios interesses da Administração.

O objeto material da ação típica é o *interesse privado*, independentemente de ser ou não legítimo. O *nomen juris* – advocacia administrativa – talvez não seja o mais adequado, pois, *a priori*, dá uma ideia de que a ação seja privativa de advogado, o que não corresponde à realidade, pois o verbo nuclear utilizado "patrocinar" deixa claro que seu significado é defender, proteger, postular, que, teoricamente, pode ser cometido por qualquer pessoa. No entanto, nesse caso, trata-se de *crime funcional*, exigindo, consequentemente, que o sujeito ativo ostente a condição especial de *funcionário público da Fazenda Pública*.

*Interesse privado* é qualquer finalidade, meta ou objetivo a ser alcançado pelo particular, perante a administração fazendária, patrocinado pelo funcionário. É irrelevante a legitimidade ou ilegitimidade do interesse patrocinado. Observe que o art. 3º, III, não contempla nenhuma forma qualificada, à diferença do art. 321 do CP, que no seu parágrafo único prevê tipo qualificado quando o patrocínio incide sobre interesse privado ilegítimo.

O *patrocínio* pode ser direto, sem interposta pessoa, ou indireto, quando se utiliza de terceiro. Nesse último caso, há a possibilidade de participação no crime, isto é, do concurso eventual de pessoas. O fato de o partícipe ser um *extraneus*, por não ostentar a condição de funcionário da Fazenda Pública, não é obstáculo para a sua punição. O *extraneus*, seja ele um não funcionário, ou um funcionário de outro setor, pode concorrer para o crime, e a relevância típica do seu comportamento está amparada nos arts. 29 e 30 do CP.

O *patrocínio* pode ser, ainda, *formal* e *explícito* (petições, requerimentos etc.) ou *dissimulado*, seja acompanhando o andamento de processos, seja tomando conhecimento das decisões adotadas etc. Em qualquer das hipóteses, presume-se que o agente aja aproveitando-se das facilidades que sua condição de funcionário da Fazenda Pública lhe proporciona. Nesse sentido, já pontificava Hungria:

"o patrocínio pode ser exercido direta ou indiretamente, isto é, pelo próprio funcionário ou servindo êste (*sic*), como intermediário, de alguém que se sabe agir à sombra do seu prestígio (ex.: um filho seu), e que será copartícipe do crime"[19]. Ademais, no patrocínio não se exige a contrapartida de vantagem econômica ou de qualquer outra natureza; pode ser usado, por exemplo, para satisfazer interesse pessoal, prestar um favor a alguém etc. A motivação da conduta, enfim, é irrelevante para a caracterização do crime.

Para a caracterização do crime é insuficiente a simples informação dos interesses postulados; precisam ser defendidos.

### 4.3.2. Tipo subjetivo: adequação típica

Elemento *subjetivo* é o dolo, representado pela vontade consciente de patrocinar interesse privado perante a administração fazendária, valendo-se o agente de sua condição de funcionário público. É desnecessário que o agente vise vantagem pessoal ou aja por interesse ou sentimento pessoal.

O elemento subjetivo da conduta descrita no art. 3º, III, da mesma forma que ocorre no art. 321 do CP, é somente o dolo. É desnecessário que o agente vise vantagem pessoal ou aja por interesse ou sentimento pessoal, basta que o faça conscientemente de estar defendendo interesse privado perante a administração fazendária[20].

Não há previsão de modalidade culposa, de modo que o erro sobre a natureza do interesse patrocinado, mesmo sendo vencível, afasta a relevância típica do patrocínio, por ausência de dolo.

---

19. Nelson Hungria, *Comentários ao Código Penal*, op. cit., p. 384.

20. Sobre a desnecessidade de elemento subjetivo especial do tipo para a caracterização do crime de advocacia administrativa, confira Cezar Roberto Bitencourt, *Tratado de Direito Penal*, op. cit., v. 5.

### 4.3.3. Consumação e tentativa

Consuma-se o crime de *advocacia administrativa* do art. 3º, III, com a realização do primeiro ato que caracterize o patrocínio, ou seja, com a prática de um ato inequívoco de patrocinar interesse privado perante a administração fazendária, sendo irrelevante o sucesso ou insucesso do patrocínio. Com efeito, não é necessária a produção de resultado para que o crime se aperfeiçoe, pois não há previsão de resultado na estrutura típica do art. 3º, III. Trata-se de crime de mera conduta.

A *tentativa* é admissível, embora de difícil ocorrência. É interessante o exemplo sugerido por Damásio de Jesus, do funcionário público que é surpreendido no momento em que vai apresentar uma petição à autoridade, sendo impedido de levá-la a seu conhecimento por circunstâncias alheias à sua vontade.

### 4.3.4. Classificação doutrinária

Trata-se de *crime próprio* (que exige qualidade ou condição especial do sujeito ativo, no caso, que seja *funcionário da Fazenda Pública*, sendo, portanto, *crime funcional*); *de mera conduta* (basta a realização do comportamento descrito no tipo); *de forma livre* (que pode ser praticado por qualquer meio ou forma pelo agente); *instantâneo* (não há demora entre a ação e o resultado); *unissubjetivo* (que pode ser praticado por um agente apenas, sem afastar a possibilidade do concurso eventual de pessoas); *plurissubsistente* (crime que, em regra, pode ser praticado com mais de um ato, admitindo, em consequência, fracionamento em sua execução).

### 4.3.5. Pena e ação penal

As sanções cominadas, cumulativamente, são reclusão de 1 (um) a 4 (quatro) anos e multa. O legislador foi aqui muito mais severo, aplicando pena muito mais gravosa que a cominada para o crime do art. 321 do Código Penal. Com efeito, para a advocacia administrativa tipificada no art. 321, a pena prevista é de detenção de 3 (três) meses a 1 (um) ano, além de multa, o que manifesta evidente *desproporção* entre a gravidade do injusto, que em ambos os crimes é idêntica, e as penas abstratamente cominadas.

A ação penal é pública e incondicionada. Cabe a suspensão condicional do processo, em razão da pena mínima cominada, de acordo com o art. 89 da Lei n. 9.099/95.

## Capítulo 6

# Disposições gerais aplicáveis aos crimes contra a ordem tributária

**Sumário:** 1. Da aplicação da pena de multa nos crimes contra a ordem tributária. 2. Do concurso de pessoas. 2.1. Responsabilidade penal da pessoa jurídica. 2.2. Peculiaridades do concurso de pessoas nos crimes praticados por pessoas físicas no âmbito da empresa. 3. Agravantes específicas dos crimes tributários. 3.1. Ocasionar grave dano à coletividade (I). 3.2. Ser o crime cometido por servidor público no exercício de suas funções (II). 3.3. Ser o crime praticado em relação à prestação de serviços ou ao comércio de bens essenciais à vida ou à saúde (III). 4. Natureza da ação penal. 5. Delação premiada. 6. Efeitos despenalizadores do pagamento do tributo.

# 1. Da aplicação da pena de multa nos crimes contra a ordem tributária

Art. 8º. Nos crimes definidos nos arts. 1º a 3º desta lei, a pena de multa será fixada entre 10 (dez) e 360 (trezentos e sessenta) dias-multa, conforme seja necessário e suficiente para reprovação e prevenção do crime.

Parágrafo único. O dia-multa será fixado pelo juiz em valor não inferior a 14 (quatorze) nem superior a 200 (duzentos) Bônus do Tesouro Nacional – BTN.

Art. 10. Caso o juiz, considerado o ganho ilícito e a situação econômica do réu, verifique a insuficiência ou excessiva onerosidade das penas pecuniárias previstas nesta lei, poderá diminuí-las até a décima parte ou elevá-las ao décuplo.

A regra de aplicação da pena de multa, estabelecida no *caput* do art. 8º, é similar ao disposto no art. 49 do CP, no que diz respeito aos limites mínimo e máximo da pena aplicável. Ambos os artigos prescrevem a mesma regra, qual seja, o mínimo de 10 e o máximo de 360 dias-multa. Além disso, a regra de individualização da pena, "segundo seja necessário e suficiente para a reprovação e prevenção do crime", está prescrita no art. 59 do CP. Quanto a esses aspectos, o art. 8º pode ser considerado repetitivo e desnecessário porque não acrescenta nenhuma inovação com respeito ao disposto na Parte Geral do Código Penal. Desnecessário porque, nos termos do art. 12 do Código Penal, são aplicáveis as normas da Parte Geral à legislação penal especial – como é o caso da Lei n. 8.137/90 –, *exceto quando esta dispuser de modo diverso*. Observe-se que o único aspecto diferente é o disposto no parágrafo único do art. 8º.

Com efeito, a diferença existente diz respeito à regra do parágrafo único, que trata do sistema de fixação do dia-multa. O legislador estabeleceu aqui regra distinta à prevista no § 1º do art. 49 do Código Penal, na medida em que para os crimes tipificados na Lei n. 8.137/90 o dia-multa será fixado, pelo juiz, não com base no valor do salário mínimo mensal, mas com base no valor do Bônus do Tesouro Nacional (BTN). E quando a lei especial dispõe de modo diverso, aplica-se o estipulado na lei especial (regra do art. 12 do CP). Ocorre que o BTN, criado pela Lei n. 7.777, de 1º de junho de 1989, foi extinto pela Lei n. 8.177, de 1º de março de 1991. Nesse caso, considerando que o índice adotado pelo legislador penal encontra-se extinto, entendemos que a regra específica do parágrafo único do art. 8º perdeu completamente a sua eficácia em relação aos crimes praticados após a extinção do BTN.

Dessa forma, para os crimes contra a ordem tributária, praticados após 1º de março de 1991, deve-se aplicar o sistema de fixação do dia-multa estabelecido no § 1º do art. 49 do CP, segundo o qual *o valor do dia-multa será fixado pelo juiz, não podendo ser inferior a um trigésimo do maior salário mínimo mensal vigente ao tempo do fato, nem superior a cinco vezes esse salário*, sendo válidas aqui as considerações feitas, no v. 1 do nosso *Tratado de Direito Penal*, sobre o sistema de dias-multa e os limites gerais da pena de multa[1].

O entendimento sobre a aplicabilidade do § 1º do art. 49 do CP foi amplamente acolhido pela jurisprudência, consagrando-se sua utilização na definição do valor do dia-multa no âmbito dos crimes contra a ordem tributária (confiram-se os julgados do STJ: RESP 1078909; RESP 1078909; RESP 1386317; AgRg nos EDcl no RESP 1789596, entre outros).

---

1. Cezar Roberto Bitencourt. *Tratado de Direito Penal:* parte geral. 28. ed. São Paulo: Saraiva, 2022. v. 1, p. 778 e s.

O art. 10 da Lei n. 8.137/90, por sua vez, dispõe de maneira específica sobre os limites mínimo e máximo da pena de multa, diferenciando-se do previsto no art. 60, § 1º, do CP, o que torna, em tese, a aplicação do art. 10 preferente.

Os critérios que devem ser levados em consideração para a majoração ou minoração da pena de multa são o *ganho ilícito*, a *situação econômica do réu* e a *insuficiência ou excessiva onerosidade da pena pecuniária para a reprovação e prevenção do crime*. O *ganho ilícito* pode ser interpretado como o benefício econômico que o agente auferiu pelo não pagamento do que era devido ao fisco. Esse critério, juntamente com a situação econômica do réu, pode indicar que a pena aplicável nos termos do art. 8º é insuficiente, sendo, por isso, recomendável a sua exasperação para a reprovação e justa retribuição do crime cometido, e para a prevenção (geral e especial, com vistas ao futuro) da prática de novos crimes. Ou, ao contrário, sendo o ganho ilícito irrisório, ou de pouca monta, e a situação econômica do réu desfavorável, essas circunstâncias serão indicativas da excessiva onerosidade da pena pecuniária prevista na regra do art. 8º, sendo possível diminuí-la até a décima parte.

## 2. Do concurso de pessoas

---

Art. 11. Quem, de qualquer modo, inclusive por meio de pessoa jurídica, concorre para os crimes definidos nesta lei, incide nas penas a estes cominadas, na medida de sua culpabilidade.

---

O presente artigo, apesar da peculiar referência à atuação *por meio de pessoa jurídica*, não estabeleceu nenhuma novidade em relação ao concurso de pessoas, nem instituiu a responsabilidade penal daquela. Pelo contrário, a menção expressa contida no art. 11 reafirma que somente a pessoa física responde pelos *crimes contra a ordem tributária*, na medida de sua culpabilidade. Trata-se, sob essa perspectiva, de uma mera reiteração da regra do art. 29 do CP. A nossa doutrina considera, com razão, que o *caput* do art. 11 é, nesse sentido, inútil na medida em que não institui nada novo sobre o fenômeno da participação de diferentes pessoas no crime, nem dispõe especificamente sobre a punibilidade dos intervenientes nos crimes contra a ordem tributária[2].

É possível, contudo, tecer algumas considerações sobre o sentido da expressão "inclusive por meio de pessoa jurídica", utilizada pelo legislador penal no art. 11 da Lei n. 8.137/90.

Como já indicamos na primeira edição desta obra, o legislador pretende esclarecer que, apesar de a pessoa jurídica assumir a posição de sujeito passivo da relação tributária, figurando como contribuinte ou responsável pelo adimplemento de obrigação tributária, essa circunstância, que a colocaria no centro do processo de imputação, em tese como sujeito ativo do crime que requer essa especial qualificação, não é obstáculo para a apuração da *responsabilidade penal das pessoas físicas* que a integram e, especialmente, que a dirigem, caso venham a praticar, por meio da pessoa jurídica, alguma conduta constitutiva de crime contra a ordem tributária.

Visto sob essa perspectiva, pode-se entender que a norma do art. 11 é de natureza explicativa, e que foi introduzida em boa hora, apesar de sua disciplina ser insuficiente, para evitar discus-

---

2. Nesse sentido manifestam-se, entre outros, Paulo José da Costa Jr.; Zelmo Denari. *Infrações tributárias e delitos fiscais*. 4. ed. São Paulo: Saraiva, 2000. p. 162; e Juary C. Silva. *Elementos de Direito Penal Tributário*. São Paulo: Saraiva, 1998. p. 252.

sões desnecessárias, uma vez que não se admite, nesse campo, a responsabilidade penal da pessoa jurídica, conquanto não exista, no caso concreto, identidade entre o sujeito passivo da obrigação tributária (pessoa jurídica) e aquele que pode vir a ser responsabilizado criminalmente (pessoa física), encontra-se nesse dispositivo legal o mecanismo de abertura à (tentativa de) justificação racional da imposição de responsabilidade penal à aquele que atue em nome da pessoa jurídica, o qual, nessa condição, será identificado como o sujeito ativo do crime contra a ordem tributária[3].

Como destacamos no preâmbulo desta obra, em regra, para a caracterização dos crimes contra a ordem tributária, é necessário constatar a existência da referida obrigação, isto é, *é necessário reconhecer, como pressuposto, a prévia existência de uma determinada relação jurídico-tributária entre o sujeito ativo do delito e o Estado*, concretamente, que haja nascido uma *dívida tributária*. A problemática em debate instaura-se, precisamente, quando não há identidade entre aquele que integra a relação jurídico-tributária (pessoa jurídica) e o sujeito que está em condições de ser responsabilizado criminalmente (pessoa física).

Na realidade, a prática de crime, com a consequente atribuição de responsabilidade penal e imposição de pena, requer determinados requisitos, que não podem ser atendidos pela pessoa jurídica. Referimo-nos à capacidade de ação e de culpabilidade, cuja demonstração exige tanto a presença de uma *vontade*, enquanto *faculdade psíquica* da pessoa individual, como a capacidade de entendimento e de autodeterminação, que somente o ser humano

---

[3]. Veja-se, a esse respeito, as considerações tecidas por Augusto Assis acerca da "atuação em lugar de outro" no âmbito dos crimes tributários, quando questiona, entre outros aspectos, "a quem e como deve ocorrer a transferência desse dever tributário inicialmente identificado como sendo da empresa". A responsabilidade penal dos sócios e Administradores no âmbito dos delitos tributários. In: Gisele Barra Bossa (coord.), Marcelo Almeida Ruivo. *Crimes Contra a Ordem Tributária*. São Paulo: Almedina Brasil, 2020. Edição do Kindle, p. 673-699.

pode ter. Por isso, ainda hoje se encontra vigente o velho aforismo *societas delinquere non potest*.

Já manifestamos nosso entendimento sobre a impossibilidade de a pessoa jurídica figurar como sujeito ativo do crime, indicando as questões de fundo que sustentam a nossa tese[4]. Todavia, temos na presente obra a oportunidade de aprofundar no estudo da problemática, apontando as modernas linhas de discussão acerca da responsabilidade penal da pessoa jurídica e dos desafios à atribuição de responsabilidade penal a pessoas naturais no âmbito da empresa, quando essa se constitui formalmente como pessoa jurídica.

## 2.1. Responsabilidade penal da pessoa jurídica

Para o enfrentamento dessa questão devemos levar inicialmente em consideração que as propostas favoráveis à responsabilidade penal da pessoa jurídica estão situadas num marco teórico concreto, e se desenvolvem a partir de uma específica visão acerca das funções do Direito Penal, no atual mundo de economia globalizada. Parte-se, como evidencia Günter Heine[5], da perspectiva de que o Direito Penal deve assumir a missão de controlar e prevenir as disfunções sociais, em lugar de dirigir-se à proteção subsidiária de bens jurídicos. A perspectiva funcional radical do Direito Penal, por nós tão criticada[6], como instrumento de garantia para

---

4. Cezar Roberto Bitencourt, *Tratado de Direito Penal*, Parte-Geral, 28. ed. São Paulo, Saraiva, 2022. p. 324-325; Idem, *Tratado de Direito Penal:* parte especial. 22. ed. São Paulo: Saraiva, 2022. p. 41.

5. Günter Heine. La responsabilidad penal de las empresas: evolución internacional y consecuencias nacionales. *Anuario de Derecho Penal de la Universidad de Friburgo*, 2005, p. 21. Disponível em: www.unifr.ch/derechopenal/anuario/96/hei96.html. Acesso em: 5 mar. 2012.

6. Cezar Roberto Bitencourt, *Tratado de Direito Penal*, op. cit., v.1, p. 50.

a vigência da norma[7], em lugar da proteção subsidiária de bens jurídicos, é, com efeito, o lastre a partir do qual se constroem as teses favoráveis à responsabilidade penal da pessoa jurídica. E a justificativa recorrente para ampliar os tradicionais limites do Direito Penal[8], para além da responsabilidade individual, refere-se à necessidade de fazer frente à criminalidade econômica, sem tropeçar nas dificuldades de individualização das condutas em face das complexas estruturas organizacionais das empresas[9]. A "irresponsabilidade individual de caráter organizacional" ou a "irresponsabilidade individual organizada", na terminologia referida por Günter Heine[10], constituem argumentos fortes na defesa da necessidade de admitir, em prol da eficácia punitiva do Direito Penal, a responsabilidade penal da pessoa jurídica. Além disso, como evidencia o referido autor, através do estudo comparado da legislação de diferentes países que aceitam a responsabilidade penal da pessoa jurídica, a tendência internacional se orienta em dois sentidos: *a*) de um lado, propõe-se a modificação da noção

---

7. Sobre a perspectiva funcional radical do Direito Penal confira, por todos, Günter Jakobs. *Estudios de Derecho Penal.* Madrid: Civitas, 1997. p. 101-125.

8. Para situar-se no debate entre o velho e o novo Direito Penal confira, entre outros, Winfried Hassemer. *Persona, mundo y responsabilidad.* Bases para una teoría de la imputación en Derecho Penal. Trad. do alemão para o espanhol de Francisco Muñoz Conde. Valencia: Tirant Lo Blanch, 1999. Para o estudo da evolução da dogmática jurídico-penal e a reflexão crítica sobre a crise do Direito Penal contemporâneo, confira Jesús Maria Silva Sánchez. *Aproximación al Derecho Penal contemporâneo.* 2. ed. Montevideo/Buenos Aires: Editorial B de F, 2010; Idem, *La expansión del Derecho Penal.* Aspectos de la política criminal en las sociedades postindustriales. 2. ed. Madrid: Civitas, 2010.

9. Para o estudo desses argumentos confira a obra de Adan Nieto Martín. *La responsabilidad penal de las personas jurídicas.* Un modelo legislativo. Madrid: Iustel, 2008. No Brasil, é fundamental o estudo da obra de Heloisa Estelita, *Responsabilidade penal de dirigentes de empresas por omissão: estudo sobre a responsabilidade omissiva imprópria de dirigentes de sociedades anônimas, limitadas e encarregados de cumprimento por crimes praticados por membros da empresa.* São Paulo: Marcial Pons, 2017.

10. Günter Heine, *La responsabilidad penal de las empresas:* evolución internacional y consecuencias nacionales, op. cit., p. 22.

de culpabilidade, substituindo seu fundamento de ordem ética (tradicionalmente pautado num juízo de reprovação dirigido ao indivíduo), para uma concepção normativo-social de culpabilidade (pautada na capacidade de organização das empresas e na exigência de fidelidade ao Direito); e, *b*) de outro lado, aceita-se que a pessoa jurídica é incapaz de culpabilidade penal, e propõe-se a aplicação de medidas de segurança específicas, adequadas à sua natureza[11].

A primeira das opções – a modificação da noção de culpabilidade e a construção de uma noção específica de culpabilidade para as empresas – se apresenta como uma possibilidade amplamente difundida na doutrina internacional, encontrando apoio em setores significativos das doutrinas alemã e espanhola[12], que atualmente empregam ingentes esforços para edificar uma autêntica dogmática penal aplicável às pessoas jurídicas que atuam no âmbito empresarial[13], como forma de enfrentar os abusos do poder econômico.

---

11. Günter Heine, *La responsabilidad penal de las empresas:* evolución internacional y consecuencias nacionales, op. cit., p. 25 e s.

12. Confira Günter Heine, *La responsabilidad penal de las empresas:* evolución internacional y consecuencias nacionales, op. cit.; José Miguel Zugaldia Espinar. Capacidad de acción y capacidad de culpabilidad de las personas jurídicas. In: *Cuadernos de Política Criminal*, n. 53, p. 613-627, 1994; Carlos Gómez-Jara Díez. Imputabilidad de las personas jurídicas? In: Miguel Bajo Fernández; Agustín Jorge Barreiro; Carlos Suárez González (Eds.). *Libro homenaje a D. Gonzalo Rodríguez Mourullo*. Madrid: Civitas, 2005, p. 163-182; Idem, *La culpabilidad penal de la empresa*. Madrid: Marcial Pons, 2005; Idem, Responsabilidad penal de todas las personas jurídicas? Una antecrítica al símil de la ameba acuñado por Alex van Weezel. *Revista Política Criminal*, v. 5, n. 10, p. 455-475, dec. 2010; Disponível em: www.politicacriminal.cl/Vol_05/n_10/Vol5N10D1.pdf. Acesso em: 5 mar. 2012; Adan Nieto Martín, *La responsabilidad penal de las personas jurídicas*, op. cit., p. 169 e s.

13. Com isso queremos evidenciar que a questão discutida no texto limita-se à possibilidade de atribuição de responsabilidade penal para as pessoas jurídicas de direito privado que se dedicam à atividade econômica. Essa delimitação também é adotada por Hugo de Brito Machado em Responsabilidade penal no âmbito das empresas. In: Heloisa Estellita Salomão (Coord.). *Direito Penal empresarial*. São Paulo: Dialética, 2001. p. 119.

Não temos, certamente, a pretensão de analisar aqui todos os aspectos dessa discussão, que ainda ostenta contornos imprecisos e que terá um longo caminho a percorrer no âmbito do discurso da dogmática jurídico-penal, especialmente quando levadas em consideração as dificuldades advindas da má técnica do legislador[14]. Ainda assim, podem-se identificar, como destaca Nieto Martín[15], três vertentes claras na estruturação de modelos de responsabilidade penal da pessoa jurídica: *a)* a primeira vertente defende o *sistema vicarial ou de transferência de responsabilidade*, que consiste na possibilidade de atribuir responsabilidade penal à pessoa jurídica em função dos ilícitos praticados por seus agentes, pessoas físicas, de modo que se transfere a culpabilidade destas à empresa (*modelo de heterorresponsabilidade*). Esse modelo é considerado como *clássico* dentro das teses que advogam a responsabilidade penal da pessoa jurídica e já foi adotado, a título de exemplo, no Reino Unido e na França; *b)* a segunda vertente é a da *culpabilidade da empresa*, através da qual se atribui responsabilidade penal à pessoa jurídica com fundamento em fatores que somente dizem respeito à empresa (*modelo de autorresponsabilidade*), e que conta com experiências práticas em países como Áustria e Suíça; *c)* a terceira vertente, de natureza mista, reúne características dos dois modelos anteriores, e, dentre as suas variantes, propõe como modelo mais usual partir do sistema de transferência de responsabilidade, para em seguida graduar e escolher a sanção aplicável à empresa em função de sua própria culpabilidade. Esse modelo misto pode ser visto nos EUA e na Itália.

---

14. Para uma aproximação inicial aos problemas enfrentados no âmbito do ordenamento jurídico brasileiro, confira-se o artigo de Sérgio Salomão Shecaria e Leandro Sarcedo, O Atual Estágio da Responsabilidade Penal da Pessoa Jurídica no Brasil, In: Gisele Barra Bossa (coord.), Marcelo Almeida Ruivo. Crimes Contra a Ordem Tributária (p. 734-735). São Paulo: Almedina Brasil, 2020. Edição do Kindle.

15. Adan Nieto Martín, *La responsabilidad penal de las personas jurídicas*, op. cit., p. 169 e s.

Também a Espanha adotou um *sistema misto de responsabilidade penal* da pessoa jurídica, mas diferente do modelo italiano e norte-americano. O legislador penal espanhol passou a adotar a *imputação de responsabilidade penal* às pessoas jurídicas segundo o art. 31 bis do Código Penal espanhol (introduzido pela LO n. 5/2010). A partir do referido marco legislativo, a *responsabilidade penal da pessoa jurídica* não está fundamentada na capacidade de ação, porque aquela não a tem, mas na prática de determinados crimes (aqueles que o legislador especifica taxativamente no Código Penal), por pessoas físicas, que atuam no âmbito e em benefício da pessoa jurídica.

No momento inicial de sua implementação, para configuração da responsabilidade penal da pessoa jurídica apontou-se como necessário, segundo Muñoz Conde, a presença dos seguintes requisitos: "em primeiro lugar, o crime deve ser cometido por uma pessoa física vinculada à pessoa jurídica, que se encontre em uma destas duas situações: *a*) ser representante, administrador de fato ou de direito, ou empregado com faculdade para obrigar a pessoa jurídica, ou *b*) ser empregado submetido à autoridade dos anteriores e cometer o delito porque aqueles não exerceram o devido controle sobre as atividades do agente. Em segundo lugar, o crime deve ser cometido *em nome ou por conta* da pessoa jurídica, e, ademais, em seu proveito, o que constitui a base da imputação, excluindo os crimes individuais desvinculados da atividade da pessoa jurídica, ou cometidos em benefício próprio ou de terceiros"[16].

A legislação penal espanhola sofreu, no entanto, significativos ajustes, com acréscimos ao artigo 31bis e a introdução, no Código Penal Espanhol, dos artigos 31ter, 31quater, 31quinquies, avançando no sentido da regulamentação do *cumplimiento normati-*

---

16. Francisco Muñoz Conde; Mercedes García Arán. *Derecho Penal:* parte general. 8. ed. Valencia: Tirant Lo Blanch, 2010. p. 630 (grifos no original).

*vo* (o conhecido *compliance*)[17] e da possibilidade de atribuição de responsabilidade penal própria à pessoa jurídica, por defeito de organização (modelo de autorresponsabilidade)[18].

Ocorre que essas construções, cuja sofisticação e aprofundamento teórico-dogmático vem se tornando evidente, se revelam, a nosso ver, ainda insuficientes para a fundamentação de algo tão transcendente como a declaração de culpabilidade e consequente imposição de pena, por implicar uma clara ruptura com a tradição jurídica que permeia a teorização das categorias jurídicas estruturantes do Direito Penal tal como o conhecemos. Em nosso entendimento, a crítica fundamental que deve ser feita a essas propostas é que todas elas admitem, em última instância, que a *responsabilidade da pessoa jurídica é objetiva*. Isso porque o fundamento da culpabilidade da empresa está pautado na *presunção de sua capacidade organizacional* e na exigência de fidelidade ao Direito. Nesses termos, a empresa cuja capacidade organizacional é reconhecida deve assumir um compromisso de fidelidade ao Direito, cuja infração autoriza a atribuição de responsabilidade penal. Sob esse

---

17. No Brasil, os programas de conformidade ou de cumprimento normativo, apresentam normativa específica, tendo sido expressamente fomentado a partir da entrada em vigor da Lei n. 12.846/2013, que dispõe sobre a responsabilização objetiva administrativa e civil de pessoas jurídicas pela prática de atos contra a administração pública, nacional ou estrangeira. No seu art. 7º, VIII, há expressa referência, como parâmetro para a imposição de sanções de natureza administrativa (não penais) à pessoa jurídica "a existência de mecanismos e procedimentos internos de integridade, auditoria e incentivo à denúncia de irregularidades e a aplicação efetiva de códigos de ética e de conduta no âmbito da pessoa jurídica". Não há, no entanto, previsão legal de sua aplicação para a persecução penal, como critério para a atribuição de responsabilidade penal autônoma à pessoa jurídica.

18. Para o estudo atual da matéria, confira-se a obra fundamental de Miguel Bajo Fernández, Bernardo Feijoo Sánchez e Carlos Gómez-Jara Díez, intitulada *Tratado de responsabilidad penal de las personas jurídicas*. 2 ed. Madrid: Civitas-Thomson Reuters, 2016. Uma breve apresentação da discussão pode ser vista no artigo de Guilherme Lopes Felicio, *Compliance e autorresponsabilidade penal da pessoa jurídica: o modelo espanhol como referência para o Brasil*. In: *Revista Liberdades*. IBCCRIM. São Paulo, v. 11, n. 29, jan./jun. 2020. Disponível em: ibccrim.org.br. Acesso em: 6 jan. 2023.

ponto de partida, quando se fala de *culpabilidade da pessoa jurídica*, não há espaço para discussão dos fatores que condicionaram a atuação empresarial num determinado caso concreto, nos moldes da responsabilidade individual subjetiva. Inclusive se admitimos como plausível a *capacidade de culpabilidade da pessoa jurídica*, enquanto capacidade organizacional, não há como dirigir um juízo personalizado de reprovação para o que a empresa faz, porque os critérios que a doutrina utiliza para determinar a culpabilidade empresarial (a infidelidade ao Direito ou o defeito de organização) correspondem à *estandardização* de padrões de comportamentos corporativos aceitáveis no mundo empresarial. Tudo isso significa que a culpabilidade se declara com base em um *juízo de valor objetivo*, estandardizado. Ora, convenhamos, se é assim, para que recorrer ao Direito Penal, se o *Direito Civil* e o *Direito Administrativo sancionador* permitem a utilização de critérios objetivos de imputação e de atribuição de responsabilidade[19]?

No Brasil, a obscura previsão do art. 225, § 3º, da Constituição Federal, relativamente ao meio ambiente, levou, historicamente, alguns penalistas a sustentar, equivocadamente, que a Carta Magna consagrou a responsabilidade penal da pessoa jurídica. No entanto, significativas são as vozes contrárias a essa perspectiva, apontando que a responsabilidade penal ainda se encontra limitada à responsabilidade subjetiva e individual. Nesse sentido manifestava-se René Ariel Dotti, afirmando que, "no sistema jurídico positivo brasileiro, a responsabilidade penal é atribuída, exclusivamente, às pessoas físicas. Os crimes ou delitos e as contravenções não podem ser praticados pelas pessoas jurídicas, posto que a imputabilidade jurídico-penal é uma

---

19. Felizmente, vozes de peso, entre nós, tecem críticas severas à admissibilidade da responsabilidade penal própria e autônoma da pessoa jurídica, como se verificada na obra de Heloisa Estellita, *Responsabilidade penal de dirigentes de empresas por omissão*, op. cit., p. 63-70, com ampla referência bibliográfica.

qualidade inerente aos seres humanos"[20]. A conduta (ação ou omissão), pedra angular da Teoria Geral do Crime, é produto essencialmente do homem. Contudo, é forçoso reconhecer que, em razão do aludido dispositivo constitucional, abriu-se a possibilidade de adoção no nosso ordenamento jurídico do sistema vicarial ou de transferência de responsabilidade penal da pessoa jurídica (modelo de heterorresponsabilidade). Esta possibilidade está, contudo, restringida exclusivamente ao âmbito dos crimes ambientais, e na medida em que se cumpram os requisitos expressamente indicados no art. 3º da Lei n. 9.605/98[21], isto é, "nos casos em que a infração seja cometida *por decisão de seu representante legal ou contratual, ou de seu órgão colegiado*, no interesse ou benefício da sua entidade" (grifamos).

A interpretação do aludido dispositivo legal evoluiu com a adoção do chamado *sistema de dupla imputação necessária*, que consagrou a compreensão inicial de que é indispensável imputar previamente o fato delituoso a um determinado rol de pessoas físicas para que a pessoa jurídica possa vir a ser responsabilizada criminalmente. Isso significa a falta de autonomia do processo de imputação de responsabilidade penal à pessoa jurídica, que, sob essa perspectiva histórica, continua sendo, no nosso ordenamento jurídico, dependente da prévia identificação das pessoas físicas implicadas. Está, portanto, excluída, inclusive ante a prática de crimes ambientais, a possibilidade de declaração de culpabilidade da pessoa jurídica com fundamento em fatores que somente dizem respeito à empresa (modelo de autorresponsabilidade).

---

20. René Ariel Dotti. A incapacidade criminal da pessoa jurídica. *Revista Brasileira de Ciências Criminais*, 11/201, 1995.

21. Art. 3º As pessoas jurídicas serão responsabilizadas administrativa, civil e penalmente conforme o disposto nesta Lei, nos casos em que a infração seja cometida por decisão de seu representante legal ou contratual, ou de seu órgão colegiado, no interesse ou benefício da sua entidade.
Parágrafo único. A responsabilidade das pessoas jurídicas não exclui a das pessoas físicas, autoras, coautoras ou partícipes do mesmo fato.

A compreensão sobre o referido sistema de dupla imputação necessária prevaleceu, inclusive, no âmbito jurisprudencial, conforme precedentes da Quinta e Sexta Turmas do STJ (Resp 610.114/RN; Resp 564960/SC; HC 93867/GO; RMS 27593/SP; RMS 16.696/PR, entre outros).

Para combater a tese da doutrina brasileira, de que a Constituição Federal de 1988 consagrou a responsabilidade penal da pessoa jurídica, trazemos ainda à colação o disposto no seu art. 173, § 5º, que, ao regular a ordem econômica e financeira, dispõe: "A lei, sem prejuízo da responsabilidade individual dos dirigentes da pessoa jurídica, estabelecerá a responsabilidade desta, sujeitando-a às punições *compatíveis com sua natureza*, nos atos praticados contra a ordem econômica e financeira e contra a economia popular" (grifamos). Dessa previsão podem-se tirar as seguintes conclusões: 1ª) a responsabilidade pessoal dos dirigentes não se confunde com a responsabilidade da pessoa jurídica; 2ª) a Constituição não dotou a pessoa jurídica de responsabilidade penal. Ao contrário, condicionou a sua responsabilidade à aplicação de sanções compatíveis com a sua natureza, nos termos do dispositivo constitucional supracitado.

Enfim, a *responsabilidade penal continua a ser pessoal* (art. 5º, XLV). Por isso, quando se identificar e se puder individualizar quem são os autores físicos dos fatos praticados em nome de uma pessoa jurídica, tidos como criminosos, aí sim deverão ser responsabilizados penalmente. Em não sendo assim, corre-se o risco de termos de nos contentar com uma pura penalização formal das pessoas jurídicas, que, ante a dificuldade probatória e operacional, esgotaria a real atividade judiciária, em mais uma comprovação da função simbólica do Direito Penal, pois, como denuncia Raúl Cervini[22],

---

22. Raúl Cervini. Macrocriminalidad económica – apuntes para una aproximación metodológica. *Revista Brasileira de Ciências Criminais*, 11/77, 1995.

"a 'grande mídia' incutiria na opinião pública a suficiência dessa satisfação básica aos seus anseios de justiça, enquanto as pessoas físicas verdadeiramente responsáveis poderiam continuar tão impunes como sempre, atuando através de outras sociedades". Com efeito, ninguém pode ignorar que por trás de uma pessoa jurídica sempre há uma pessoa física, que pode vir a utilizar-se aquela como simples "fachada", pura cobertura formal. Punir-se-ia a aparência formal e deixar-se-ia a realidade livremente operando, encoberta em outra fantasia, uma nova pessoa jurídica, com novo CNPJ.

É de se lamentar, no entanto, o giro copernicano operado com o julgamento, pelo STF, do RE 548.181, a partir do qual firmou-se o perigoso entendimento de que " O art. 225, § 3º, da Constituição Federal não condiciona a responsabilização penal da pessoa jurídica por crimes ambientais à simultânea persecução penal da pessoa física em tese responsável no âmbito da empresa. A norma constitucional não impõe a necessária dupla imputação". No entanto, com todas as vênias, trata-se de uma visão (in) constitucional enviesada, equivocada e parcial (no sentido de não ver o todo), ao contrariar literalmente texto expresso da Magna Carta, qual seja, do art. 173, § 5º, que, ao *regular a ordem econômica e financeira*, dispõe (*venias* pela repetição):

> "A lei, sem prejuízo da responsabilidade individual dos dirigentes da pessoa jurídica, estabelecerá a responsabilidade desta, sujeitando-a às punições *compatíveis com sua natureza*, nos atos praticados contra a ordem econômica e financeira e contra a economia popular".

Esse texto constitucional, deve-se presumir, não foi visto ou foi ignorado pela respeitável decisão, ora questionada. Lúcida e precisa, a esse respeito, a procedente crítica de Heloisa Estelitta ao pontuar, em refutação às razões de decidir erigidas por nossa Suprema Corte, que:

> A convocação da doutrina e da jurisprudência para que elaborem os pressupostos de uma responsabilidade penal da pessoa jurídica de-

satrelada dos "conceitos de ação e culpabilidade", "sem a existência da culpabilidade", esbarra em dois claros óbices constitucionais: a *reserva legal* e a *exigência de culpabilidade* como pressuposto da pena. Óbices estes que o acórdão acima mencionado parece querer desqualificar atribuindo-lhes a pecha de exemplares de um supostamente superado direito penal "clássico", sem enfrentar, todavia, o que é verdadeiramente essencial: como a proposta "pós-clássica" se compatibilizaria com os dispositivos legais que formam das bases da responsabilidade penal em nosso direito positivo. A proposta de inflição de pena independentemente de ação ou culpabilidade também permitiria responsabilizar penalmente os animais e os inimputáveis, o que, certamente, não pretenderia a Corte[23].

O desacerto da nova postura jurisprudencial é duramente criticado inclusive por setores da doutrina favoráveis à estruturação da responsabilidade penal da pessoa jurídica, em razão da insuficiência da legislação em vigor e da inexistência de referente normativo apto a amparar as conclusões encampadas pelo STF[24]. Aliás, pelo contrário, o referencial constitucional acima repetido desautoriza essa prática sugerida, mais que isso, proíbe-a, a menos que nossa Suprema Corte continue querendo reescrever a Carta Constitucional, *sem poderes constituintes*, como tem feito, alhures. Mas isso não quer dizer que o ordenamento jurídico, no seu conjunto, deva permanecer impassível diante dos abusos que se cometam, mesmo através de pessoa jurídica. Assim, além de sanção efetiva aos autores físicos das condutas tipificadas (que podem facilmente ser substituídos), devem-se punir severamente também e, particularmente, as pessoas jurídicas, com sanções próprias a esse gênero de entes morais. A experiência dolorosa nos tem demonstrado a necessidade dessa punição. Klaus Tiede-

---

23. Heloisa Estellita, *Responsabilidade penal de dirigentes de empresas por omissão*, op. cit., p. 68.

24. Confira-se o artigo de Shecaria e Sarcedo, "O Atual Estágio da Responsabilidade Penal da Pessoa Jurídica no Brasil", op. cit.

mann relaciona cinco modelos diferentes de punir as pessoas jurídicas, quais sejam: responsabilidade civil, medidas de segurança, sanções administrativas, verdadeira responsabilidade criminal e, finalmente, medidas mistas. Essas medidas mistas, não necessariamente penais, Tiedemann[25] exemplifica com: *a*) dissolução da pessoa jurídica (uma espécie de pena de morte); *b*) *corporation's probation* (imposição de condições e intervenção no funcionamento da empresa); *c*) a imposição de um administrador etc. E, em relação às medidas de segurança, relaciona o "confisco" e o "fechamento do estabelecimento".

No mesmo sentido, conclui Muñoz Conde[26], "concordo que o atual Direito Penal disponha de um arsenal de meios específicos de reação e controle jurídico-penal das pessoas jurídicas. Claro que estes meios devem ser adequados à própria natureza destas entidades. Não se pode falar de penas privativas de liberdade, mas de sanções pecuniárias; não se pode falar de inabilitações, mas sim de suspensão de atividades ou de dissolução de atividades, ou de intervenção pelo Estado. Não há, pois, por que se alarmar tanto, nem rasgar as próprias vestes quando se fale de responsabilidade das pessoas jurídicas: basta simplesmente ter consciência de que unicamente se deve escolher a via adequada para evitar os abusos que possam ser realizados".

Concluindo, como tivemos oportunidade de afirmar, "o Direito Penal não pode – a nenhum título e sob nenhum pretexto – abrir mão das conquistas históricas consubstanciadas nas suas garantias

---

25. Klaus Tiedemann. Responsabilidad penal de personas jurídicas y empresas en Derecho comparado. *Revista Brasileira de Ciências Criminais*, número especial, 1995.

26. Francisco Muñoz Conde. Principios político-criminales que inspiran el tratamiento de los delitos contra el orden socioeconómica en el proyecto de Código Penal español de 1994. *Revista Brasileira de Ciências Criminais*, v. 11, p. 16-7, jul./set. 1995.

fundamentais. Por outro lado, não estamos convencidos de que o Direito Penal, que se fundamenta na culpabilidade, seja instrumento eficiente para combater a moderna criminalidade e, particularmente, a delinquência econômica"[27]. Por isso, a sugestão de Hassemer[28], de criar um novo Direito, ao qual denomina Direito de intervenção, que seria um meio-termo entre Direito Penal e Direito Administrativo, que não aplique as pesadas sanções de Direito Penal, especialmente a pena privativa de liberdade, mas que seja eficaz e possa ter, ao mesmo tempo, garantias menores que as do Direito Penal tradicional, para combater a criminalidade moderna, merece, no mínimo, uma profunda reflexão antes do seu acolhimento no nosso ordenamento jurídico. É, inclusive, criticável a tendência internacional de previsão legal da responsabilidade penal da pessoa jurídica, pois até mesmo os mais ardorosos defensores da ideia afirmam que não existe um consenso sobre os critérios que permitem afirmar a culpabilidade da pessoa jurídica com base na sua capacidade organizacional[29]. A discussão é, ainda, tão profusa que sua irrestrita aceitação no nosso ordenamento jurídico produziria um verdadeiro estado de insegurança jurídica.

Essa situação não representa, contudo, nenhum impedimento para a caracterização do ilícito penal-tributário, nem para a persecução penal das pessoas físicas que cometem crimes contra a ordem tributária através de pessoa jurídica, pois, no âmbito do Direito Penal, é sempre necessário proceder à individualização do comportamento criminoso, estabelecendo a correspondente rela-

---

27. Cezar Roberto Bitencourt. *Juizados Especiais Criminais e alternativas à pena de prisão*. 3. ed. Porto Alegre: Livr. do Advogado Ed., 1997. p. 48.

28. Winfried Hassemer. *Três temas de Direito Penal*. Porto Alegre: Publicações Fundação Escola Superior do Ministério Público, s/a. p. 59 e 95.

29. Günter Heine, *La responsabilidad penal de las empresas:* evolución internacional y consecuencias nacionales, op. cit., p. 25 e s.; Adan Nieto Martín, *La responsabilidad penal de las personas jurídicas*, op. cit., p. 169 e s.; Carlos Gómez-Jara Díez, *Responsabilidad penal de todas las personas jurídicas?*, op. cit., p. 470 e s.

ção de imputação objetiva e subjetiva, sem a qual não existe fundamento para atribuição de responsabilidade.

Nesses termos, o ilícito penal-tributário estará caracterizado mesmo quando o sujeito passivo da obrigação tributária seja uma pessoa jurídica, mas somente serão puníveis criminalmente as pessoas físicas que, de fato, tenham voluntariamente atuado em nome, em representação ou em benefício da pessoa jurídica.

Por isso, são aqui aplicáveis as regras gerais dos arts. 29 a 31 do Código Penal, que disciplinam o concurso de pessoas[30]. Algumas peculiaridades podem ser, entretanto, apontadas, quando se trata de delimitar a responsabilidade penal das pessoas físicas que cometem crimes contra a ordem tributária no âmbito da empresa.

## 2.2. Peculiaridades do concurso de pessoas nos crimes praticados por pessoas físicas no âmbito da empresa

Partindo da premissa de que *não cabe no nosso ordenamento jurídico a responsabilidade penal da pessoa jurídica pela prática de crimes contra a ordem tributária*, de que por meio do art. 11 tem-se o ponto de partida inicial para justificação racional da identificação da(s) pessoa(s) física(s) que pode(m) ser vistas como sujeito ativo do crime, resta por analisar de que forma pode ser delimitada a responsabilidade penal das pessoas físicas que atuam em nome, em representação ou em prol dos interesses da pessoa jurídica, e dos demais sujeitos individuais implicados.

Para tal fim é necessário diferenciar: *a)* os casos em que o crime é praticado no interesse da pessoa jurídica, por determinação de seus responsáveis, *b)* dos casos em que o crime é praticado em detrimento da pessoa jurídica.

---

30. Confira sobre o concurso de pessoas Cezar Roberto Bitencourt, *Tratado de Direito Penal*, op. cit., v. 1, p. 574 e s.

Quando o crime contra a ordem tributária é praticado para beneficiar os interesses da empresa (hipótese *a*), o primeiro aspecto que devemos levar em consideração, para a identificação dos sujeitos responsáveis, é a estrutura da empresa e a forma como ela se organiza.

Se estivermos diante de uma empresa de pequeno porte, não existem grandes dificuldades na individualização das condutas, sendo aplicáveis as normas do Código Penal que disciplinam o concurso de pessoas no crime. Devemos, contudo, explicar de que forma se identifica o autor do crime, pois, como indicamos no estudo do art. 1º da Lei n. 8.137/90, a mera identificação formal do sujeito passivo da obrigação tributária (a pessoa jurídica) não é suficiente para formar um juízo de adequação típica na seara penal. Com efeito, o que normalmente acontece é que o sujeito formalmente obrigado perante o fisco (seja ele contribuinte ou responsável nos termos da lei) delega, por meio de acordo ou convenção particular, a terceira pessoa a responsabilidade de fato pelo recolhimento e/ou pagamento de tributos. Embora seja correta a afirmação de Hugo de Brito Machado, de que os acordos e convenções particulares, relativos à responsabilidade pelo pagamento tributário, não são oponíveis à Fazenda Pública para modificar a definição legal do sujeito passivo das respectivas obrigações tributárias, quando se trata de atribuir responsabilidade penal ao sujeito que ostenta a condição especial requerida pelo tipo é necessário demonstrar que, de fato, foi o autor material da conduta incriminada, e que possui um vínculo subjetivo com ela, isto é, que agiu dolosamente.

Assim, quando um empregado, seja ele administrador ou gerente, assume a função, dentro da empresa, de realizar materialmente o pagamento dos tributos devidos, e, por determinação do empresário, realiza o comportamento criminoso de redução ou supressão de tributos, com consciência e vontade de lesar o erário público, ambos os agentes deverão ser penalmente responsabilizados pelo crime. Esse entendimento pode ser sustentado tanto com base na teoria do *domínio funcional do fato*, defendido por Muñoz Conde[31], como também com base na proposta de Roxin[32] de caracterizar a hipótese de *autoria mediata* através de um instrumento doloso, a partir de uma concepção normativa de imputação. Contudo, quando se trata de um empregado leigo, que não possui a capacitação necessária para entender o significado de seu comportamento, por desconhecer as normas tributárias, limitando-se a cumprir as ordens recebidas, seu comportamento não será considerado típico, por configurar *erro de tipo*. Nesse caso, o empregado pode ser considerado como um autêntico instrumento nas mãos do empresário, de modo que somente este responderá na qualidade de autor do crime contra a ordem tributária, precisamente na condição de autor mediato[33].

Os problemas realmente começam quando se trata de empresa de grande porte, dotada de uma complexa estrutura organizacional. Como evidencia Silva Sánchez[34], é preciso identificar as

---

31. Francisco Muñoz Conde. Problemas de autoría y participación en el derecho penal económico, o ¿cómo imputar a título de autores a las personas que sin realizar acciones ejecutivas, deciden la realización de un delito en el ámbito de la delincuencia económica empresarial? *Revista Penal*, n. 9, 2002, p. 59-98.

32. Klaus Roxin. *Autoría y dominio del hecho en Derecho Penal*. Trad. de la séptima edición alemana por Joaquín Cuello Contreras e José Luis Serrano González de Murillo. Madrid: Marcial Pons, 2000, p. 745-748. Para refletir sobre a aplicabilidade da proposta de Roxin no âmbito do Direito Penal brasileiro, confira-se a obra de Luís Greco, Alaor Leite, Adriano Teixeira e Augusto Assis, *Autoria como domínio do fato: estudos introdutórios sobre o concurso de pessoas no direito penal brasileiro*. São Paulo: Marcial Pons, 2014.

33. Para o estudo da figura da autoria mediata confira Klaus Roxin, *Autoría y dominio del hecho en Derecho Penal*, op. cit., p.165 e s.; Luciana de Oliveira Monteiro. El fundamento de la autoría mediata y los requisitos de la instrumentalización en los delitos dolosos e imprudentes. *Revista Penal*, v. 29, 2012, p. 145-166; Idem, Aspectos fundamentais da autoria mediata nos crimes culposos. *Revista Brasileira de Ciências Criminais*, v. 96, 2012, p. 97-129.

34. Jesús-María Silva Sánchez. Responsabilidad penal de las empresas y de sus órganos en Derecho español. In: Jesús-Maria Silva Sánchez (Ed.), Bernd Schünemann e Jorge de Figueiredo Dias (Coords.). *Fundamentos de un sistema europeo*

relações estabelecidas dentro da empresa: verificar se se trata de uma organização formal, baseada, no *plano horizontal*, no princípio de divisão de trabalho, onde pode prevalecer a corresponsabilidade dos membros, ou, no *plano vertical*, no princípio de hierarquia, com a delimitação de âmbitos de competência diferenciada, que abarcam, por sua vez, a atuação de diversos sujeitos na escala imediatamente inferior. A importância na identificação da estrutura organizacional se explica porque, em determinados casos, a conduta puramente executiva – normalmente a do empregado que cumpre as ordens recebidas e realiza o fato criminoso – não é valorativamente a mais relevante, pois o executor pode ser visto como um mero instrumento nas mãos de seu superior hierárquico. Essa possibilidade não significa, contudo, que em todos os casos o crime deva ser atribuído ao responsável pela empresa.

Dessa forma, na valoração dos casos é preciso assumir duas premissas básicas: de um lado, a mera realização de atos de execução não é suficiente para identificar o autor de um crime; e, de outro lado, a mera condição de sócio, gerente, diretor ou gestor de uma empresa, tampouco, é suficiente para identificá-lo como autor de um crime contra a ordem tributária.

Como destaca Marín de Espinosa Ceballos[35], muitas são as dificuldades existentes para determinar a responsabilidade de cada

---

*del derecho penal*. Barcelona: Bosch, 1995, p. 368-369. Para uma aproximação às propostas desenvolvidas pela doutrina espanhola, confira Luciana de Oliveira Monteiro. Codelinquência e criminalidade empresarial: análise crítica do Direito Penal espanhol na atribuição de responsabilidade penal individual e coletiva. In: Gamil Föppel (Org.). *Novos desafios do Direito Penal no terceiro milênio*. Estudos em Homenagem ao Prof. Fernando Santana. Rio de Janeiro: Lumen Juris, 2008.

35. Elena B. Marín de Espinosa Ceballos. *Criminalidad de empresa*. La responsabilidad penal en las estructuras jerárquicamente organizadas. Valencia: Tirant Lo Blanch, 2002. p. 45-46.

um dos intervenientes, desde os executores materiais subordinados até os altos cargos. As dificuldades começam na avaliação dos casos em que o mando da empresa corresponde a um órgão colegiado, como ocorre com as sociedades anônimas relativamente ao Conselho de Administração, em que as decisões são tomadas, no plano horizontal, mediante o acordo de seus membros, através da votação, como expressão da vontade da sociedade, segundo as normas estabelecidas para este fim.

No caso em que o Conselho de Administração adote, por exemplo, um acordo para realizar um fato constitutivo de sonegação fiscal, o problema está, entre outras possibilidades, em como determinar a responsabilidade de seus membros que não realizaram atos executivos, mas que lograram o alcance do resultado através da intervenção de terceiras pessoas que ostentam na empresa uma mera posição de subordinação. A análise deve levar, ademais, em consideração a participação no processo de formação da vontade da empresa (a emissão de voto a favor, contra, em branco ou pela abstenção).

Observa-se aqui com maior intensidade e clareza a necessidade de recorrer a critérios *normativos de imputação*, como pode ser a fundamentação da responsabilidade dos membros do Conselho de Administração pela prática do delito em comissão por omissão, em virtude de sua posição formal de garantia e do correspondente dever de evitar o resultado. A esse respeito existem, contudo, significativas divergências doutrinárias relativas à delimitação dos deveres daqueles, repercutindo diretamente no título de imputação pelo crime praticado[36]. Vejamos o porquê dessa discussão.

---

36. Confira a respeito Jesús-María Silva Sánchez. Criterios de asignación de responsabilidad en estructuras jerárquicas. In: Enrique Bacigalupo Zapater (Dir.). *Empresa y delito en el nuevo Código Penal*. Madrid: Consejo General del Poder Judicial, 1997. p. 11-58; Ana Isabel Pérez Cepeda. *La responsabilidad de los administradores de sociedad*. Barcelona: Cedecs, 1997; Idem, Criminalidad de empresa: problemas de autoría y participación. *Revista Penal*, n. 9, 2002, p. 106-121.

Inicialmente seria possível afirmar que, em tese, quando um sócio ou acionista se manifesta de forma contrária à prática de um crime no âmbito da empresa, ele deve ser isento de qualquer tipo de responsabilidade. A partir do momento em que se nega a apoiar o acordo para delinquir, o sócio ou acionista estaria colocando uma espécie de barreira de contenção sobre a parcela de risco que lhe concerne controlar para evitar que o crime seja finalmente praticado. Mas seria essa manifestação de vontade suficiente para eximi-lo de qualquer tipo de responsabilidade penal? Ou poderia ser responsabilizado pela omissão do dever de impedir que o acordo seja colocado em prática? Se por maioria de votos o Conselho de Administração de uma empresa decide sonegar impostos de forma fraudulenta para se recapitalizar, o sócio ou acionista vencido tem o dever de agir para evitar que esse acordo seja posto em prática, sob pena de responsabilidade penal?

A resposta a questões como essas certamente demanda um estudo em profundidade da natureza dos deveres que concernem aos sócios ou acionistas no âmbito da empresa, esclarecendo os limites da responsabilidade frente à prática de ilícitos, especificamente os limites do dever de agir para evitar que decisões corporativas ilícitas sejam finalmente executadas. Com essa delimitação poderá ser analisado se existe, ou não, identidade estrutural entre a ação e a omissão para efeito de imputação de um eventual resultado criminoso[37]. Nosso entendimento em relação ao comportamento

---

37. A doutrina brasileira vem avançando no estudo e aprofundamento teórico dogmático da responsabilidade penal por omissão no âmbito da empresa. Confira-se Heloisa Estellita, *Responsabilidade penal de dirigentes de empresas por omissão*, op. cit. Veja-se, também, o trabalho conjunto de Imme Roxin, Alaor Leite e Adriano Teixeira, Responsabilidade do administrador de empresa por omissão imprópria. In: *Revista Brasileira de Ciências Criminais*. v. 112/2015, p. 61-76, jan./fev. 2015; Doutrinas Essenciais Direito Penal e Processo Penal, v. 2/2019, jan. 2019.

do sócio ou acionista que nada faz para evitar que o acordo criminoso seja posto em prática é o de que, inclusive nos casos em que a omissão tenha relevância penal, em face da existência do dever de contenção ante a prática de delitos, a responsabilidade não deverá nunca ser atribuída a título de autoria, mas somente e, em último caso, a título de *participação*, concretamente na modalidade de cumplicidade. Pois o desvalor do comportamento omissivo, nesse caso, não pode ser equiparado normativamente ao desvalor do comportamento dos demais sócios ou acionistas, que decidiram pela prática do crime.

Não menos problemática pode resultar a delimitação das responsabilidades diante de uma estrutura organizacional verticalizada, isto é, hierárquica. Nesses casos será necessário indagar acerca da delegação de funções, da divisão de competências e de atribuições no âmbito da empresa, sem perder de vista a aplicabilidade do *princípio da confiança*[38]. Com efeito, visto isoladamente, o princípio da confiança nos servirá de critério para a determinação dos deveres que competem a cada um dos integrantes de uma determinada organização complexa. Os limites, o conteúdo e o alcance de referidos deveres (que repercutem no âmbito da tipicidade, com reflexo na identificação dos agentes responsáveis ante a prática de um delito) dependerão, no caso concreto, da posição do sujeito cujo comportamento se valora em relação aos demais integrantes. Concretamente, se o sujeito exerce, ou não, uma função de garantia para a proteção de determinados bens jurídicos,

---

38. A este respeito confira Wolfgang Frisch. *Comportamiento típico e imputación del resultado*. Trad. de la edición alemana (Heidelberg, 1988) por Joaquín Cuello Contreras e José Luis Serrano González de Murillo. Madrid: Marcial Pons, 2004, p. 202 e s.; Mirentxu Corcoy Bidasolo. *El delito imprudente*. Criterios de imputación del resultado. Montevideo/Buenos Aires: B de F, 2005. p. 157 e s.; Mario Maraver Gómez. *El principio de confianza en Derecho Penal*. Un estudio sobre la aplicación del principio de autorresponsabilidad en la teoría de la imputación objetiva. Navarra: Civitas, 2009. p. 288 e s., 368 e s.

ou de asseguramento de que uma fonte de perigo não provoque danos aos demais[39].

Todas essas questões e suas inúmeras variáveis podem, de fato, dificultar a identificação de todos os agentes responsáveis pela prática de um crime no âmbito da empresa; contudo, no nosso entendimento esses obstáculos não são suficientes para a relativização dos princípios limitadores do Direito Penal para que, dessa forma, se abra a possibilidade de atribuir, diretamente, responsabilidade penal à pessoa jurídica.

Por último, em relação aos casos em que o crime é praticado em detrimento da pessoa jurídica (hipótese *b*), não subsistem aqui os mesmos empecilhos. Com efeito, quando a prática delitiva está desvinculada da atividade da empresa é muito mais simples a identificação dos sujeitos responsáveis, inclusive porque é de interesse daquela o esclarecimento dos fatos, na medida em que a empresa também pode ser vista como vítima do crime. Quando algum de seus agentes – sócio, administrador, gerente ou mero empregado – atua por própria conta e risco, e, por exemplo, desvia fraudulentamente dinheiro da empresa, deixando de pagar os tributos devidos, responderá na condição de autor pelo crime contra a ordem tributária.

A solução proposta também pode ser encontrada, como indicamos no estudo do art. 1º, a partir da compreensão ampla da figura do responsável tributário, segundo o disposto na segunda parte do art. 128 e nos arts. 134, 135 e 137 do CTN, que tratam da responsabilidade de terceiros e da responsabilidade por infrações. Referimo-nos, concretamente, à previsão de responsabilidade pessoal pelos créditos correspondentes a obrigações tributárias resultantes de atos praticados com excesso de poderes ou infração

---

39. No Brasil, a casuística é amplamente analisada por Heloisa Estellita, *Responsabilidade penal de dirigentes de empresas por omissão*, op. cit., p. 145 e ss.

de lei, contrato social ou estatutos. Como destaca Hugo de Brito Machado, quando as pessoas mencionadas no art. 134, e ainda os mandatários, prepostos e empregados e os diretores, gerentes ou representantes de pessoas jurídicas de direito privado, referidas no art. 135 do CTN, se excedem no uso dos poderes que lhes são conferidos ou infringem, por sua própria conta e risco, a lei, contrato social ou estatutos, tornam-se pessoal e plenamente responsáveis pelos créditos tributários decorrentes do respectivo excesso ou infração. Nesses termos, o terceiro que, em regra, não era visto como responsável em sentido estrito (responsável regular e preferente pelo pagamento de tributo ou penalidade pecuniária), passa a integrar a relação jurídico-tributária como sujeito passivo obrigado a cumprir com as exigências do fisco. Significa, em outros termos, que o agente infrator passa a ostentar a condição requerida pelo tipo do art. 1º da Lei n. 8.137/90, e pode, nessas circunstâncias, ser considerado sujeito ativo do crime contra a ordem tributária, afastando as dúvidas porventura existentes acerca do tipo penal aplicável. É por isso que, apesar de os sócios não serem, *a priori*, solidariamente responsáveis pelo pagamento dos débitos da pessoa jurídica, podem figurar como sujeito ativo dos crimes contra a ordem tributária.

## 3. Agravantes específicas dos crimes tributários

---

Art. 12. São circunstâncias que podem agravar de 1/3 (um terço) até a metade as penas previstas nos arts. 1º, 2º e 4º a 7º:

I – ocasionar grave dano à coletividade;

II – ser o crime cometido por servidor público no exercício de suas funções;

III – ser o crime praticado em relação à prestação de serviços ou ao comércio de bens essenciais à vida ou à saúde.

---

Com a leitura do art. 12 pode-se, desde logo, observar que ele não incide sobre todos os crimes contra a ordem tributária, ficando de fora os *crimes funcionais* tipificados no art. 3º. Vejamos o sentido e alcance das agravantes.

### 3.1. Ocasionar grave dano à coletividade (I)

A primeira das agravantes previstas é de difícil aplicação prática, pelo menos em se tratando de crimes contra a ordem tributária. Isso porque, para a constatação de grave dano à coletividade, é necessário que o não pagamento de tributos, ou a fraude empregada, seja de grandes proporções para chegar ao ponto de afetar o orçamento da entidade de Direito Público que deixou de arrecadar, prejudicando a coletividade.

Juary Silva, inclusive, defende que "a inflição de 'grave dano à coletividade' não se amolda às fatispécies dos crimes contra a ordem tributária, suscetíveis de lesionar a arrecadação tributária, mas não a 'coletividade', a não ser indireta ou mediatamente, ou seja, por via reflexa"[40].

### 3.2. Ser o crime cometido por servidor público no exercício de suas funções (II)

À primeira vista pode parecer contraditória a previsão dessa agravante e sua aplicabilidade aos crimes dos arts. 1º e 2º, uma vez que estes são, em regra, praticados por pessoas comuns, contribuintes do fisco e, não, por servidores públicos no exercício de suas funções. Além disso, se os crimes funcionais já estão previstos no art. 3º da Lei n. 8.137/90 e no Capítulo I, Título XI, do Código Penal, em que casos seria aplicável a presente agravante?

No nosso entendimento, a agravante aplica-se aos crimes dos arts. 1º e 2º quando o servidor público participa na realização

---

40. Juary C. Silva, *Elementos de Direito Penal Tributário*, op. cit., p. 252-253.

do crime praticado pelo contribuinte, colaborando com este, e quando o servidor público, valendo-se da função exercida, realiza algum dos comportamentos incriminados nos arts. 1º e 2º, com o objetivo de evitar o pagamento de seus próprios impostos. Em ambas as hipóteses, é necessário demonstrar que o servidor público atuou no exercício de suas funções, isto é, por ocasião do exercício das atividades inerentes à função.

### 3.3. Ser o crime praticado em relação à prestação de serviços ou ao comércio de bens essenciais à vida ou à saúde (III)

Não consideramos que essa agravante seja aplicável aos crimes dos arts. 1º, 2º e 3º, porque o maior desvalor dos comportamentos agravados somente se configura no que diz respeito aos crimes contra a ordem econômica e contra as relações de consumo, tipificados nos arts. 4º e 7º da Lei n. 8.137/90. Não há espaço nem condições fáticas ou jurídicas para configurar a previsão constante do dispositivo *sub examine*, não havendo, em outros termos, qualquer correspondência entre o seu conteúdo e a ofensividade que as condutas incriminadas podem produzir.

## 4. Natureza da ação penal

---

Art. 15. Os crimes previstos nesta lei são de ação penal pública, aplicando-se-lhes o disposto no art. 100 do Decreto-lei n. 2.848, de 7 de dezembro de 1940 – Código Penal.

Art. 16. Qualquer pessoa poderá provocar a iniciativa do Ministério Público nos crimes descritos nesta lei, fornecendo-lhe por escrito informações sobre o fato e a autoria, bem como indicando o tempo, o lugar e os elementos de convicção.

---

Com a leitura do art. 15 deduz-se que se trata, mais uma vez, de norma redundante e desnecessária em face das regras dos arts.

12 e 100 do CP. Se a Lei n. 8.137/90 não prevê norma específica, de conteúdo diverso, acerca da espécie de ação, entende-se, por via de consequência, que é aplicável a norma geral do art. 100 do CP. Nessa linha de raciocínio, ao criar uma norma penal incriminadora, o legislador não precisa indicar que a ação penal é pública, porque esta é a regra. A exceção, sim, deverá ser indicada expressamente, isto é, os casos de crime em que somente se procede mediante queixa (ação penal privada) ou representação do ofendido (ação penal pública condicionada à representação)[41].

Crítica similar pode ser feita ao art. 16. O disposto nesse artigo também é redundante e desnecessário porque não representa nenhuma exceção à regra geral do art. 27 do Código de Processo Penal, que trata da iniciativa do Ministério Público nos crimes em que se procede mediante ação penal pública[42].

Em síntese, os crimes contra a ordem tributária não requerem, portanto, tratamento específico em comparação com os demais crimes em que se procede mediante ação penal pública incondicionada.

## 5. Delação premiada

---

Art. 16.
Parágrafo único. Nos crimes previstos nesta Lei, cometidos em quadrilha ou coautoria, o coautor ou partícipe que através de confissão espontânea revelar à autoridade policial ou judicial toda a trama delituosa terá a sua pena reduzida de um a dois terços.

---

41. Para o estudo das espécies de ação penal confira Cezar Roberto Bitencourt, *Tratado de Direito Penal*, op. cit., v.1, p. 968 e s.

42. Art. 27. Qualquer pessoa do povo poderá provocar a iniciativa do Ministério Público, nos casos em que caiba a ação pública, fornecendo-lhe, por escrito, informações sobre o fato e a autoria e indicando o tempo, o lugar e os elementos de convicção.

O parágrafo único do art. 16 da Lei n. 8.137/90, prevê a aplicação da denominada *colaboração premiada* no âmbito dos crimes contra a ordem tributária que venham a ser praticados em concurso de pessoas. No que tange a suas condições e efeitos, segundo a previsão contida no dispositivo em voga, a colaboração impactaria na redução da pena, na fração de 1/3 (um terço) a 2/3 (dois terços), desde que houvesse confissão espontânea do acusado quanto à prática criminosa e, concomitantemente, a delação dos demais agentes intervenientes, resultando na revelação eficaz de "toda a trama delituosa".

Por força da marcante tendência de expansão da *justiça criminal negocial*, o instituto passou por significativas alterações, sendo perceptível a notável ampliação de sua regulamentação, a partir da entrada em vigor da Lei n. 12.850/2013 e, mais recentemente, com as inovações trazidas pela Lei n. 13.964/2019 que, em muitos aspectos, se mostram marcadas pelas posturas sedimentadas pelos Tribunais Superiores.

Como referem Gustavo Badaró e Vinicius Gomes de Vasconcellos[43], o legislador se limitava tradicionalmente a tratar dos efeitos materiais da colaboração, indicando as condições para que o imputado alcançasse, ao final do processo, a redução ou a substituição de pena ou mesmo a extinção da punibilidade como consequência da contribuição efetuada.

---

43. Gustavo Henrique Badaró. *Processo penal* [livro eletrônico] 4. ed. São Paulo: Thomson Reuters Brasil, 2018; 6. ed. 2020; Vinicius Gomes de Vasconcellos. *Colaboração premiada no processo penal* [livro eletrônico] 3. ed. São Paulo: Thomson Reuters Brasil, 2020; ePUB. 3. ed. em e-book baseada na 3. ed. impressa. Sobre as origens da delação premiada e os aspectos mais criticáveis de sua adoção no nosso ordenamento jurídico, antes do avanço dos mecanismos de consenso no processo penal, confira Rômulo de Andrade Moreira. A mais nova previsão da delação premiada no Direito brasileiro. *Revista Jus Vigilantibus*. Disponível em: http://jusvi.com/artigos/45546. Acesso em: 19 jan. 2012.

Assim é que se definia o instituto como um benefício de natureza penal material, consistente na redução de pena (podendo chegar, em algumas hipóteses, até mesmo à total isenção de pena) para o acusado que cooperasse com a autoridade policial ou judicial, o qual é concedido pelo juiz na sentença final condenatória, desde que satisfeitos os requisitos que a lei estabelece. Ele se constituiu, por isso, como uma espécie de *vantagem* deferida ao criminoso delator, "dedo-duro", que "colabora" com a autoridade policial ou judicial no desmantelamento da trama criminosa, identificando os demais intervenientes no crime.

O instituto diferencia-se da atenuante genérica prevista no art. 65, III, *d*, do Código Penal, pois nesta somente é requerida a *confissão espontânea* do próprio agente acerca dos ilícitos que cometeu, sendo aplicável para qualquer espécie de crime, seja ele praticado com a intervenção de outros participantes, ou não. Ao passo que a *delação premiada* do art. 16 apenas se aplica quando o crime é cometido mediante o *concurso de pessoas*, demandando não somente a *confissão espontânea* do próprio autor ou participante que se beneficia de sua aplicação, mas, também, que através da *confissão* seja revelada *toda a trama criminosa*. Caso não se cumpra com os requisitos específicos do art. 16, será aplicável ao agente que confessa a atenuante genérica referida.

O objeto da *delação* é muito mais amplo que o requerido na atenuante do art. 65, III, *d*, e, justamente por isso, a diminuição da pena do agente é maior quando este, além de *confessar* sua participação no crime, contribui para o desmantelamento de toda a trama criminosa. Com efeito, na hipótese do art. 16, a diminuição da pena poderá ser de um a dois terços, enquanto no caso de aplicação da atenuante genérica, a teor do entendimento jurisprudencial firmado sobre a fixação da pena provisória, a *diminuição da pena* não poderá ser superior a um sexto, cabendo, inclusive, a possibilidade de não ser aplicada a referida diminuição, caso a pena-base tenha sido fixada no mínimo legal, segundo a equivocada *interpretação sumular* do STJ (Súmula 231 do STJ), conforme demonstramos em nosso Tratado de Direito Penal, quando examinamos a aplicação da pena[44].

Cabe ressaltar que essa não é a primeira e única hipótese de aplicação da delação premiada. Sua previsão foi inaugurada no ordenamento jurídico brasileiro com a Lei dos Crimes Hediondos (Lei n. 8.072/90, art. 8º, parágrafo único), e proliferou em nossa legislação esparsa, atingindo níveis de vulgaridade, com diferentes requisitos para a sua aplicabilidade. Com efeito, o legislador penal brasileiro previu outras hipóteses, com requisitos e efeitos penais específicos, cuja regulamentação vem sendo modificada ao longo do tempo, segundo o disposto no parágrafo único do art. 8º da Lei n. 8.072/90 (crimes hediondos); no art. 6º da Lei n. 9.034/95 (antiga Lei de organizações criminosas); no § 2º do art. 25 da Lei n. 7.492/86 (crimes contra o sistema financeiro nacional), acrescentado pela Lei n. 9.080/95; no § 5º do art. 1º da Lei n. 9.613/98 (lavagem de dinheiro), cuja redação foi modificada pela Lei n. 12.683/2012; no § 4º do art. 159 do Código Penal; nos arts. 13 e 14 da Lei n. 9.807/99 (proteção a testemunhas); no art. 41 da Lei n. 11.343/2006 (drogas); no art. 86 da Lei n. 12.529/2011 (sistema brasileiro de defesa da concorrência); culminando com a previsão contida na Lei n. 12.850/2013 (organização criminosa), recentemente alterada pela Lei n. 13.964/2019. Somente com a Lei n. 12.850/2013 é que passou a existir efetiva disciplina acerca do conteúdo, a forma, o momento e procedimento probatório da *delação*, eufemisticamente denominada de "colaboração premiada", ainda que

---

44. Cezar Roberto Bitencourt. *Tratado de direito penal*, v. 1, p. 832.

em seus contornos mínimos. Como adverte Gustavo Badaró, a regulamentação da *colaboração premiada* ainda é muito mais voltada para o conteúdo do acordo de colaboração premiada em si, do que para a forma processual de produção de tal prova e, principalmente, de como os *delatados* poderão exercer o seu direito à (contra) prova contra o delator.

A evolução no tratamento jurídico do instituto repercutiu na sua conceituação e natureza jurídica, de tal modo que a *colaboração premiada* deve ser considerada, na atualidade, como *meio de obtenção de prova*, ou *técnica especial de investigação, que se implementa através de negócio jurídico processual personalíssimo*, no qual o Estado concede determinados benefícios legais ao *autor de infração penal que confessa e mostra-se disposto, traindo seus companheiros, a cooperar com a investigação e o processo criminal*, identificando coautores ou partícipes de crime, ajudando na localização de vítimas, na recuperação de ativos, entre outros aspectos, enfim, desde que se comporte como um autêntico "traidor de seus comparsas".

A referida concepção foi definida pelo Tribunal Pleno do STF, no julgamento paradigmático do HC 127.483, em 27-08-2015, sendo, ainda, enunciada pelo STJ, no RHC 69.988/RJ, julgado em 25-10-2016, além de outros precedentes que repercutiram decisivamente no estabelecimento dos contornos do instituto atualmente plasmados no art. 3º-A da Lei n. 12.850/2013, com os acréscimos trazidos pelo Pacote Anticrime (Lei n. 13.964/2019), adotando, a rigor, o entendimento do (STF HC 127.483): "*o acordo de colaboração premiada é negócio jurídico processual e meio de obtenção de prova, que pressupõe utilidade e interesse públicos*".

O inegável avanço dos *espaços de consenso* no processo penal conduz o jurista e os atores do sistema de justiça penal à necessária reflexão acerca do significado e alcance da *colaboração premia-*

*da* na atualidade. Na linha das instigantes indagações formuladas por Vinicius Vasconcelos, para a adequada compreensão do instituto cabe questionar: qual a relação da "colaboração premiada" com as tendências de expansão da justiça criminal negocial? A *colaboração premiada* é compatível com o processo penal de um Estado Democrático de Direito?

De início é importante fixar que a *colaboração premiada* não se confunde com *plea bargaining* (barganha), em cujo âmbito é possível a efetivação de negociações/acordos judiciais para a confissão e aplicação de pena com abreviação do processo penal, tal como ocorre no sistema de justiça criminal norte-americano. Como lecionam Marcella Nardelli, Aury Lopes Jr. e Vinicius Vasconcelos, *plea bargaining* é um instituto muito mais abrangente e permite que acusador e acusado façam amplo acordo sobre os fatos, sua qualificação jurídica e as consequências penais[45].

Marcella Nardelli adverte, no entanto, de modo concreto, os problemas que podem derivar da *plea bargaining*. Segundo descrito pela talentosa professora "a situação se mostra problemática justamente nos casos mais fracos para a acusação do ponto de vista probatório, ou naqueles em que a defesa não se apresenta aberta a negociar, momento em que o promotor precisa ser mais incisivo na *barganha* para obter o acordo. E é aí que entram em cena algumas práticas censuráveis de constrangimento e ameaça de *sobreimputação* (*overcharging*), seja sobrecarregando a imputa-

---

45. Marcella Mascarenhas Nardelli. A expansão da justiça negociada e as perspectivas para o processo justo: a *plea bargaining* norte-americana e suas traduções no âmbito da civil law. In: *Revista Eletrônica de Direito Processual* – REDP. Volume XIV. ISSN 1982-7636. Periódico da Pós-Graduação Stricto Sensu em Direito Processual da UERJ. Patrono: José Carlos Barbosa Moreira p. 331-365.http://www.e-publicacoes.uerj.br/index.php/redp/index. LOPES Jr., Aury. *Direito Processual Penal.* 17. ed. 2020. Editora Saraiva. Edição do Kindle. Vinicius Gomes de Vasconcellos. *Colaboração premiada no processo penal*, op. cit.

ção com uma pluralidade de condutas (*horizontal overcharging*), seja pela elevação do *quantum* da pena pretendida (*vertical overcharging*) ou, até mesmo, ameaçando pleitear a aplicação de pena capital, nos estados em que é admitida"[46].

Com essa perspectiva, considerado o regramento normativo brasileiro e a *prática negocial atual*, quais premissas devem ser consolidadas para a limitação da colaboração premiada?

Certamente, há de se precaver possíveis arbitrariedades que permeiam o cenário das negociações sobre a sanção criminal que ocorre nos acordos de colaboração premiada. Nesse sentido, na linha da proposta interpretativa de Vinicius Vasconcelos, o razoável, embora não ideal, será reconhecer a imperiosa necessidade de delimitação dos possíveis prêmios cabíveis ao colaborador, evitando indevida flexibilização do princípio da legalidade.

Como asseverado pelo ex-decano do STF Ministro Celso de Mello, no julgamento da ADI 5508, "os benefícios premiais hão de reger-se pelo critério da taxatividade dos favores previstos no catálogo consubstanciado em diploma legislativo, sob pena de as vantagens extranumerárias aplicáveis ao direito penal, ao direito processual penal e às execuções penais configurarem ajustes convencionais destituídos de qualquer suporte jurídico-legal, porque ofensivos ao princípio da legalidade estrita".

Ademais, não se deve transformar a fase de conhecimento do processo penal em uma *mera encenação*, sendo de vital importância a análise da credibilidade da versão apresentada pelo delator, que, para ser acatada, deve necessariamente restar demonstrada com amparo em outras provas. Não se pode perder de vista, como explicita Gustavo Badaró, que o procedimento "padrão"

---

46. A expansão da justiça negociada e as perspectivas para o processo justo: a *plea bargaining* norte-americana e suas traduções no âmbito da *civil law*, op. cit.

da colaboração premiada desenvolve-se em quatro fases: 1) negociações; 2) formalização/homologação; 3) colaboração efetiva e produção da prova; e 4) sentença e concretização do benefício. No entanto, deve-se levar em consideração que o acordo e sua implementação podem ocorrer nas diversas etapas da persecução penal. Assim, não precisa ser iniciado na fase investigativa, podendo ser firmado em qualquer momento, desde a investigação preliminar até a execução da pena, inclusive após o trânsito em julgado da condenação (art. 4º, § 5º, Lei n. 12.850/13). Além disso, há, também, a possibilidade de acordos de imunidade (§ 4º do art. 4º), em que não é oferecida a denúncia em relação ao colaborador.

No que concerne aos sujeitos processuais, isto é, às partes na celebração do acordo de colaboração premiada, não é demais destacar, como consequência da adoção do sistema acusatório no ordenamento jurídico brasileiro, que nesta fase está expressamente vedada a participação do Juiz, conforme Art. 4º, § 6º, da Lei n. 12.850/2013. O juiz não participará das negociações realizadas entre as partes para a formalização do acordo de colaboração, que ocorrerá entre o delegado de polícia, o investigado e o defensor, com a manifestação do Ministério Público, ou, conforme o caso, entre o próprio acusador, o Ministério Público e o investigado ou acusado e seu defensor. Trata-se, portanto, de um *acordo efetuado* entre o investigado ou réu, de um lado, e o Delegado de Polícia e o Ministério Público, de outro, sendo o pactuado, posteriormente, levado a homologação judicial, se for aceito pelo Judiciário.

Com essa conformação, assume o Magistrado valioso papel, atuando como *garantidor* das regras do devido processo legal e dos direitos fundamentais dos acusados, conforme orientação constitucional e convencional, notadamente, na homologação do acordo de colaboração premiada e no momento da prolação da Sentença. Note-se que no momento da sentença é fundamental observar a vinculação da deliberação judicial aos termos do acordo anteriormente homologado, para aplicação dos benefícios pactuados em caso de integral cumprimento, com efetiva colaboração. Por isso adquire especial importância, no momento do juízo homologatório (§§ 7º, 7º-A, 7º-B e § 8º, do art. 4º, da Lei n. 12.850/2013), a análise da viabilidade prática do acordo e sua futura exequibilidade, sem o qual corre-se o risco de *transformar a celebração do acordo uma fraude de etiquetas*. Afinal, o juiz deverá, na sentença, examinar a efetividade da colaboração e, assim, determinar o benefício a ser concedido ao delator (art. 4º).

Assim é que Vinícius Vasconcelos propõe, com razão, a verificação, ainda que superficial, em juízo de prelibação, do mérito e dos elementos (probatórios ou informativos da investigação), para que se analise a sua adequação. Segundo adscrito, trata-se de medida impositiva para evitar possíveis alterações de fatos (*fact-bargaining*) ou inadequadas capitulações aos tipos penais (*charge-bargaining*), inadmissíveis diante do necessário respeito à legalidade[47].

Acerca do valor probatório da colaboração premiada, cabe pontuar que, embora o *colaborador* preste o compromisso de dizer a verdade, a teor do disposto no art. 4º, § 14, da Lei n. 12.850/2013, as suas declarações em juízo não possuem o valor de prova testemunhal, ao contrário do que se andou admitindo na fase preliminar da Lava Jato. Como esclarece Gustavo Badaró: "Na delação ou chamamento do corréu, na parte em que o acusado reconhece que praticou o delito, há simples confissão". De outra parte, na parte em que delata, não pode ser tratado como testemunha: "O corréu não tem a característica de tercei-

---

47. Vinícius Vasconcelos, *Colaboração premiada no processo penal*, op. cit.

ro, exigida de toda e qualquer testemunha, sendo inegável o seu interesse no processo"[48], logo, testemunha não é.

Nesse sentido a orientação do STJ, conforme se extrai de precedentes de Relatoria do Min. Nefi Cordeiro: (STJ – RHC N. 75.856/SP – RELATOR: MIN. NEFI CORDEIRO, Sexta Turma, *DJe*: 16-12-2016). (STJ – AgRg no RHC N. 73.461/SP – RELATOR: MIN. NEFI CORDEIRO – Sexta Turma – julgado em: 04-10-2018).

Prosseguindo, ainda, pela melhor doutrina, para ser considerada *meio de prova*, a delação deve atender a três requisitos: (1) o corréu que faz a delação *deve confessar*, de forma voluntária, livre de erro e coação, a sua participação no crime; (2) a delação deve encontrar amparo em outros elementos de prova existentes nos autos, isto é, devem existir meios de corroboração, observado o disposto no art. 155 do CPP (prova judicializada); (3) no caso de existir delação extrajudicial, esta deve ser confirmada em juízo. Sem estes requisitos e sem que tenha sido respeitado o *contraditório*, com possibilidade de reperguntas pelas partes, a delação não tem qualquer valor, sendo um ato destituído de eficácia jurídica. Repita-se, também, por oportuno, que a *confissão do delator* é elemento essencial da delação. Se o réu nega a autoria delitiva, limitando-se a atribuí-la a um terceiro, sua suposta "colaboração" não terá valor probatório, devendo ser considerada como mero ato de defesa.

Sob essa perspectiva, há de se festejar a redação do § 16 do art. 4.º da Lei n. 12.850/2013, bem como os acréscimos introduzidos pela Lei n. 13.964/2019, que, para além de estabelecer que "nenhuma sentença condenatória será proferida com fundamento apenas nas declarações de agente colaborador",

---

48. Gustavo Badaró, *Processo penal*, op. cit.

passou a considerar o teor da delação insuficiente para lastrear, isoladamente e sem elementos de corroboração, a decretação de medidas cautelares reais ou pessoais, bem como o recebimento de denúncia ou queixa. Nesse ponto, o dispositivo legal trouxe inquestionável limitação ao livre convencimento judicial, na apreciação do valor probatório da delação, em prol da segurança jurídica, e representa um marco normativo importante para a garantia do devido processo legal.

Sob outro enfoque, importa indagar, em sendo frustrada a *formalização do acordo*, se seria possível reconhecer efeitos a uma "delação premiada unilateral". Em outras palavras, se o réu atuar, no âmbito dos crimes contra a ordem tributária, de modo cooperativo e postular ao Juiz, ao final da instrução criminal, a concessão de benefícios premiais, como o Magistrado deve se posicionar?

Sobre a possibilidade de redução de pena ao réu delator, mesmo sem acordo formalizado, existem diversos precedentes do STF (HC 127.483/PR, Plenário, rel. Min. Dias Toffoli, j. 27-8-2015, p. 40; Inq. 3.204, Segunda Turma, rel. Min. Gilmar Mendes, j. 23-6-2015; RE-AgR 1.103.435, Segunda Turma, rel. Min. Ricardo Lewandowski, j. 17-5-2019; MS 35.693 AgR, Segunda Turma, rel. Min. Edson Fachin, j. 28-5-2019), Segunda Turma, e do STJ (STJ, REsp 1.691.901/RS, 6ª Turma, rel. Min. Sebastião Reis Júnior, j. 26-09-2017).

Por essa trilha, entendemos que, ante a previsão legal específica do parágrafo único do art. 16, da Lei n. 8.137/90, é cabível a aplicação da redução de pena, de um a dois terços, independentemente da formalização das etapas do acordo de colaboração premiada previsto na Lei n. 12.850/2013, caso venha a ser constatado que houve colaboração efetiva para a elucidação da "trama delituosa". Fora do âmbito dos benefícios estabelecidos no parágrafo único do art. 16, é que se tornaria necessário, para o alcance de outras benesses a prévia pactuação, observada a Lei n. 12.850/2013.

Por fim, vale a pena transcrever aqui a pertinente crítica de Vinícius Vasconcelos aos acordos de colaboração premiada: "em termos materiais, mostra-se profundamente questionável a possibilidade de oferecimento de benefícios a um acusado em oposição aos demais, o que ocasionará a imposição de sanções distintas para pessoas que cometerem idêntico delito, violando os princípios da culpabilidade e do tratamento igualitário como regra de justiça. Dessa forma, em termos coloquiais, normalmente mais aceitos pelo clamor social, a colaboração premiada permite resposta estatal mais benevolente sem motivação idônea para tanto e de modo desigual, o que esvaziaria, inclusive, [para aqueles que ainda acreditam] as funções de prevenção geral do direito penal"[49].

Não menos importante a reflexão de Michelle Brito, no sentido que a "delação premiada sob a perspectiva da criminologia crítica demonstra que se trata de mais um instrumento a serviço do funcionamento seletivo das agências punitivas que, em relação aos casos selecionados pelo sistema, flexibiliza ou suprime garantias fundamentais para alcançar o máximo de eficiência na resposta penal (condenatória), ao menor custo"[50].

As distorções a que parece conduzir a adoção irrestrita e irrefletida da *colaboração premiada*, notadamente quando relativizado o princípio ético legitimador da intervenção penal estatal e as teorias justificadoras da pena, ante as possibilidades amplas de negociação contempladas na Lei n. 12.850/2013, ainda nos le-

---

49. Vinícius Vasconcelos, *Colaboração premiada no processo penal*, op. cit.

50. Michelle B. Brito. Delação premiada e criminalidade organizada: uma análise da política criminal expressa na Lei n. 12.850/2013 sob a perspectiva da criminologia. Revista Eletrônica de Direito Penal e Política Criminal – UFRGS, v. 4, n. 1, 2016.

vam a outro questionamento. Com a expansão dos mecanismos de negociação no processo, a partir da colaboração do acusado, que, com a confissão, deixa de oferecer resistência ao exercício do poder punitivo, facilitando a persecução penal, continua sendo legítima a oposição de limites à redução da pena, na segunda fase do procedimento dosimétrico, com a aplicação do Súmula n. 231, do STJ[51]? Não estaríamos diante de um tratamento francamente desigual ao réu processado que confessa e, em última instância, contribui à eficiência e efetividade do poder punitivo estatal? A matéria, certamente, haverá de ser reapreciada, com vistas à redução da seletividade do Direito Penal aplicado pelas agencias estatais, de modo a evitar que os espaços de consenso no processo penal não se degenerem em mais uma forma de violência estatal contra o jurisdicionado, no contexto brasileiro de grande desigualdade social.

## 6. Efeitos despenalizadores do pagamento do tributo

Antes de concluir o estudo dos crimes contra a ordem tributária, vale a pena relembrar o teor do disposto no art. 14 da Lei n. 8.137/90: Extingue-se a punibilidade dos crimes definidos nos arts. 1º a 3º quando o agente promover o pagamento de tributo ou contribuição social, inclusive acessórios, antes do recebimento da denúncia.

O art. 14 regulava a hipótese de extinção da punibilidade dos crimes contra a ordem tributária mediante o pagamento do débito tributário, antes do recebimento da denúncia. Esse dispositivo

---

51. Em nosso Tratado de Direito penal (v. 1, cap. de aplicação de penas) tecemos seriíssimas críticas a essa equivocada Súmula do STJ, para onde remetemos o leitor.

foi alvo de muitas críticas, gerando inúmeras discussões sobre a conveniência político-criminal de utilizar o Direito Penal como instrumento para a arrecadação de tributos, sendo, por isso, revogado pela Lei n. 8.383, de 30 de dezembro de 1991.

A preocupação do legislador penal com as críticas durou pouco, e a referida cláusula despenalizadora veio a ser novamente editada no art. 34 da Lei n. 9.249/95, dispositivo comentado na Parte Geral da presente obra. Sem a pretensão de repetir aqui os comentários feitos acerca das cláusulas despenalizadoras relacionadas com a regularização fiscal do contribuinte devedor, nos limitaremos a concluir esta obra com algumas reflexões ao respeito.

É certamente questionável a legitimidade da utilização da coerção penal para compelir o devedor a saldar suas dívidas para com o fisco. Entretanto, se analisamos hoje a questão, levando em consideração os efeitos obstativos que a discussão em procedimento administrativo-fiscal (acerca da existência do crédito tributário ou da quantia do débito tributário) produz sobre o exercício da persecução penal, podemos afirmar que a concepção do Direito Penal como *ultima ratio* do sistema resulta em maior medida preservada.

Não há a menor dúvida de que a previsão legal de medidas despenalizadoras, baseadas na regularização fiscal (pagamento da dívida tributária), está efetivamente dirigida a fomentar a arrecadação; contudo, a partir do momento em que a caracterização do crime e a oportunidade de sua punição estão claramente condicionadas ao encerramento da discussão acerca da existência da obrigação tributária e do débito tributário, assegura-se com maior acerto que a coerção penal seja exercida, não como ameaça arbitrária contra o devedor, mas somente naqueles casos em que o agente realmente demonstre absoluta indiferença à preservação do bem jurídico *ordem tributária*.

Por isso defendemos de maneira clara e ostensiva que não existe um contexto essencialmente distinto que justifique um tratamento diferenciado entre os crimes contra a ordem tributária, no que diz respeito ao momento de sua punibilidade. A regularização da situação fiscal antes do recebimento da denúncia deve ser oferecida ao contribuinte, tanto na hipótese mais grave da prática de um crime de resultado como na hipótese menos grave da prática de um crime de mera conduta. Seja porque a matéria da discussão em processo administrativo-fiscal afeta à tipicidade, seja porque o acusado deve ter garantida a possibilidade de regularizar sua situação fiscal, em qualquer caso, não se deve propor ação penal pelos crimes dos arts. 1º e 2º da Lei n. 8.137/90, sem antes encerrar a via administrativa. Nesses termos, reiteramos, deve-se entender que o encerramento do processo administrativo-fiscal também é condição objetiva de punibilidade dos crimes de mera conduta tipificados no art. 2º.

CAPÍTULO 7

# Estudo complementar: descaminho

**Sumário:** 1. Considerações preliminares. 2. Bem jurídico tutelado. 3. Sujeitos do crime. 4. Tipo objetivo: adequação típica. 5. Classificação doutrinária. 6. Crimes equiparados ao descaminho. 6.1. Prática de navegação de cabotagem fora dos casos permitidos em lei. 6.2. Prática de fato assimilado, em lei especial, a descaminho. 6.3. Comercialização, detenção ou uso comercial ou industrial de mercadoria importada, clandestina ou fraudulentamente, ou que sabe ser produto de descaminho. 6.3.1. Elemento normativo: no exercício de atividade comercial ou industrial. 6.4. Receptação de produto de descaminho. 6.4.1. Elementares normativas: "que sabe ser produto de introdução clandestina" (inciso III), "que sabe serem falsos" (inciso IV). 7. Classificação doutrinária. 8. Contrabando e descaminho: distinção fática e semelhança jurídica. 8.1. Distinção entre descaminho e crime contra a ordem tributária. 9. A regularização fiscal e seus efeitos no crime de descaminho. 10. Tipo subjetivo: adequação típica. 11. Consumação e tentativa. 12. Figura majorada: descaminho em transporte aéreo, marítimo ou fluvial. 13. Descaminho: limite fiscal e princípio da insignificância. 14. Questões especiais. 15. Pena e ação penal.

Descaminho

Art. 334. Iludir, no todo ou em parte, o pagamento de direito ou imposto devido pela entrada, pela saída ou pelo consumo de mercadoria (Redação dada pela Lei n. 13.008, de 26.6.2014)

Pena – reclusão, de 1 (um) a 4 (quatro) anos.

§ 1º Incorre na mesma pena quem:

I – pratica navegação de cabotagem, fora dos casos permitidos em lei;

II – pratica fato assimilado, em lei especial, a descaminho;

III – vende, expõe à venda, mantém em depósito ou, de qualquer forma, utiliza em proveito próprio ou alheio, no exercício de atividade comercial ou industrial, mercadoria de procedência estrangeira que introduziu clandestinamente no País ou importou fraudulentamente ou que sabe ser produto de introdução clandestina no território nacional ou de importação fraudulenta por parte de outrem;

IV – adquire, recebe ou oculta, em proveito próprio ou alheio, no exercício de atividade comercial ou industrial, mercadoria de procedência estrangeira, desacompanhada de documentação legal ou acompanhada de documentos que sabe serem falsos.

§ 2º Equipara-se às atividades comerciais, para os efeitos deste artigo, qualquer forma de comércio irregular ou clandestino de mercadorias estrangeiras, inclusive o exercido em residências.

§ 3º A pena aplica-se em dobro se o crime de descaminho é praticado em transporte aéreo, marítimo ou fluvial

*Redação dada pela Lei n. 13.008, de 26-6-2014

## 1. Considerações preliminares

Apesar de não figurar especificamente entre os *crimes contra a ordem tributária*, tipificados na Lei n. 8.137/90, o *descaminho* também é um comportamento delitivo que afeta o erário público, comprometendo a legítima pretensão de arrecadação dos impostos que recaem sobre a entrada e saída de mercadorias do território nacional. Sua incriminação está prevista no art. 334 do Código Penal, que, com a entrada em vigor da Lei n. 13.008, de 26-06-2014, passou a tipificar, de modo autônomo, o descaminho, diferenciando-o do contrabando, cuja previsão legal passou a integrar a figura penal inscrita no novo art. 334-A. Para o adequado entendimento do âmbito de aplicação dos *crimes contra a ordem tributária*, faz-se necessário, portanto, o estudo complementar desse tema, para que resulte claro em que casos o art. 334 pode vir a ser aplicado, sem comprometer a vigência da Lei n. 8.137/90. Assim, com pequenos acréscimos, reproduziremos, basicamente, o que escrevemos sobre o tema no *Tratado de Direito Penal*[1].

Historicamente a incriminação do contrabando e descaminho remonta à Antiguidade, coincidindo com o surgimento das *alfândegas* e o estabelecimento de privilégios e regalias para o comércio de determinados gêneros, no interesse do Estado[2]. O próprio Direito Romano não ignorou o crime de contrabando, impondo-lhe penas severíssimas, sendo, inclusive, fortalecidas na Idade Média, com a aplicação de confisco, mutilações, pena de morte etc., especialmente se o crime fosse cometido por quadrilha, à mão armada ou por reincidente, já naquela época. Portanto, não estamos falando de novidade.

A sua previsão no ordenamento jurídico brasileiro remonta ao Código Criminal de 1830 que, sob o *nomen iuris* contrabando, incriminava no art. 177, como integrante "Dos crimes contra o tesouro público e a propriedade pública", inserto na segunda parte do seu Título VI, tanto o contrabando propriamente dito quanto

---

1. Cezar Roberto Bitencourt. *Tratado de Direito Penal*, parte especial. 16. ed. São Paulo: Saraiva, 2022. v. 4, Cap. XC.

2. Heleno Cláudio Fragoso. *Lições de Direito Penal*. Rio de Janeiro: Forense, 1981, v. 2, p. 473.

o descaminho³. O Código Penal de 1890, por sua vez, prescrevia o crime de contrabando (art. 265⁴) no Título VII, que tratava "Dos crimes contra a Fazenda Pública". Por fim, o legislador de 1940, seguindo as codificações anteriores, manteve a criminalizacão de contrabando e descaminho no mesmo dispositivo legal (art. 334), tratando-os como se tivessem o mesmo significado, ignorando a realidade das coisas, inclusive o desvalor de ação, uma vez que uma coisa é importar ou exportar coisa proibida e outra, absolutamente distinta, é praticar a mesma conduta, somente tendo como objeto coisa lícita, permitida, iludindo o pagamento de tributos; aliás, essa distinção já era destacada por Carrara⁵, que as definiu, respectivamente, como contrabando próprio e impróprio.

Com a vigência da Lei n. 13.008/2014 a diferenciação foi reconhecida, de modo que, como consequência da separação e autonomia das aludidas normas penais incriminadoras – art. 334 e art. 334-A – em havendo cumulação de condutas, o autor responderá por ambos os crimes. A nova lei confluiu, nesse ponto, para o recrudescimento da resposta penal.

A despeito da separação das ações incriminadas em preceitos normativos distintos, a bem da verdade, o legislador não inovou em quase nada na descrição dos crimes de contrabando e descaminho. Aproveitou, contudo, a oportunidade para elevar sobremodo

---

3. CONTRABANDO Art. 177. Importar, ou exportar generos, ou mercadorias prohibidas; ou não pagar os direitos dos que são permittidos, na sua importação, ou exportação.
Penas – perda das mercadorias ou generos, e de multa igual á metade do valor delles.

4. DO CONTRABANDO Art. 265. Importar ou exportar, generos ou mercadorias prohibidas; evitar no todo ou em parte o pagamento dos direitos e impostos estabelecidos sobre a entrada, saída e consumo de mercadorias e por qualquer modo illudir ou defraudar esse pagamento:
Pena – de prisão cellular por um a quatro annos, além das fiscaes.

5. Francesco Carrara. *Programa de Derecho Criminal*; parte especial. 4. ed. Bogotá: Editorial Temis, 1978, v. 9 (v. VII), § 3911, p. 509.

a pena correspondente ao crime de contrabando, fixando seus limites entre dois e cinco anos de reclusão. Aqui também se observa o endurecimento da resposta penal ao fenômeno criminoso.

Destaque-se, ainda, que o legislador não promoveu nenhuma alteração no art. 318, do CP, permanecendo idêntico o tratamento mais severo outorgado ao funcionário público que facilita, com infração de dever funcional, a prática de contrabando ou descaminho.

Feitos os esclarecimentos iniciais, passaremos ao estudo, nessa segunda edição, somente do crime de descaminho, o qual efetivamente possui pertinência temática com os crimes contra a ordem tributária.

## 2. Bem jurídico tutelado

Bem jurídico protegido, como em todas as infrações penais constantes do Título XI do Código Penal, Parte Especial, é a Administração Pública, no plano genérico. O bem jurídico tutelado específico, no entanto – a despeito de todos os fundamentos que se têm procurado atribuir à criminalização do descaminho –, pode ser diferenciado. Protege-se a salvaguarda dos interesses do erário público, diretamente atingido pela evasão de renda resultante de operações clandestinas ou fraudulentas na prática do descaminho.

Não se discute que o crime de descaminho, assim como o contrabando, ofende relevantes interesses públicos, não apenas da Administração Pública como também do erário público e, considerando a tendência moderna de criminalizar cada vez mais a fraude fiscal, é absolutamente improvável que as legislações contemporâneas deixem de criminalizar o descaminho, como se chegou a defender ao longo dos séculos XIX e XX.

Todavia, no que diz respeito à localização sistemática do crime, o ideal seria, atendendo à boa técnica de tipificação, que a prática do descaminho figurasse entre o rol dos crimes contra a ordem tributária, permanecendo somente o contrabando como crime contra a Administração Pública.

## 3. Sujeitos do crime

*Sujeito ativo* pode ser qualquer pessoa, inclusive funcionário público, desde que não tenha a *função fiscalizadora* aduaneira, pois, nesse caso, infringiria seu *dever funcional,* e sua conduta tipificaria a conduta descrita no art. 318 do CP, de *facilitar* a prática de descaminho, porque, em decorrência da função, tem o especial dever funcional de impedi-lo. Em síntese, o funcionário público que concorre para o crime de descaminho, se infringir seu dever funcional específico, responde pelo crime do art. 318 (facilitação do crime); se não o infringir, mas de outra forma concorrer para que o descaminho se realize, responde como coautor ou partícipe (art. 334).

Nada impede que possa ocorrer a figura do *concurso eventual de pessoas*, seja com outra pessoa qualquer, seja com o funcionário público, desde que, logicamente, não tenha o dever funcional fiscalizatório. O fato de, eventualmente, concorrerem mais de três pessoas, na prática desse crime (como de qualquer outro), ao contrário da atual "mania nacional", não configura, por si só, o *crime de associação criminosa* (art. 288 do CP), nem caracteriza uma *organização criminosa* (art. 1º, § 1º, da Lei n. 12.850/2013), especialmente quando for praticado por representantes legais de pessoas jurídicas, que, normalmente, são administradas por pessoas em número superior a três.

*Sujeito passivo* são o Estado, representado pela União, Estados-membros, Distrito Federal ou Municípios, e especialmente o erário público e a Receita Federal, que são fraudados em sua integridade orçamentário-fiscal.

## 4. Tipo objetivo: adequação típica

O *caput* deste artigo, na redação original do Código Penal, apresentava duas figuras típicas distintas, quais sejam o *contrabando e o descaminho*, para as quais o legislador de então insistiu em dar tratamento penal idêntico. No entanto, a Lei n. 13.008/2014 atendeu, acanhadamente, aos reclamos da doutrina e da jurisprudência, disciplinando cada figura típica em dispositivos legais distintos. Contudo, limitou-se a essa separação de ambas as figuras penais e a elevar a pena do crime de contrabando, por considerá-lo causador de maior dano à Administração Pública.

O *descaminho* é, fundamentalmente, um *ilícito de natureza fiscal*, lesando somente o *erário público*. A ação criminalizada consiste em *iludir*, no todo ou em parte, o *pagamento de direito ou imposto devido pela entrada, pela saída ou pelo consumo de mercadoria*. Com essa dicção, *descaminho*, implica a *importação* ou *exportação* de *mercadoria permitida frustrando*, total ou parcialmente, o *pagamento de direito ou imposto devido*. Como veremos, existem grandes semelhanças entre o *descaminho e a supressão ou redução de tributo* tipificada no art. 1º da Lei n. 8.137/90.

A simples *introdução* no território nacional de mercadoria estrangeira *sem pagamento dos direitos alfandegários*, independentemente de qualquer prática *ardilosa* visando iludir a fiscalização, tipifica o crime de *descaminho*.

Segundo a doutrina, *iludir* traduz a ideia de enganar, mascarar a realidade, simular, dissimular, enfim, o agente se vale de *expe-*

*diente* para dar impressão, na espécie, de não praticar conduta tributável. Há, pois, uma espécie *sui generis*, pode-se dizer – acrescentamos nós –, de *meio fraudulento*, forçando um pouco o sentido dessa expressão. Este, por sua vez, pode ocorrer tanto por *ação* como por *omissão*. Na primeira hipótese, exemplificando, o agente procura demonstrar que determinada mercadoria é outra e não aquela, ou que tem outras propriedades que não as verdadeiras para incidir carga tributária menor etc.; na segunda, *omissiva*, o agente indagado pelo agente alfandegário, se traz consigo objeto ou mercadoria tributável, finge que não entendeu, deixa de responder ou simplesmente não toma a iniciativa de expor sua mercadoria tributável. Tanto em um caso como no outro, a intenção de *iludir* é evidente. Há, pois, configuração nítida do propósito de não efetuar o pagamento do tributo alfandegário.

No *descaminho* – destaca a segunda parte do *caput* do art. 334 –, a *ilusão* do pagamento de direito ou imposto pode ser "no todo ou em parte", isto é, a omissão do pagamento devido pode ser total ou parcial. Contudo, o não pagamento *total* (ausência absoluta do pagamento de qualquer valor) ou *parcial* (pagamento de valor inferior ao devido) configura igualmente o crime de *descaminho*, de sorte que a sua omissão total ou parcial deverá ser objeto de valoração tão somente quando da fixação da pena[6].

## 5. Classificação doutrinária

Trata-se de *crime comum* (que não demanda qualquer qualidade ou condição especial do sujeito ativo, podendo ser pratica-

---

6. Guilherme de Souza Nucci. *Código Penal comentado*. 2. ed. São Paulo: Revista dos Tribunais, 2002, p. 1027.

do por qualquer pessoa); *de resultado* (é necessário demonstrar a ocorrência de *resultado naturalístico* que consiste no não pagamento, no todo ou em parte, do imposto devido pela entrada, saída ou consumo de mercadoria); *de forma livre* (que pode ser praticado por qualquer meio ou forma pelo agente); *instantâneo* (não há demora entre a ação e o resultado, não se prolongando no tempo a fase executória); *unissubjetivo* (que pode ser praticado por um agente apenas, sendo desnecessário o concurso de pessoas); *plurissubsistente* (que, em regra, pode ser praticado com mais de um ato, dependendo do caso concreto, admitindo, em consequência, fracionamento em sua execução).

## 6. Crimes equiparados ao descaminho

No § 1º do art. 334, com redação determinada pela Lei n. 13.008/2014, determina-se a aplicação das mesmas penas previstas para o descaminho a quem: "*a*) pratica navegação de cabotagem, fora dos casos permitidos em lei; *b*) pratica fato assimilado, em lei especial, a descaminho; *c*) vende, expõe à venda, mantém em depósito ou, de qualquer forma, utiliza em proveito próprio ou alheio, no exercício de atividade comercial ou industrial, mercadoria de procedência estrangeira que introduziu clandestinamente no País ou importou fraudulentamente ou que sabe ser produto de introdução clandestina no território nacional ou de importação fraudulenta por parte de outrem; *d*) adquire, recebe ou oculta, em proveito próprio ou alheio, no exercício de atividade comercial ou industrial, mercadoria de procedência estrangeira, desacompanhada de documentação legal, ou acompanhada de documentos que sabe serem falsos".

Faremos, a seguir, o exame sucinto de cada uma dessas hipóteses.

## 6.1. Prática de navegação de cabotagem fora dos casos permitidos em lei

A *navegação de cabotagem* circunscreve-se ao território nacional e tem como objetivo a comunicação e o comércio entre os portos do País, abrangendo os rios que correm em seu território, sendo privativa dos navios nacionais. A Lei n. 9.432/97 encarregou-se de defini-la como a "navegação realizada entre portos ou pontos do território brasileiro, utilizando a via marítima ou esta e as vias navegáveis interiores" (art. 2º, IX), complementando a norma penal em branco contida no Código Penal.

A sua interpretação deve estar, contudo, relacionada com o *caput* do art. 334, como forma de restringir o âmbito de aplicação do presente dispositivo. Nesse sentido, devemos levar em consideração que a navegação de cabotagem é realizada *para o transporte de cargas* executado entre os portos ou cidades do território brasileiro, utilizando a via marítima ou vias navegáveis interiores. Sua indiscutível importância *político-econômica* assegura-lhe, inclusive, assento constitucional, estando disposto no parágrafo único do art. 178 da CF que, "na ordenação do transporte aquático, a lei estabelecerá as condições em que o transporte de mercadorias na cabotagem e a navegação interior poderão ser feitos por empresas estrangeiras". As condições para o transporte de mercadorias na cabotagem estão reguladas nos arts. 7º, 9º e 10 da Lei n. 9.432/97.

Acrescente-se, ainda, que, com a ampliação do âmbito de incidência do § 3º, do art. 334, a pena aplica-se em dobro se o descaminho é praticado em *transporte marítimo ou fluvial*. Com essa dicção, torna-se possível a punição mais severa do descaminho praticado, por exemplo, quando do transporte de cargas, por meio de navegação realizada entre portos ou pontos do território brasileiro, utilizando a via marítima ou esta e as vias navegáveis interiores.

## 6.2. Prática de fato assimilado, em lei especial, a descaminho

A concepção de fato *assimilado* a "descaminho" não se confunde com seu sentido vernacular, simplesmente, mas se refere a fatos que *juridicamente* são tratados similarmente a descaminho. Desse modo adquirem relevância típica práticas específicas que possam implicar na frustração, no todo ou em parte, do pagamento de direito ou imposto devido pela entrada, pela saída ou pelo consumo de mercadoria vinda ou destinada ao estrangeiro. Assim, pode caracterizar o crime, a supressão total ou parcial de tributo ou de direito que decorra de infração à normativa que especificamente disciplina o controle aduaneiro e a responsabilidade tributária no transporte multimodal de carga internacional, segundo o disposto na Lei n. 9.611/98.

No art. 334, em sua redação original, no seu § 1º, constava somente a previsão de *a) prática de navegação de cabotagem fora dos casos permitidos em lei,* e *b) prática de fato assimilado, em lei especial, a contrabando ou descaminho.* No entanto, a Lei n. 4.729, de 14 de julho de 1965, que definia "o crime de sonegação fiscal", no seu art. 5º alterou o art. 334 do CP, acrescentou outros crimes equiparados a contrabando ou descaminho, que estavam previstos nas alíneas *c* e *d* (atualmente redigidos nos incisos III e IV) do seu § 1º, e, no § 2º, ampliou, em razão deles, o conceito de atividade comercial, como veremos no seguinte ponto. A Lei n. 4.729/65 ainda transformou o antigo § 2º em § 3º, no qual consta a majorante pelo descaminho realizado por meio de transporte aéreo. Com a vigência da Lei n. 13.008/2014 a descrição das formas equiparadas foi mantida, organizando-se as hipóteses contempladas no § 1º sob a forma de incisos (incisos I, II, III e IV) e, além disso, ampliou-se o âmbito de incidência do § 3º, que passou a alcançar, além do descaminho praticado por meio de transporte aéreo, também aquele realizado por meio de transporte marítimo ou fluvial.

## 6.3. Comercialização, detenção ou uso comercial ou industrial de mercadoria importada, clandestina ou fraudulentamente, ou que sabe ser produto de contrabando ou descaminho

O objeto material dessas condutas é a *mercadoria estrangeira* introduzida clandestina ou fraudulentamente no País. *Introdução clandestina* é o ingresso de mercadoria estrangeira sem passar pela alfândega; importação *fraudulenta*, por sua vez, refere-se ao *descaminho* praticado pelo agente via alfândega. Trata-se, nessa hipótese, de *crime próprio*, pois pressupõe que o sujeito ativo seja *comerciante* ou *industrialista* ao exigir que as condutas criminalizadas sejam praticadas "no exercício de atividade comercial ou industrial". "No exercício de atividade comercial ou industrial" exige *habitualidade*, visto que é impossível "exercer" qualquer atividade representada por ato único.

O legislador não deixou dúvida quanto à *natureza* das atividades, "comercial e industrial", ao ampliar os seus conceitos no § 2º, determinando que "*equipara-se às atividades comerciais, para os efeitos deste artigo, qualquer forma de comércio irregular ou clandestino de mercadorias estrangeiras, inclusive o exercido em residências*". Essa previsão legal tem endereço certo: nessa *ampliação* da "atividade comercial" contida no parágrafo referido, o legislador equiparou o *vendedor ambulante*, camelôs ou os popularmente conhecidos como "muambeiros" ao comerciante regularmente estabelecido. A consequência atinge em cheio os ambulantes: impede que estes possam beneficiar-se com interpretações benéficas e restritivas, dado que, em regra, não figuram como "contribuintes oficiais" nos termos da lei. Também são atingidos com a criminalização os que efetuam vendas através da rede mundial de computadores, a internet, ainda que não se caracterizem formalmente como empresários individuais. Respondem, igualmente, bastando que o façam com a *habitualidade* requerida pelo verbo "exercer", como adverte Regis Prado: "abrangendo não só aqueles que exercem atividade comercial pública sem a devida autorização legal, como também aqueles que praticam tal atividade furtivamente, inclusive em residências, para não serem localizados pelos agentes do poder público"[7].

Nesse sentido, a despeito da abrangência do § 2º, não alcança qualquer pessoa que, eventualmente, *adquire*, em sua residência, mercadoria de procedência estrangeira irregular ou clandestina, nos termos previstos no inciso III do § 1º. Com efeito, pretende-se punir aquele que, com *habitualidade*, exerce o *comércio*, como diz a lei, mesmo clandestino ou irregular.

A primeira parte descrita no inciso III refere-se ao *proveito* conseguido pelo agente com o descaminho que praticou; nessa hipótese, o sujeito ativo responde unicamente pelo crime descrito no art. 334, § 1º, III, afastada a incidência cumulativa do *caput* pela aplicação também cumulativa dos *princípios da especialidade* e da *consunção* (o primeiro porque a previsão do parágrafo é especial em relação ao *caput*; o segundo porque se trata efetivamente de progressão criminosa, começando com a importação igualmente criminosa, e prossegue com o aproveitamento do produto obtido). Na segunda parte do mesmo inciso III, o *descaminho* não é praticado pelo agente, que, no entanto, *sabe* que se trata de mercadoria estrangeira introduzida clandestinamente ou importada fraudulentamente. Essa previsão legal configura uma modalidade *especial de receptação*, tratada, no entanto, como descaminho; afasta, consequentemente, pelo mesmo *princípio da especialidade*, a previsão do art. 180 do CP.

---

7. Luiz Regis Prado. *Curso de Direito Penal Brasileiro:* parte especial. São Paulo: RT, 2010. v. 3, p. 587.

### 6.3.1. Elemento normativo: *no exercício de atividade comercial ou industrial*

A Lei n. 4.729/65 introduziu, através das alíneas *c* e *d* do § 1º (atualmente redigidos nos incisos III e IV do § 1º), outros crimes, e ampliou no § 2º, em razão deles, o conceito de atividade comercial. De qualquer sorte, todas as condutas relacionadas nos incisos III e IV do § 1° somente tipificarão o "descaminho equiparado" se visarem a "proveito próprio ou alheio", no *exercício de atividade comercial ou industrial*, seja regular, irregular ou clandestina.

O desejo de ser mais drástico e mais abrangente, por vezes, pode, ao mesmo tempo, tornar a previsão legal mais restritiva. Foi o que ocorreu, nesse caso, pois nada impede que o agente pratique qualquer das condutas elencadas nos dois incisos, sem fazê-lo, no entanto, "no exercício de atividade comercial ou industrial", regular ou irregular. Tais condutas não se amoldariam, dessa forma, à figura do descaminho equiparado, tornando-se, por consequência, figura atípica. Na verdade, no § 2º do art. 334, o legislador traz uma figura de equiparação – *qualquer forma de comércio irregular ou clandestino de mercadorias estrangeiras* –, ampliando a abrangência dos crimes próprios contidos nos incisos III e IV do do mencionado § 1º. Incorpora, assim, ao conceito de *atividade comercial* "qualquer forma de comércio irregular ou clandestino, inclusive o exercido em residência".

A pretensão do legislador foi, inquestionavelmente, alargar a incidência do *descaminho* equiparado em relação às atividades comerciais de compra, venda, depósito ou ocultação de mercadorias de procedência estrangeira introduzidas clandestina ou fraudulentamente no País ou com documentação irregular, realizadas não apenas em comércio regular, mas, também, em qualquer forma de comércio irregular ou clandestino de mercadorias estrangeiras, inclusive o exercido em residências. Com essa previsão, naqueles *crimes próprios*, que exigem a condição especial de ser *comerciante ou industrial*, alarga-se o tipo para admitir, como sujeito ativo, também aquele que pratica *comércio irregular* e até *clandestino*.

Contudo, constata-se, mais uma vez, um lapso do legislador, que, ao ampliar a abrangência desse *crime próprio*, esqueceu-se de incluir quem exerce atividade *industrial irregular ou clandestina*, como fizera em relação à *atividade comercial* (§ 2º). Assim, quem praticar qualquer das condutas descritas no § 1º, III e IV, mas *no exercício de atividade industrial*, em caráter irregular ou clandestino, não incorrerá nas sanções do descaminho equiparado ora *sub examen*; assim, se o agente praticar qualquer das condutas contidas nos dois incisos referidos, no exercício de atividade industrial, em caráter irregular ou clandestino, sua atividade será atípica.

No entanto, a previsão legal dos incisos III e IV, tal como é, limita-se ao *exercício de atividade comercial ou industrial* (a atividade comercial, mesmo irregular ou clandestina, e a industrial, regular); fora dessa hipótese, ou seja, quando o agente não se encontrar no exercício dessas atividades, as mesmas condutas não se tipificarão.

### 6.4. Receptação de produto de descaminho

Essas ações, previstas no inciso IV do § 1º, enfim, seriam normalmente puníveis como o crime de *receptação*, previsto lá no Título "Dos crimes contra o patrimônio", pois *pressupõem* a introdução ilegal de mercadoria estrangeira no País, quer com *documentos falsos,* quer *sem documentação legal*. Ademais, referidas ações devem ser praticadas *no exercício de atividades comerciais ou industriais*, em proveito próprio ou de outrem. Há, com efeito, um *conflito aparente de normas* com o disposto no art. 180, § 1º, do CP, que deve, naturalmente, ser afastado pelo *princípio da especialidade*.

## 6.4.1. Elementares normativas: "que sabe ser produto de introdução clandestina" (inciso III), "que sabe serem falsos" (inciso IV)

A intenção do legislador na incriminação de formas equiparadas ao descaminho, através do inciso III do § 1º do art. 334, foi a de punir não somente aqueles que exercem atividade comercial ou industrial, estando diretamente envolvidos com a introdução clandestina ou importação fraudulenta de mercadorias de procedência estrangeira, mas a de ampliar o âmbito da punibilidade para *alcançar também aqueles que exercem referidas atividades com o conhecimento de que as mercadorias por eles utilizadas, na indústria ou no comércio, são oriundas da prática de contrabando ou descaminho realizado por outrem*. Esse é o significado da elementar normativa *"que sabe ser produto de introdução clandestina"*, sem que ela se confunda com as discussões teóricas acerca da natureza do dolo, por nós referida quando do estudo do crime de receptação[8].

De maneira similar, a intenção do legislador na incriminação de formas equiparadas ao descaminho, através do inciso IV do § 1º do art. 334, foi a de punir também aqueles que exercem atividade comercial ou industrial com o conhecimento de que os documentos que acompanham a mercadoria de procedência estrangeira são falsos. Isso denota a ampliação da punibilidade para além dos que realizam propriamente o descaminho, mediante a contrafação direta de documentos falsos, para também punir os que se utilizam de ditos documentos falsos no exercício de atividade comercial ou industrial, adquirindo, recebendo ou ocultando mercadoria de procedência estrangeira que foi fruto de descaminho praticado por outrem.

---

8. Cezar Roberto Bitencourt. *Tratado de Direito Penal: parte especial*. 18. ed. São Paulo, Saraiva, 2022. v. 3, p. 401-437.

## 7. Classificação doutrinária

Trata-se de *crime próprio* (que demanda qualidade ou condição especial do sujeito ativo – no caso, comerciante ou industrialista –, não podendo ser praticado por qualquer pessoa, nas modalidades constantes dos incisos III e IV); *material* (crime que produz resultado naturalístico, nas formas de "vender' e "utilizar", "adquirir", "receber" e "ocultar") e *formal* (que não exige resultado naturalístico para sua consumação, nas modalidades de "expor à venda", "manter em depósito"); *de forma livre* (que pode ser praticado por qualquer meio ou forma pelo agente); *instantâneo* (não há demora entre a ação e o resultado, não se prolongando no tempo a fase executória, nas modalidades de "vender", "utilizar", "adquirir" e "receber"), mas *permanente* (cuja consumação alonga-se no tempo, nas modalidades de "expor à venda", "manter em depósito" e "ocultar"); *unissubjetivo* (que pode ser praticado por um agente apenas, não sendo necessário o concurso de pessoas); *plurissubsistente* (crime que, em regra, pode ser praticado com mais de um ato, dependendo do caso concreto, admitindo, em consequência, fracionamento em sua execução).

## 8. Contrabando e descaminho: distinção fática e semelhança jurídica

Como indicamos ao princípio, *contrabando* e *descaminho* são coisas absolutamente distintas, embora o Código Penal os tratasse em um mesmo tipo penal incriminador como se fossem idênticas. Com efeito, *contrabando* é a importação ou exportação de *mercadoria proibida* (relativa ou absolutamente). *Descaminho*, por sua vez, é a importação ou exportação de *mercadorias per-*

*mitidas* que o agente *omite* (evita ou burla, na alfândega, o recolhimento dos direitos e impostos devidos – entrada, saída ou consumo). O *contrabando* atenta, teoricamente, contra a moral, saúde, higiene, segurança pública etc., enquanto o *descaminho* viola as *obrigações aduaneiras* (direitos e impostos aduaneiros). Constata-se, enfim, que o Código, que equiparou institutos que têm conteúdos distintos, tutela bens jurídicos diversos e que têm objetos materiais e significados igualmente diferentes. Por isso, é dessa forma que se deve abordar *contrabando* (importação ou exportação de mercadoria proibida) e *descaminho* (importação ou exportação de mercadoria permitida, sem o pagamento dos direitos e impostos alfandegários). Fazendo coro às críticas históricas aos diplomas legais ao equipararem coisas absolutamente distintas – contrabando e descaminho –, Paulo José da Costa Jr. assevera: "Em verdade, consistindo o contrabando na exportação ou importação de mercadoria proibida, não é um ilícito fiscal. O descaminho, ao revés, representa uma fraude ao pagamento dos tributos aduaneiros. Configura um ilícito de natureza tributária, onde se apresenta uma relação fisco-contribuinte, que não se verifica no contrabando"[9]. Com efeito, enquanto o *descaminho*, na essência, constitui uma *violação fiscal*, típica da relação fisco-contribuinte, o *contrabando*, configurando entrada ou saída de mercadoria proibida, não contém qualquer natureza fiscal-tributária, ou, em outros termos, a importação ou exportação de *mercadoria proibida* constitui um fato ilícito, e não a violação de uma norma geradora de tributos.

Tais modalidades distinguem-se precisamente porque, enquanto no *descaminho* a omissão ao pagamento dos *tributos aduaneiros* é, na essência, *crime de sonegação fiscal*, *"lato sensu"*, um *ilícito de*

---

9. Paulo José da Costa Jr. *Comentários ao Código Penal*. 6. ed. São Paulo: Saraiva, 2000. p. 521.

*natureza tributária*, pois atenta diretamente contra o *erário público*, no *contrabando* propriamente dito a exportação ou importação de determinada *mercadoria proibida* não se enquadra entre os delitos de natureza tributária. Ou seja, "proibida a exportação ou a importação de determinada mercadoria, o seu ingresso ou sua saída das fronteiras nacionais configuram *um fato ilícito* e não um ato gerador de tributos"[10].

## 8.1. Distinção entre descaminho e crime contra a ordem tributária

A distinção entre descaminho e crime contra a ordem tributária pode ser explicada sob diversas perspectivas. Levando-se em consideração o bem jurídico tutelado, pode-se afirmar, de acordo com o magistério de Márcia Dometila de Carvalho[11], que, embora exista o *interesse fiscal* no crime de descaminho, este não se confunde com os demais crimes contra a ordem tributária, pois "enquanto os outros delitos contra o fisco são tipificados à medida que os governantes preocupam-se mais em intervir no domínio econômico, seja para melhor distribuição e aplicação das rendas comunitárias, seja para um eficaz desempenho da economia, o descaminho é antecipadamente visto como ofensa à soberania estatal, como entrave à autodeterminação do Estado, como obstáculo à segurança nacional em seu mais amplo sentido". Por sua vez, Luiz Regis Prado[12] destaca como bem jurídico tutelado, no que tange ao delito de descaminho, o interesse econômico-estatal no estabelecimento de política fiscal

---

10. Márcia Dometila Lima de Carvalho. *Crimes de contrabando e descaminho*. São Paulo: Saraiva, 1983. p. 4.

11. Márcia Dometila Lima de Carvalho. *Crimes de contrabando e descaminho*, op. cit., p. 4-5.

12. Luiz Regis Prado, *Curso de Direito Penal brasileiro*, op. cit., v. 3, p. 583.

para proteger o produto nacional e a economia do país por meio da elevação, diminuição e isenção de impostos de importação e exportação.

Todos esses interesses podem ser inegavelmente acomodados dentro de uma concepção ampla de Administraçao Pública, e restar afetados pela prática do descaminho. Essa fundamentação não é, contudo, suficiente para solucionar o eventual conflito de normas na resolução de um caso concreto. Pois mesmo sendo compreensível a classificação do descaminho como crime contra a Administração Pública, por opção político-criminal do legislador, essa prática delitiva implica, direta e simultaneamente, a "sonegação" automática de inúmeros impostos. Com efeito, com o crime de *descaminho* deixa-se de recolher *todos os tributos* que são inerentes à entrada e saída de mercadorias do território nacional, tais como o *imposto de importação* e *exportação* (II e IE); o *imposto de produtos industrializado*s (IPI) – substituto do antigo imposto de consumo –, pois, via de regra, o objeto material do descaminho é produto industrializado; e o *imposto sobre a circulação de mercadorias e serviços* (ICMS). Nesses termos, se a conduta incriminada no tipo consiste em iludir, no todo ou em parte, o pagamento de imposto devido, isto é, se admitimos que o descaminho implica a redução ou supressão dos tributos indicados, por que não é preferente a aplicação do art. 1º da Lei n. 8.137/90, que disciplina especificamente os crimes de resultado contra a ordem tributária? Não seria esse crime especial em relação ao art. 334 do Código Penal?

Para a resolução desse conflito aparente de normas é necessário levar em consideração que o fato de a Lei n. 8.137/91 ser *extravagante* não se lhe acrescenta, por si só, a qualidade de "especial" em relação à norma codificada, pois o fator determinante no juízo de adequação típica será a constatação, no caso concreto, da presença das elementares que cada norma penal contém.

A aplicação do art. 334 do Código Penal se mantém, apesar da previsão legal do art. 1º da Lei n. 8.137/90, porque prevê uma concreta modalidade de redução ou supressão de imposto, que deriva de determinados fatos com relevância fiscal, quais sejam, a entrada no território nacional de mercadoria e a saída do território nacional de mercadoria. Em face dessas especificações, que identificam concretamente o fato gerador da obrigação tributária e a espécie de sonegação que constitui descaminho, o art. 334 pode ser considerado especial em relação ao art. 1º da Lei n. 8.137/90, sendo preferente sua aplicação na solução do hipotético conflito de normas.

## 9. A regularização fiscal e seus efeitos no crime de descaminho

A Lei n. 4.729/65, em seu art. 2º, dispunha que: "Extingue-se a punibilidade dos crimes previstos nesta lei quando o agente promover o recolhimento do tributo devido, antes de ter início, na esfera administrativa, a ação fiscal própria". Sob essa ótica, a possibilidade de o pagamento do tributo extinguir a punibilidade dos crimes de sonegação fiscal exigia que o recolhimento fosse prévio à instauração da ação fiscal, o que, na prática, a inviabilizava, pois deveria, basicamente, coincidir com a descoberta formal da sonegação.

O conhecido Decreto-lei n. 157, de 10 de fevereiro de 1967, em seu art. 18, passou a assegurar a "extinção da punibilidade pelo pagamento do tributo" dos crimes previstos na Lei n. 4.729/65 se, "mesmo iniciada a ação fiscal", o agente promover o recolhimento dos tributos e multas devidos, de acordo com o Decreto-lei n. 62/66, ou depositar os respectivos valores antes do julgamento do referido processo (art. 18)[13]. Em seu § 2º foi mais longe determinando a "extinção da punibilidade" quando se tratar de "imputação penal de natureza diversa da Lei n. 4.729/65", *desde que o pagamento do tributo devido* – nos termos do *caput* do art. 18 – ocorra antes de iniciada "a ação penal"[14]. Esse diploma legal, na verdade, como afirma Andrei Zenkner Schmidt, "ampliou a possibilidade de o pagamento ocorrer logo após o julgamento da autoridade administrativa de primeira instância. Tal regra propiciava que o contribuinte só efetuasse o pagamento após exercitar, pelo menos em primeiro grau administrativo, a sua defesa técnica, flexibilizando-se, assim, as possibilidades de exclusão da punibilidade"[15].

O Decreto-lei n. 288, de 28 de fevereiro de 1967, por sua vez, equiparou ao *descaminho* – que definiu como "contrabando" – a saída de mercadorias da *Zona Franca de Manaus*, "sem autorização legal expedida pelas autoridades competentes", ou seja, sem o pagamento dos tributos quando o valor ultrapassar a cota que cada viajante pode trazer livremente[16], nos seguintes termos: "Será considerada contrabando a saída de mercadorias da Zona Franca sem a autorização legal expedida pelas autoridades competentes"

---

13. "Nos casos de que trata a Lei n. 4.729, de 14 de julho de 1965, também se extinguirá a punibilidade dos crimes nela previstos se, mesmo iniciada a ação fiscal, o agente promover o recolhimento dos tributos e multa devidos, de acordo com as disposições do Decreto-lei n. 62, de 21 de novembro de 1966, ou deste Decreto-lei, ou, não estando julgado o respectivo processo, depositar, nos prazos fixados, na repartição competente, em dinheiro ou em Obrigações Reajustáveis do Tesouro, as importâncias neles consideradas devidas, para liquidação do débito após o julgamento da autoridade da primeira instância" (art. 18, *caput*).

14. "Extingue-se a punibilidade quando a imputação penal de natureza diversa da Lei n. 4.729, de 14 de julho de 1965, decorra de ter o agente elidido o pagamento de tributo, desde que ainda não tenha sido iniciada a ação penal, se o montante do tributo e multas for pago ou depositado na forma deste artigo" (§ 2º).

15. Andrei Zenkner Schmidt. *Exclusão da punibilidade em crimes de sonegação fiscal*. Rio de Janeiro: Lumen Juris, 2003, p. 86.

16. Heleno Cláudio Fragoso, *Lições de Direito Penal*, op. cit., p. 481.

(art. 39). Essa equiparação a "contrabando" de saída de mercadorias da Zona Franca, sem autorização legal, levou o Supremo Tribunal Federal, orientado pelos princípios da razoabilidade, proporcionalidade e isonomia, a *estender a extinção da punibilidade* pelo pagamento do tributo devido ao crime de contrabando ou descaminho, editando a Súmula 560, com o seguinte enunciado: "A extinção da punibilidade pelo pagamento do tributo devido estende-se ao crime de contrabando ou descaminho, por força do art. 18, § 2º, do Decreto-lei n. 157/67".

O legislador brasileiro, no entanto, sempre ávido e diligente na busca de meios eficazes de "rechear as Arcas do Tesouro" – para usar uma expressão de Basileu Garcia –, não concebendo o "pagamento do tributo de descaminho" como *fonte próspera de arrecadação*, proibiu, através da Lei n. 6.910/81[17], que o pagamento do tributo extinga *a punibilidade do crime de contrabando ou descaminho*, nos termos previstos pela Lei n. 4.729 e Decreto-lei n. 157/67, impedindo a aplicação da Súmula 560 do STF, antes citada.

No entanto, posteriormente, o art. 14 da Lei n. 8.137/90, na sua redação original, ampliou a exclusão da punibilidade, possibilitando, pela primeira vez, o pagamento do tributo sonegado até o recebimento da denúncia na ação penal, nos seguintes termos: "Extingue-se a punibilidade dos crimes definidos nos arts. 1º a 3º quando o agente promover o pagamento do tributo ou contribuição social, inclusive acessórios, antes do recebimento da denúncia", que também acabou sendo revogada pela Lei n. 8.383/91 (art. 98). No ano de 1995, porém, a Lei n. 9.249 recriou a possibilidade de exclusão da punibilidade pelo pagamento

---

17. "O disposto no art. 2º da Lei n. 4.729, de 14 de julho de 1965, e no art. 18, § 2º, do Decreto-lei n. 157, de 10 de fevereiro de 1967, não se aplica aos crimes de contrabando ou descaminho, em suas modalidades próprias ou equiparadas nos termos dos §§ 1º e 2º do art. 334 do Código Penal" (art. 1º).

do tributo, desde que promovido antes do recebimento da denúncia: "Extingue-se a punibilidade dos crimes definidos na Lei n. 8.137/90, de 27 de dezembro de 1990, e na Lei n. 4.729, de 14 de julho de 1965, quando o agente promover o pagamento do tributo ou contribuição social, inclusive acessórios, antes do recebimento da denúncia".

Esse não é, contudo, o único referente normativo acerca da possibilidade de *extinção da punibilidade* pelo pagamento do tributo. Repetindo aqui o que já foi exposto no Capítulo 2, o § 3º, do art. 15, da Lei n. 9.664/2000, que instituiu o *Programa de Recuperação Fiscal* (REFIS), estabelece que "Extingue-se a punibilidade dos crimes referidos neste artigo quando a pessoa jurídica relacionada com o agente efetuar o pagamento integral dos débitos oriundos de tributos e contribuições sociais, inclusive acessórios, que tiverem sido objeto de concessão de parcelamento antes do recebimento da denúncia criminal". O *caput* do art. 15 trata dos crimes dos arts. 1º e 2º da Lei n. 8.137/90 e do crime do art. 95 da Lei n. 8.212/91 (atuais crimes de apropriação indébita previdenciária, art. 168-A, e de sonegação de contribuição previdenciária, art. 337-A do CP).

Também o § 2º, do art. 9º, da Lei n. 10.684/2003, disciplina que: "Extingue-se a punibilidade dos crimes referidos neste artigo quando a pessoa jurídica relacionada com o agente efetuar o pagamento integral dos débitos oriundos de tributos e contribuições sociais, inclusive acessórios". O *caput* do art. 9º abrange os crimes previstos nos arts. 1º e 2º da Lei n. 8.137/90 e nos arts. 168-A e 337-A do CP.

Ademais, o art. 69, da Lei n. 11.941/2009, estabelece que: "Extingue-se a punibilidade dos crimes referidos no art. 68 quando a pessoa jurídica relacionada com o agente efetuar o pagamento integral dos débitos oriundos de tributos e contribuições sociais, inclusive acessórios, que tiverem sido objeto de concessão de parcelamento". Os crimes referidos no art. 68 são os tipificados nos arts. 1º e 2º da Lei n. 8.137/90 e nos arts. 168--A e 337-A do CP.

De modo similar, o § 4º, do art. 83, da Lei n. 9.430/96, incluído pela Lei n. 12.382/2011, prevê que: "Extingue-se a punibilidade dos crimes referidos no *caput* quando a pessoa física ou a pessoa jurídica relacionada com o agente efetuar o pagamento integral dos débitos oriundos de tributos, inclusive acessórios, que tiverem sido objeto de concessão de parcelamento". Aqui também se faz referência aos crimes tipificados nos arts. 1º e 2º da Lei n. 8.137/90 e nos arts. 168-A e 337-A do CP.

As normas relacionadas possuem em comum a previsão do pagamento dos débitos oriundos de tributos e contribuições sociais como *causa de extinção da punibilidade*. Existem, contudo, diferenças no que diz respeito à abrangência dos crimes beneficiados e no que tange ao momento em que pode ser aplicado o benefício.

Com efeito, o art. 34 da Lei n. 9.249/95 *abrange todos os crimes contra a ordem tributária*, ao passo que as demais legislações especificam que somente cabe a extinção da punibilidade em relação aos crimes tipificados nos arts. 1º e 2º da Lei n. 8.137/90 e nos arts. 168-A e 337-A do CP. A Lei n. 9.249/95 é, nesse aspecto, mais benéfica porque alcança também os crimes praticados por funcionário público, tipificados no art. 3º da Lei n. 8.137/90.

As legislações mais recentes não revogaram, contudo, o art. 34 da Lei n. 9.249/95. Isso porque a Lei n. 9.964/2000, a Lei n. 10.684/2003 e a Lei n. 11.941/2009 disciplinam especificamente as hipóteses de parcelamento do débito tributário (Programa de Recuperação Fiscal – REFIS, Parcelamento Especial – PAES, Parcelamento Excepcional – PAEX) projetando seus efeitos somente sobre a casuística contemplada por cada uma dessas leis, dentro do marco temporal fixado pelo legislador. Isso significa, finalmente, que não existem problemas quanto à vigência simultânea dos aludidos diplomas legais, os quais surtirão efeitos sobre os casos especificamente contemplados em cada um.

No que diz respeito ao *momento em que o pagamento* deve ser efetuado para efeito de extinção da punibilidade, tanto o art. 34 da Lei n. 9.249/95 como o art. 83 da Lei n. 9.430/96, com os acréscimos introduzidos pela Lei n.12.382/2011, e o § 3º, do art. 15, da Lei n. 9.664/2000 estabelecem que o pagamento deve ser realizado *antes do recebimento da denúncia*. Enquanto o § 2º, do art. 9º, da Lei n. 10.684/2003, e o art. 69, da Lei n. 11.941/2009, não fixam nenhum prazo.

Em razão do pernicioso casuísmo e das sucessivas alternâncias do legislador acerca do efeito jurídico do *momento em que o pagamento* integral do tributo se realiza, a jurisprudência dos Tribunais Superiores se firmou, em prol da segurança jurídica, no sentido de admitir a extinção da punibilidade pelo pagamento em qualquer etapa da persecução penal, seja ele efetuado antes ou depois do oferecimento da denúncia, inclusive após o trânsito em julgado da condenação.

A tese, que vinha sendo sustentada por ambas as turmas criminais do STJ, a partir da interpretação do § 2º, do art. 9º, da Lei n. 10.684/2003, foi pacificada com o julgamento, à unanimidade, pela Terceira Seção, do AgRg nos EDcl nos EAREsp 1717169, em 12-05-2021, alcançando-se o entendimento de que: "o pagamento integral do tributo, a qualquer tempo, extingue a punibilidade quanto aos crimes contra a ordem tributária".

No mesmo sentido colhem-se julgados do STF, pelo Tribunal Pleno, a exemplo do RE 575071 AgR e da AP 516/DF-ED.

De todo o exposto, impõe-se o seguinte questionamento: os crimes mencionados nos diplomas referidos serão os únicos que podem beneficiar-se com o disposto no art. 34 da Lei n. 9.249/95 e demais normas correlatas à interpretação jurisprudencial no sentido de admitir a extinção da punibilidade pelo pagamento em qualquer etapa da persecução penal? Seria legítimo a um Estado igualitário, social e democrático de direito *privilegiar* determinadas categorias de pessoas, determinadas camadas sociais, determinadas ideologias, assim como determinados bens jurídicos e, particularmente, determinadas espécies de tributos, em detrimento de outros?

Nesse contexto, a unidade e harmonia do sistema jurídico como um todo recomendam a aplicação do mesmo tratamento a todas as modalidades de *sonegação fiscal "lato sensu"*. E como afirmamos inicialmente, no *descaminho*, ao contrário do contrabando, há *um ilícito fiscal*, com a omissão ou supressão de tributo, sendo, portanto, perfeitamente possível estender-lhe o benefício insculpido no art. 34 da Lei n. 9.249, como chegou a entender no passado nossa Corte Suprema. Com efeito, a partir de 1970, o Supremo Tribunal Federal passou a entender que, em razão do disposto no art. 18, § 2º, do Decreto-lei n. 157/67 e, principalmente, do Decreto-lei n. 288/67, a extinção da punibilidade pelo pagamento do tributo também se aplicaria ao crime de *contrabando ou descaminho*, como já destacamos, acabando por sumular esse entendimento de 1976 (Súmula 560), que acabou inviabilizada pela Lei n. 6.910/81.

No entanto, como enfatiza Andrei Schmidt, "boa parte dos fundamentos utilizados para negar-se a aplicação analógica do art. 34 da Lei n. 9.249/95 ao art. 334 do CPB vale-se das mesmas hipóteses à época da edição da Lei n. 6.910/81. De nada vale argumentar, contudo, que esta lei prejudicou a aplicação da Súmula 560 do STF se, em 1995, foi editada a Lei n. 9.249, conferindo novo tratamento à matéria. Assim é que eventual argumentação acerca da aplicação desta lei ao art. 334 do CPB não pode levar em consideração a revogação de uma Súmula ocorrida há mais de 20 anos. A pergunta que se há de fazer, na verdade, é a seguinte:

é possível a aplicação da *analogia <in bonam partem>* entre uma lei extravagante e o Código Penal?"¹⁸. A resposta é, evidentemente, afirmativa, posto não existir razão alguma, lógica, política ou jurídica, para afastar essa espécie de analogia pelo simples fato de tratar-se de diplomas legais codificados e não codificados, especialmente num país como o nosso, em que viceja, diariamente, quantidade insuportável de novas leis, disciplinando contraditoriamente as mesmas áreas de diversas matérias, ou diversas matérias das mesmas áreas e vice-versa. São equivocados, como observa Andrei Schmidt, os argumentos que partem da ideia de que a diversidade de bens impediria a *analogia*, pois esse aspecto, por si só, não poderia impedir a colmatação da lacuna legal, mesmo porque o legislador já admite a extinção da punibilidade de outras figuras penais, pelo pagamento do valor devido, como ocorre com as previsões dos arts. 168-A, 337-A, a despeito de sua localização topográfica no Código Penal não coincidir com âmbito mais restrito de crimes contra a ordem tributária e do próprio art. 334, que disciplina o descaminho, que tratam, ainda que *lato sensu*, de crime de sonegação fiscal.

Enfim, o argumento da *diferença de bens jurídicos protegidos* é absolutamente inconsistente, pois, como demonstramos em tópicos anteriores deste capítulo – na *essência* –, a criminalização do *descaminho* objetiva tutelar, "acima de tudo, a salvaguarda dos interesses do *erário público*, diretamente atingido pela *evasão de renda* resultante dessas operações clandestinas ou fraudulentas". Com isso, fazemos coro com a conclusão de Andrei Schmidt: "trata-se, pois, de norma que regula a sonegação fiscal de tributos devidos na importação de mercadorias de acesso permitido em nosso País, ao contrário do contrabando, onde a mercadoria é

---

18. Andrei Zenkner Schmidt, Exclusão da punibilidade em crimes de sonegação fiscal, op. cit., p. 122.

proibida. Assim, trata-se de modalidade específica de sonegação fiscal, que afasta a incidência da Lei n. 8.137/90 pela simples razão de haver norma especial a respeito do assunto (art. 334 do CPB)"[19].

Concluindo, como o crime de *descaminho* viola, de modo geral, o *sistema tributário nacional*, não há razão alguma, voltamos a repetir, para impedir a aplicação analógica do art. 34 da Lei n. 9.249/95, nem das normas correlatas (art. 9º, § 2º, da Lei n. 10.684/2003; art. 69, da Lei n. 11.941/2009), como forma de restabelecer o *princípio da isonomia* (onde existe a mesma razão fundamental, prevalece a mesma regra de direito), assegurando-se a aplicação do disposto no art. 34 da Lei n. 9.249/95 a todos os crimes fiscais, inclusive ao descaminho[20].

Sob essa perspectiva, podemos festejar o entendimento jurisprudencial que acolheu a possiblidade de aplicação do art. 34 da Lei n. 9.249/95 ao crime de *descaminho*. O STJ, no julgamento do HC 48.805-SP (2005/0169350-9), decidiu, com base no aforismo *ubi eadem ratio ibi idem ius,* que "não há razão lógica para se tratar o crime de descaminho de maneira distinta daquela dispensada aos crimes tributários em geral".

Também merece aplausos o entendimento do STJ no que diz respeito à aplicabilidade da Súmula Vinculante 24 do STF ao crime de descaminho. O posicionamento foi fixado no julgamento do HC 139.998-RS (2009/0121507-4) onde restou decidido que: "1. Tal como nos crimes contra a ordem tributária, o início da persecução penal no delito de descaminho pressupõe o esgotamento da via administrativa, com a constituição definitiva do

---

19. Andrei Zenkner Schmidt, *Exclusão da punibilidade em crimes de sonegação fiscal,* op. cit., p. 122-123.

20. Rui Stoco et al. *Código Penal e sua interpretação jurisprudencial:* parte especial. São Paulo: Revista dos Tribunais, 1997. v. 1, t. 2, p. 2115.

crédito tributário. Doutrina. Precedentes. 2. Embora o delito de descaminho esteja descrito na parte destinada aos crimes contra a Administração Pública no Código Penal, motivo pelo qual alguns doutrinadores afirmam que o bem jurídico primário por ele tutelado seria, como em todos os demais ilícitos previstos no Título IX do Estatuto Repressivo, a Administração Pública, predomina o entendimento de que com a sua tipificação busca-se tutelar, em primeiro plano, o erário, diretamente atingido pela ilusão do pagamento de direito ou imposto devido pela entrada, pela saída ou pelo consumo de mercadoria. 3. O delito previsto na segunda parte do *caput* do art. 334 do Código Penal configura crime material, que se consuma com a liberação da mercadoria pela alfândega, logrando o agente ludibriar as autoridades e ingressar no território nacional em posse das mercadorias sem o pagamento dos tributos devidos, não havendo, por conseguinte, qualquer razão jurídica para não se lhe aplicar o mesmo entendimento já pacificado no que se refere aos crimes materiais contra a ordem tributária, cuja caracterização só ocorre após o lançamento definitivo do crédito fiscal. 4. A confirmar a compreensão de que a persecução penal no crime de descaminho pressupõe a constituição definitiva do crédito tributário, tem-se, ainda, que a própria legislação sobre o tema reclama a existência de decisão final na esfera administrativa para que se possa investigar criminalmente a ilusão total ou parcial do pagamento de direito ou imposto devidos (art. 83 da Lei n. 9.430/96, art. 1º, inciso II, do Decreto n. 2.730/98 e artigos 1º e 3º, § 7º, da Portaria SRF 326/2005). 5. Na hipótese vertente, ainda não houve a conclusão do processo administrativo por meio do qual se apura a suposta ilusão do pagamento de tributos incidentes sobre operações de importação por parte dos pacientes, pelo que não se pode falar, ainda, em investigação criminal para examinar a ocorrência do crime de descaminho. 6. Ordem concedida para trancar o inquérito policial instaurado contra os pacientes".

O entendimento do STJ foi reiterado, em diversas oportunidades, a exemplo da decisão proferida no RHC 31368/PR (2011/0254155-2), onde se reafirmou que: "Não é possível a instauração de ação penal quanto ao crime de descaminho na hipótese em que o crédito tributário não está devidamente constituído no âmbito administrativo, pois, de acordo com os princípios constitucionais do contraditório e da ampla defesa, o contribuinte tem o direito de discutir a existência do tributo administrativamente, além do que, mesmo no caso de ser vencido no processo administrativo, o contribuinte será intimado para efetuar o pagamento do tributo, salvo disposição legal em contrário, no prazo de trinta dias. Não é possível a instauração de ação penal quanto ao crime de descaminho na hipótese em que o crédito tributário não está devidamente constituído no âmbito administrativo, pois, caso se admita a instauração da ação penal antes da conclusão final do procedimento administrativo, o processo penal, que possui a função de proteção dos direitos fundamentais, se transmudará em instrumento de cobrança, suprimindo o direito do contribuinte de ver a sua punibilidade extinta pelo pagamento ou, ainda, cerceando a possibilidade do suposto devedor do tributo de demonstrar que não ocorreu o fato gerador".

A postura estabelecida teve por lastro a compreensão de que, por se tratar de crime material de natureza tributária, o *descaminho* deveria receber o mesmo tratamento dispensado às demais figuras incriminadas. O posicionamento se manteve ao longo do tempo, como se observa no julgamento do RHC 31368, em 08-0502012, e nos julgamento do RHC 36570 e do HC 265706, em 28-05-2013, pela Quinta Turma do STJ: " De acordo com a jurisprudência do Superior Tribunal de Justiça, o raciocínio adotado pelo Supremo Tribunal Federal relativamente aos crimes previstos no art. 1º da Lei n. 8.137/90, consagrando a necessidade de prévia constituição do crédito tributário para a instauração da ação penal, deve ser aplicado, também, para a tipificação do crime de descaminho. Precedentes". Ademais, repetiu-se que " Cuida-se, ademais, de crime material, tendo em vista que o próprio dispositivo penal exige a ilusão, no todo ou em parte, do pagamento do imposto devido. Assim, mostra-se possível a extinção da punibilidade pelo delito de descaminho, ante o pagamento do tributo devido, nos termos do que disciplinam os arts. 34, *caput*, da Lei n. 9.249/95, 9º, § 2º, da Lei n. 10.684/2003 e 83, § 4º, da Lei n. 9.430/96, com redação dada pela Lei n. 12.382/2011. Precedentes desta Corte e do Supremo Tribunal Federal".

Há de se lamentar, no entanto, a drástica modificação da postura do STJ, a partir do julgamento, pela Quinta Turma, do HC 218.961/SP, em 15-10-2013, no qual se passou a considerar o *descaminho* como crime formal e que a ele não se aplicam os institutos despenalizadores que viabilizam a extinção da punibilidade pelo pagamento dos impostos devidos. Confira-se o trecho: "O crime de descaminho se perfaz com o ato de iludir o pagamento de imposto devido pela entrada de mercadoria no país. Não é necessária, assim, a apuração administrativo-fiscal do montante que deixou de ser recolhido para a configuração do delito. Trata-se, portanto, de crime formal, e não material, razão pela qual o resultado da conduta delituosa relacionada ao quantum do imposto devido não integra o tipo legal. Precedente da Quinta Turma do STJ e do STF. 3. A norma penal do art. 334 do Código Penal – elencada sob o Título XI: "Dos Crimes Contra a Administração Pública" – visa proteger, em primeiro plano, a integridade do sistema de controle de entrada e saída de mercadorias do país, como importante instrumento de política econômica. O agente que ilude esse controle aduaneiro para importar mercadorias, sem o pagamento dos impostos devidos – estes fixados, afinal, para regular e equilibrar o sistema econômico-financeiro do país – comete o crime de descaminho, independentemente da apuração administrativo-fiscal do valor do imposto sonegado. 4. O bem jurídico protegido pela norma em tela é mais do que o mero valor do imposto. Engloba a própria estabilidade das atividades comerciais dentro do país, refletindo na balança comercial entre o Brasil e outros países. O produto inserido no mercado brasileiro, fruto de descaminho, além de lesar o fisco, enseja o comércio ilegal, concorrendo, de forma desleal, com os produzidos no país, gerando uma série de prejuízos para a atividade empresarial brasileira".

Infelizmente a malfadada compreensão vem se repetindo, na atualidade, consoante dos recentes julgados da Quinta e Sexta Turmas do STJ: AgRg no AREsp 1259739/SP (*DJe* 11-06--2019); AgRg no REsp 1810491/SP (*DJe* 12-11-2020).

## 10. Tipo subjetivo: adequação típica

O tipo subjetivo do descaminho é constituído pelo dolo, consistente na vontade livre e consciente de *iludir*, total ou parcialmente, o pagamento de direito ou tributo devido. Nenhuma outra conduta é exigida na hipótese de *descaminho*, sendo suficiente para caracterizar a conduta descrita no tipo penal que não se declare, na alfândega, a mercadoria excedente à cota permitida, consciente de que ultrapassa o valor permitido.

É desnecessário qualquer *elemento subjetivo especial do injusto*, sendo irrelevante, para sua configuração, a presença ou ausência de alguma motivação especial. No entanto, as *figuras equiparadas* constantes dos incisos III e IV do § 1º exigem a presença dos elementos subjetivos do tipo, "em proveito próprio ou alheio", bem como o *conhecimento*, pelo sujeito ativo, da introdução clandestina ou da falsidade documental.

## 11. Consumação e tentativa

O *descaminho*, via aduana, consuma-se com a liberação da mercadoria, sem o pagamento do tributo devido; se, no entanto, a entrada ou saída da mercadoria ocorre em local distinto da aduana, o crime se consuma com a entrada da mercadoria no País, ou com sua saída do território nacional. Se o sujeito ativo usar de algum ardil para liberar a mercadoria, iludindo os fiscais, consuma-se o crime no momento em que retomar a posse da mercadoria sem o correspondente pagamento devido.

De qualquer sorte, o *descaminho*, quando realizado regularmente através da alfândega, somente com a liberação da mercadoria e entrega ao destinatário poder-se-á ter como consumada a importação ou exportação.

A tentativa é teoricamente admissível, pois é perfeitamente possível fracionar o *iter criminis* do descaminho. Em termos bem esquemáticos, é perfeitamente possível *tentar liberar* mercadorias permitidas sem pagar as correspondentes obrigações alfandegárias, sendo inviabilizada por circunstâncias alheias à vontade do agente.

No entanto, não nos parece possível reconhecer a *tentativa* de descaminho quando a mercadoria é apreendida na aduana, mesmo antes de transpor as barreiras alfandegárias, sem que o sujeito ativo tenha empregado meios efetivos para tentar "driblar" a fiscalização, concordando, por exemplo, sem resistência, com o pagamento dos valores que vierem a ser fixados, inclusive multa. Poder-se-á estar, inclusive, diante de um *crime impossível*, dependendo das circunstâncias, ou, ainda, de meros *atos preparatórios* que se resolvem satisfatoriamente, no plano administrativo.

## 12. Figura majorada: descaminho em transporte aéreo, marítimo ou fluvial

Aplica-se a pena em dobro quando o contrabando ou descaminho é praticado em transporte aéreo, marítimo ou fluvial (§ 3º).

Teoricamente, a justificativa para essa majorante é a maior dificuldade de controle do transporte de mercadorias feito por essas vias. Evidentemente que o legislador quando editou essa majorante, por certo, a estava destinando à importação ou exportação clandestina, sem controle alfandegário. Em situações como essas, efetivamente o combate ao descaminho fica enormemente dificultado, sendo razoável que se procure cominar-lhe sanção penal mais rigorosa.

Contudo, a mesma racionalidade interpretativa leva à conclusão de que tal majorante é inaplicável quando o descaminho ocorre através dos chamados voos regulares, ou de aviões de carreira, ou de embarcações destinada à navegação comercial que são objeto de fiscalização alfandegária permanente. Nesse sentido, também é o entendimento de Guilherme de Souza Nucci, que sustenta: "[...] deve-se ponderar que os voos regulares de companhias aéreas estabelecidas, que passam por zona alfandegária, não podem incidir neste parágrafo, uma vez que a fiscalização pode ser rígida. Refere-se o aumento, pois, aos voos clandestinos"[21]. Esse entendimento é reforçado pelo de Luiz Regis Prado: "No entanto, a majorante só alcança os delitos perpetrados em aeronaves clandes-

---

21. Guilherme de Souza Nucci, *Código Penal comentado*, op. cit.

tinas, já que os voos regulares, de carreira, não são incluídos aqui, posto serem objeto de fiscalização alfandegária permanente"[22]. Estamos, pois, de pleno acordo. Idêntico raciocínio deve-se aplicar ao transporte em embarcações comerciais regulares, de transporte de cargas e passageiros.

No entanto, na prática, a jurisprudência do STJ não impõe esta limitação à interpretação do dispositivo, conduzindo a uma ampliação, a nosso ver, desnecessária, da incidência da majorante: "A causa de aumento do descaminho tipificada no § 3º do art. 334 do CP incide independente de se tratar de voo regular ou clandestino, pois, nesse dispositivo, apenas consta que *'a pena aplica-se em dobro se o crime de descaminho é praticado em transporte aéreo, marítimo ou fluvial'*. Assim, quando a lei não faz qualquer distinção, não cabe ao intérprete fazê-lo" (AgRg no REsp 1810491/SP. *DJe* 03-11-2020. De igual forma no AgRg nos EDcl no AREsp 1020652-SP; AgRg no REsp 1597416-CE; AgRg no REsp 1806424-RJ; AgRg no REsp 1850255-SP; HC 390899-SP).

## 13. Descaminho: limite fiscal e princípio da insignificância

O Superior Tribunal de Justiça já decidiu que "o ingresso irregular de mercadorias estrangeiras em *quantidade ínfima* por pessoas excluídas do mercado de trabalho que se dedicam ao 'comércio formiga' não tem repercussão na seara penal, à míngua de efetiva lesão do bem jurídico tutelado, enquadrando-se a hipótese no princípio da insignificância"[23]. Esse entendimento adotado pelo

---

22. Luiz Regis Prado, *Curso de Direito Penal brasileiro*, op. cit.
23. STJ, REsp 234.623/PR, rel. Vicente Leal, *DJ*, 3-4-2020.

STJ, com absoluto acerto, diga-se de passagem, parte do velho adágio latino *minima non curat praetor*.

A tipicidade penal exige a ofensa de alguma gravidade aos bens jurídicos protegidos, pois nem sempre qualquer ofensa a esses bens ou interesses é suficiente para configurar o *injusto típico*. Segundo esse princípio, é imperativa a *efetiva proporcionalidade* entre a *gravidade* da conduta que se pretende punir e a *drasticidade da intervenção estatal*. Frequentemente, *condutas* que se amoldam a determinado tipo penal, sob o ponto de vista *formal*, não apresentam nenhuma *relevância material*. Nessas circunstâncias, pode-se afastar liminarmente a *tipicidade penal* porque em verdade o bem jurídico não chega a ser lesado.

O fato de determinada conduta tipificar uma infração penal de *menor potencial ofensivo* (art. 98, I, da CF) não quer dizer que tal conduta configure, por si só, o *princípio da insignificância*. Os delitos de lesão corporal leve, de ameaça, injúria, por exemplo, já sofreram a *valoração* do legislador, que, atendendo às necessidades sociais e morais históricas dominantes, determinou as consequências jurídico-penais de sua violação. Os limites do desvalor da ação, do desvalor do resultado e as sanções correspondentes já foram valorados pelo legislador. As ações que lesarem tais bens, embora menos importantes se comparados a outros bens como a vida e a liberdade sexual, são *social e penalmente relevantes*.

Assim, a *irrelevância* ou *insignificância* de determinada conduta deve ser aferida não apenas em relação à importância do bem juridicamente atingido, mas especialmente em relação ao *grau de sua intensidade*, isto é, *pela extensão da lesão produzida*, como, por exemplo, nas palavras de Roxin, "mau-trato não é qualquer tipo de lesão à integridade corporal, mas somente uma lesão relevante; uma forma delitiva de injúria é só a lesão grave à pretensão social de respeito. Como *força* deve ser considerada unicamente um obstáculo de certa importância, igualmente também a ameaça deve ser *sensível* para ultrapassar o umbral da criminalidade"[24].

Concluindo, a *insignificância da ofensa* afasta a *tipicidade*. Mas essa insignificância só pode ser valorada através da *consideração global* da ordem jurídica, como afirma Zaffaroni[25]: "a insignificância só pode surgir à luz da função geral que dá sentido à ordem normativa e, consequentemente, à norma em particular, e que nos indica que esses pressupostos estão excluídos de seu âmbito de proibição, o que resulta impossível de se estabelecer à simples luz de sua consideração isolada".

Ante o exposto, não será, por certo, a introdução de qualquer quantidade de mercadoria, sem o correspondente pagamento dos tributos alfandegários, que tipificará uma infração penal, se não apresentar real "relevância material", pois não estará lesando o bem jurídico tutelado.

Para dirimir as dúvidas existentes acerca do limite do princípio da insignificância ante a prática do crime de descaminho, o STF firmou o entendimento no sentido de sua aplicação nos casos em que o valor sonegado não ultrapassar o montante de R$ 10.000,00 (dez mil reais), nos termos do disposto no art. 20 da Lei n. 10.522/2002, com a redação dada pela Lei n. 11.033/2004. Os precedentes dessa decisão podem ser encontrados no julgamento do HC n. 96.376/PR, rel. Min. Joaquim Barbosa, Segunda Turma, unânime, *DJe* 1º-10-2010; no RHC n. 82.045/SP, Primeira Turma, rel. Min. Sepúlveda Pertence, *DJ*, 25-10-2002; no HC n. 95.570/SC, rel. Min. Dias Toffoli, Primeira Turma, por maioria, *DJe* 27-8-2010; no HC n. 96.850/PR, rel. Min. Ricardo Lewandowski, Primeira Turma, por maioria, *DJe* 18-6-2010.

---

24. Claus Roxin. *Política criminal y sistema del Derecho Penal.* Barcelona: Bosch, 1972, p. 3.

25. Eugenio Raul Zaffaroni. *Manual de Derecho Penal*, p. 475.

Com a edição da Portaria n. 130/2012, do Ministério da Fazenda, que alterou a Portaria n. 75/2012, fixou-se novo limite mínimo para o ajuizamento de execuções fiscais de débitos com a Fazenda Nacional, deixando-se, assim, de serem propostas, até a presente data, ações em face de débitos cujo valor consolidado seja igual ou inferior a R$ 20.000,00 (vinte mil reais).

Assim, é o próprio Estado que declara que os débitos fiscais naqueles valores não são significativos nem mesmo para efeito de cobrança judicial. Muito menos o serão para efeito de persecução penal e aplicação de pena criminal. Se o Estado não possui interesse em ajuizar execuções fiscais contra devedores, cujo débito seja, na atualidade, igual ou inferior a R$ 20.000,00, muito menos o terá para a instauração de um processo penal, como instrumento de coerção para o pagamento. Com efeito, uma vez que o Direito Penal é concebido como *ultima ratio* do sistema, não se pode admitir uma hipotética inversão de prioridades, isto é, não cabe exercer o direito de punir quando o próprio Estado dispensa *a priori* o uso de outras formas menos gravosas para garantir a satisfação de seus interesses. A via punitiva somente deverá ser utilizada em último caso.

Como havíamos advertido no Capítulo 2, o entendimento já vem sendo acatado pelo STF em relação ao *crime de descaminho*, que também afeta a arrecadação de tributos (HC 100177/ PR, rel. Min. Ayres Britto, Primeira Turma, j. em 22-6-2010, publ. 20-08-2010. Precedentes: HC 92438, HC 94058, HC 96374, HC 96796, RE 514531, RE 536486, RE 550761). A Suprema Corte acompanha, inclusive, a alteração do limite mínimo para o ajuizamento de execuções fiscais de débitos, introduzido pela Portaria n. 130/2012, do Ministério da Fazenda, como se observa da evolução jurisprudencial:

EMENTA HABEAS CORPUS. DIREITO PENAL. DESCAMINHO. VALOR INFERIOR AO ESTIPULA-

DO PELO ART. 20 DA LEI 10.522/2002. PORTARIAS 75 E 130/2012 DO MINISTÉRIO DA FAZENDA. PRINCÍPIO DA INSIGNIFICÂNCIA. APLICABILIDADE. 1. A pertinência do princípio da insignificância deve ser avaliada considerando-se todos os aspectos relevantes da conduta imputada. 2. Para crimes de descaminho, considera-se, na avaliação da insignificância, o patamar previsto no art. 20 da Lei 10.522/2002, com a atualização das Portarias 75 e 130/2012 do Ministério da Fazenda. Precedentes. 3. Descaminho envolvendo elisão de tributos federais no montante de R$ 19.892,68 (dezenove mil, oitocentos e noventa e dois reais e sessenta e oito centavos) enseja o reconhecimento da atipicidade material do delito pela aplicação do princípio da insignificância. 4. Ordem de habeas corpus concedida para reconhecer a atipicidade da conduta imputada ao paciente, com o restabelecimento do juízo de rejeição da denúncia exarado pelo magistrado de primeiro grau. (HC 136984 – Órgão julgador: Primeira Turma – Relator(a): Min. ROSA WEBER – Julgamento: 18-10-2016 – Publicação: 15-03-2017).

PENAL. HABEAS CORPUS. CRIME DE DESCAMINHO. VALOR SONEGADO INFERIOR AO FIXADO NO ART. 20 DA LEI 10.522/2002, ATUALIZADO PELAS PORTARIAS 75/2012 E 130/2012 DO MINISTÉRIO DA FAZENDA. PRINCÍPIO DA INSIGNIFICÂNCIA. APLICABILIDADE. PRECEDENTES. ORDEM CONCEDIDA. I – O paciente foi denunciado pela suposta prática do crime dedescaminho (art. 334, *caput*, do Código Penal), por introduzir no território nacional mercadorias de origem estrangeira sem a devida documentação fiscal, deixando de recolher tributos que totalizaram a quantia de R$ 2.526,35 (dois mil, quinhentos e vinte e seis reais e trinta e cinco centavos), não constando dos autos ações penais contra o paciente, situação que demonstra não se tratar de criminoso habitual. II – Nos termos da jurisprudência deste Tribunal, o princípio da insignificância deve ser aplicado ao delito de descaminho quando o valor sonegado for inferior ao estabelecido no art. 20 da Lei 10.522/2002, atualizada pelas Portarias 75/2012 e 130/2012 do Ministério da Fazenda. II – Ordem concedida para restabelecer a sentença de primeiro grau que rejeitou a denúncia, "diante da atipicidade da conduta, com base no art. 395, inciso III (ausência de justa causa para o exercício da ação penal), do Código de Processo Penal". (HC n. 136.958/RS, Ministro Ricardo Lewandoswi, Segunda Turma, julgado em 4-4-2017, *DJe* 27-4-2017).

Essa orientação também foi seguida pelo STJ, tanto em relação ao *crime de descaminho* como em relação a todos os débitos inscritos na Dívida Ativa da União. Destaque-se que a matéria foi apreciada pela Terceira Seção, sob a sistemática dos recursos repetitivos, e resultou na edição do Tema 157, o qual já se encontra atualizado, com a fixação da seguinte tese: "Incide o princípio da insignificância aos crimes tributários federais e de descaminho quando o débito tributário verificado não ultrapassar o limite de R$ 20.000,00 (vinte mil reais), a teor do disposto no art. 20 da Lei n. 10.522/2002, com as atualizações efetivadas pelas Portarias 75 e 130, ambas do Ministério da Fazenda".

Esse limite não se aplica, contudo, ante a prática de *contrabando*, na medida em que o sentido da incriminação não seria o mesmo em face da potencialidade lesiva da comercialização de produtos proibidos.

## 14. Questões especiais

Se há facilitação do contrabando ou descaminho por funcionário alfandegário, que infringe *dever funcional*, responderá esse funcionário pelo delito do art. 318 do CP.

O *caput* e as formas equiparadas dos §§ 1º e 2º do art. 334 admitem a suspensão condicional do processo em razão da pena mínima abstratamente cominada – igual a um ano.

Tratando-se, entretanto, de mercadorias de valor de pouca expressão econômica, a infração não se caracteriza, ante o *princípio da insignificância,* que afasta a tipicidade.

Destaque-se, ainda, que, diante do tenebroso cenário jurisprudencial que inviabiliza a *extinção da punibilidade*, pelo pagamento, abre-se a possibilidade, em caso de caracterização da tentativa quanto a modalidade de descaminho prevista no *caput*, ou de alguma das formas equiparadas estipuladas nos §§ 1º e 2º do art. 334, de *negociação de acordo de não persecução penal*, segundo o estabelecido no novo art. 28-A do CPP.

## 15. Pena e ação penal

A pena cominada, isoladamente, é a reclusão, de um a quatro anos. Para a forma majorada do § 3º, incidente quando o descaminho é praticado em transporte aéreo, marítimo ou fluvial, que alguns doutrinadores falam em figura *qualificada* (embora não apresente novos limites mínimo e máximo da pena cominada), a pena aplica-se *em dobro*.

A ação penal, como em todos os crimes contra a Administração Pública, é de natureza *pública incondicionada*, e é da competência da Justiça Federal, porque o imposto a ser recolhido destina-se à

União, afora o fato de que, na maioria das vezes, tais ocorrências acontecem em região alfandegária, com a fiscalização de agentes federais. Nesse sentido, ademais, consta da Súmula 151: *A competência para o processo e julgamento por crime de contrabando ou descaminho define-se pela prevenção do Juízo Federal do lugar da apreensão dos bens.*

# Referências bibliográficas

ASSIS, Augusto. A responsabilidade penal dos sócios e Administradores no âmbito dos delitos tributários. In: BOSSA, Gisele Barra (coord.), Marcelo Almeida Ruivo. *Crimes Contra a Ordem Tributária*. Almedina Brasil. Edição do Kindle, p. 673-699.

BADARÓ, Gustavo Henrique. *Processo penal* [livro eletrônico]. 4. ed. São Paulo: Thomson Reuters Brasil, 2018; 6. ed., 2020.

BAJO FERNÁNDEZ, Miguel; FEIJOO SÁNCHEZ, Bernardo e GÓMEZ-JARA DÍEZ, Carlos. *Tratado de responsabilidad penal de las personas jurídicas*. 2 ed. Madrid: Civitas-Thomson Reuters, 2016.

BAJO, Miguel; BACIGALUPO, Silvina. *Derecho Penal económico*. 2. ed. Madrid: Editorial Universitaria Ramón Areces, 2010.

BITENCOURT, Cezar Roberto. *Juizados Especiais Criminais e alternativas à pena de prisão*. 3. ed. Porto Alegre: Livr. do Advogado Ed., 1997.

BITENCOURT, Cezar Roberto. Aspectos procedimentais e político-criminais dos crimes disciplinados na nova lei falimentar, *Revista do Ministério Público Catarinense*, Florianópolis, v. 7, p. 119-144, 2005.

BITENCOURT, Cezar Roberto. *Tratado de Direito Penal:* parte geral. 28. ed. São Paulo: Saraiva, 2022. v. 1.

BITENCOURT, Cezar Roberto. *Tratado de Direito Penal:* parte especial. 22. ed. São Paulo: Saraiva, 2022. v. 2.

BITENCOURT, Cezar Roberto. *Tratado de Direito Penal:* parte especial. 18. ed. São Paulo: Saraiva, 2022. v. 3.

BITENCOURT, Cezar Roberto. *Tratado de Direito Penal:* parte especial. 16. ed. São Paulo: Saraiva, 2022. v. 4.

BITENCOURT, Cezar Roberto. *Tratado de Direito Penal:* parte especial. 16. ed. São Paulo: Saraiva, 2022. v. 5.

BITTAR, Walter Barbosa. *As condições objetivas de punibilidade e as causas pessoais de exclusão da pena*. Rio de Janeiro: Lumen Juris, 2004.

BOBBIO, Norberto. *Teoria do ordenamento jurídico*. Brasília: UnB, 1995.

BRITO, Michelle B. Delação premiada e criminalidade organizada: uma análise da política criminal expressa na Lei n. 12.850/2013 sob a perspectiva da criminologia. *Revista Eletrônica de Direito Penal e Política Criminal – UFRGS*, v. 4, n. 1, 2016.

BUSATO, Paulo César. *Direito Penal: parte geral*. São Paulo: Atlas, 2013.

CARRARA, Francesco. *Programa de Derecho Criminal*: parte especial. 4. ed. Bogotá: Editorial Temis, 1978. v. 9 (v. VII).

CARVALHO, Márcia Dometila Lima de. *Crimes de contrabando e descaminho*. São Paulo: Saraiva, 1983.

CARVALHO, Paulo de Barros. *Curso de Direito Tributário*. 13. ed. São Paulo: Saraiva, 2000.

CERVINI, Raul. Macrocriminalidad económica – apuntes para una aproximación metodológica. *Revista Brasileira de Ciências Criminais*, 11/77, 1995.

CORCOY BIDASOLO, Mirentxu. *El delito imprudente*. Criterios de imputación del resultado. Montevideo/Buenos Aires: B de F, 2005.

COSTA JR., Paulo José da. *Comentários ao Código Penal*. 6. ed. São Paulo: Saraiva, 2000.

COSTA JR., Paulo José da; DENARI, Zelmo. *Infrações tributárias e delitos fiscais*. 4. ed. São Paulo: Saraiva, 2000.

DOTTI, René Ariel. A incapacidade criminal da pessoa jurídica. *Revista Brasileira de Ciências Criminais*, 11/201, 1995.

EISELE, Andreas. A reparação do dano no Direito Penal Tributário. In: SALOMÃO, Heloisa Estellita (Coord.) *Direito penal empresarial*. São Paulo: Dialética, 2001.

ESTELITTA, Heloisa. *Responsabilidade penal de dirigentes de empresas por omissão:* estudo sobre a responsabilidade omissiva imprópria de dirigentes de sociedades anônimas, limitadas e encarregados de cumprimento por crimes praticados por membros da empresa. São Paulo: Marcial Pons, 2017.

FELICIO, Guilherme Lopes. Compliance e autorresponsabilidade penal da pessoa jurídica: o modelo espanhol como referência para o Brasil. In: *Revista Liberdades*. IBCCRIM. São Paulo, v. 11, n. 29, jan./jun. 2020. Disponível em: ibccrim.org.br. Acesso em: 6 jan. 2023.

FÖPPEL, Gamil; SANTANA, Rafael de Sá. *Crimes tributários*. 2. ed. Rio de Janeiro: Lumen Juris, 2010.

FRAGOSO, Heleno Cláudio. *Lições de Direito Penal*. Rio de Janeiro: Forense, 1981. v. 2.

FRISCH, Wolfgang. *Comportamiento típico e imputación del resultado*. Trad. de la edición alemana (Heidelberg, 1988) por Joaquín Cuello Contreras e José Luis Serrano González de Murillo. Madrid: Marcial Pons, 2004.

GARCIA, Basileu. *Instituições de Direito Penal*. 4. ed. São Paulo: Max Limonad, 1976. v. I, t. 2.

GOMES, Luiz Flávio. *Crimes previdenciários*. São Paulo: Revista dos Tribunais, 2001.

GÓMEZ-JARA DÍEZ, Carlos. ¿Imputabilidad de las personas jurídicas? In: FERNÁNDEZ, Miguel Bajo; BARREIRO, Agustín Jorge; GONZÁLEZ, Carlos Suárez (Eds.). *Libro Homenaje a D. Gonzalo Rodríguez Mourullo*. Madrid: Civitas, 2005.

GÓMEZ-JARA DÍEZ, Carlos. *La culpabilidad penal de la empresa*. Madrid: Marcial Pons, 2005.

GÓMEZ-JARA DÍEZ, Carlos. Responsabilidad penal de todas las personas jurídicas? Una antecrítica al símil de la ameba acuñado por Alex van Weezel. *Revista Política Criminal*, v. 5, n. 10, p. 455-475, Dec. 2010. Disponível em: www.politicacriminal.cl/Vol_05/n_10/Vol5N10D1.pdf. Acesso em: 5 mar. 2012.

GRECO, Luís; LEITE, Alaor; TEIXEIRA, Adriano e ASSIS, Augusto. *Autoria como domínio do fato:* estudos introdutórios sobre o concurso de pessoas no direito penal brasileiro. São Paulo: Marcial Pons, 2014.

HASSEMER, Winfried. *Persona, mundo y responsabilidad.* Bases para una teoría de la imputación en Derecho Penal. Trad. do alemão para o espanhol de Francisco Muñoz Conde. Valencia: Tirant Lo Blanch, 1999.

HASSEMER, Winfried. *Três temas de Direito Penal.* Porto Alegre: Publicações Fundação Escola Superior do Ministério Público, s/a.

HEINE, Günter. La responsabilidad penal de las empresas: evolución internacional y consecuencias nacionales. *Anuario de Derecho Penal de la Universidad de Friburgo*, 2005. Disponível em: http://www.unifr.ch/derechopenal/anuario/96/hei96.html. Acesso em: 5 mar. 2012.

HUNGRIA, Nelson. *Comentários ao Código Penal.* Rio de Janeiro: Forense, 1979.

HUNGRIA, Nelson. *Comentários ao Código Penal.* 5. ed. Rio de Janeiro: Forense, 1980. v. 6.

HUNGRIA, Nelson. *Comentários ao Código Penal.* 5. ed. Rio de Janeiro: Forense, 1980. v. 7.

HUNGRIA, Nelson. *Comentários ao Código Penal.* 5. ed. Rio de Janeiro: Forense, 1981. v. 8.

IGLESIAS RÍO, Miguel Ángel. *La regularización fiscal en el delito de defraudación tributaria.* Valencia: Tirant Lo Blanch, 2003.

JAKOBS, Günter. *Estudios de Derecho Penal.* Madrid: Civitas, 1997.

JESUS, Damásio Evangelista de. *Direito Penal:* parte geral. 19. ed. São Paulo: Saraiva, 1995. v. 1.

JIMÉNEZ DE ASÚA, Luiz. *Principios de Derecho Penal:* la ley y el delito. Buenos Aires: Abeledo-Perrot, 1990.

LOPES JR., Aury. Direito Processual Penal. 17. ed. São Paulo: Saraiva, 2020. Edição do Kindle.

MACHADO, Hugo de Brito. *Curso de Direito Tributário.* 19. ed. São Paulo: Malheiros, 2001.

MACHADO, Hugo de Brito. Responsabilidade penal no âmbito das empresas. In: SALOMÃO, Heloisa Estellita (Coord.). *Direito Penal empresarial.* São Paulo: Dialética, 2001.

MACHADO, Hugo de Brito. *Estudos de Direito Penal Tributário.* São Paulo: Atlas, 2002.

MANZINI, Vincenzo. *Trattato di Diritto Penale italiano.* Torino, 1948.

MARAVER GÓMEZ, Mario. *El principio de confianza en Derecho Penal.* Un estudio sobre la aplicación del principio de autorresponsabilidad en la teoría de la imputación objetiva. Navarra: Civitas, 2009.

MARÍN DE ESPINOSA CEBALLOS, Elena B. *Criminalidad de empresa.* La responsabilidad penal en las estructuras jerárquicamente organizadas. Valencia: Tirant Lo Blanch, 2002.

MARTÍNEZ BUJÁN-PÉREZ, Carlos. El delito de defraudación tributaria. *Revista Penal*, n. 1, p. 55-66, 1998.

MARQUES, Frederico. *Tratado de Direito Penal*. Campinas: Millenium, 1999. v. 3.

MIR PUIG, Santiago. *Derecho Penal:* parte general. 8. ed. Barcelona: Reppertor, 2010.

MONTEIRO, Antônio Lopes. *Crimes contra a previdência social*. São Paulo: Saraiva, 2000.

MONTEIRO, Luciana de Oliveira. Codelinquência e criminalidade empresarial: análise crítica do Direito Penal espanhol na atribuição de responsabilidade penal individual e coletiva. In: FÖPPEL, Gamil (Org.). *Novos desafios do Direito Penal no terceiro milênio*. Estudos em Homenagem ao Prof. Fernando Santana. Rio de Janeiro: Lumen Juris, 2008.

MONTEIRO, Luciana de Oliveira. El fundamento de la autoría mediata y los requisitos de la instrumentalización en los delitos dolosos e imprudentes. *Revista Penal*, v. 29, p. 145-166, 2012.

MONTEIRO, Luciana de Oliveira. Aspectos fundamentais da autoria mediata nos crimes culposos. *Revista Brasileira de Ciências Criminais*, v. 96, p. 97-129, 2012.

MOREIRA, Rômulo de Andrade. A mais nova previsão da delação premiada no Direito brasileiro. *Revista Jus Vigilantibus*. Disponível em: http://jusvi.com/artigos/45546. Acesso em: 19 jan. 2012.

MUÑOZ CONDE, Francisco. *Teoria geral do delito*. Porto Alegre: Sérgio A. Fabris Editor, 1988.

MUÑOZ CONDE, Francisco. *El error en Derecho Penal*. Valencia: Tirant Lo Blanch, 1989.

MUÑOZ CONDE, Francisco. Principios político-criminales que inspiran el tratamiento de los delitos contra el orden socioeconómica en el proyecto de Código Penal español de 1994. *Revista Brasileira de Ciências Criminais*, v. 11, jul./set. 1995.

MUÑOZ CONDE, Francisco. Problemas de autoría y participación en el derecho penal económico, o ¿cómo imputar a título de autores a las personas que sin realizar acciones ejecutivas, deciden la realización de un delito en el ámbito de la delincuencia económica empresarial? *Revista Penal*, n. 9, p. 59-98, 2002.

MUÑOZ CONDE, Francisco. *Derecho Penal:* parte especial. 18. ed. Valencia: Tirant Lo Blanch, 2010.

MUÑOZ CONDE, Francisco; GARCÍA ARÁN, Mercedes. *Derecho Penal:* parte general. Valencia: Tirant Lo Blanch, 2010.

NARDELLI, Marcella Mascarenhas. A expansão da justiça negociada e as perspectivas para o processo justo: a plea bargaining norte-americana e suas traduções no âmbito da civil law. In: *Revista Eletrônica de Direito Processual – REDP.* Volume XIV. ISSN 1982-7636. Periódico da Pós-Graduação Stricto Sensu em Direito Processual da UERJ. Patrono: José Carlos Barbosa Moreira p. 331-365. Disponível em: http://www.e-publicacoes.uerj.br/index.php/redp/index. Acesso em: 6 jan. 2023.

NICOLITT, André. *Manual de Processo Penal.* 10. ed. Belo Horizonte/São Paulo: D'Plácido, 2020.

NIETO MARTÍN, Adan. *La responsabilidad penal de las personas jurídicas.* Un modelo legislativo. Madrid: Iustel, 2008.

NORONHA, Edgard Magalhães. *Direito Penal:* parte especial. São Paulo: Saraiva, 1986. v. 4.

NUCCI, Guilherme de Souza. *Código Penal comentado.* 2. ed. São Paulo: Revista dos Tribunais, 2002.

PÉREZ CEPEDA, Ana Isabel. *La responsabilidad de los administradores de sociedad.* Barcelona: Cedecs, 1997.

PÉREZ CEPEDA, Ana Isabel. Criminalidad de empresa: problemas de autoría y participación. *Revista Penal*, n. 9, p. 106--121, 2002.

PERLINGEIRO, Ricardo. Apropriação indébita tributária? In: MARTINEZ, Wladimir Noaves (Org.). *Temas atuais de previdência social*. São Paulo: LTr, 1998.

PRADO, Luis Regis. *Curso de Direito Penal*. 1. ed. São Paulo: Revista dos Tribunais, 1999.

PRADO, Luis Regis. *Curso de Direito Penal Brasileiro:* parte especial. São Paulo: Revista dos Tribunais, 2010. v. 3.

PRADO, Luis Regis. *Direito Penal econômico*. 4. ed. São Paulo: Revista dos Tribunais, 2011.

RAMIREZ, Bustos. *Manual de Derecho Penal*. 3. ed. Barcelona: Ariel, 1989.

ROSENTHAL, Sérgio. A extinção da punibilidade nos crimes de natureza fiscal após o advento da Lei n. 9.983/2000. In: SALOMÃO, Heloisa Estellita (Coord.). *Direito Penal empresarial*. São Paulo: Dialética, 2001.

ROXIN, Claus. *Política criminal y estructura del delito*. Barcelona: PPU, 1992.

ROXIN, Claus. *Derecho Penal:* parte general, fudamentos. La estructura de la teoría del delito. Trad. e notas de Diego-Manuel Luzón Peña, Miguel Díaz y García Conlledo e Javier de Vicente Remesal. Madrid: Civitas, 1997. t. 1.

ROXIN, Claus. *Problemas fundamentais de Direito Penal*. 3. ed. Lisboa: Codex, 1998.

ROXIN, Claus. *Autoría y dominio del hecho en Derecho Penal*. 7. ed. Trad. Joaquín Cuello Contreras e José Luis Serrano González de Murillo. Madrid/Barcelona: Marcial Pons, 2000.

ROXIN, Inme; LEITE, Alaor e TEIXEIRA, Adriano. Responsabilidade do administrador de empresa por omissão imprópria. In: *Revista Brasileira de Ciências Criminais*. v. 112/2015, p. 61-76, jan./fev. 2015; Doutrinas Essenciais Direito Penal e Processo Penal, v. 2/2019, jan. 2019.

SAUER, Guillermo. *Derecho Penal*. Barcelona: Bosch, 1956.

SCHMIDT, Andrei Zenkner. *Exclusão da punibilidade em crimes de sonegação fiscal*. Rio de Janeiro: Lumen Juris, 2003.

SCHULENBURG, Johanna. Relaciones dogmáticas entre bien jurídico, estructura del delito e imputación objetiva. Trad. Margarita Valle Mariscal de Gante. In: HEFENDEHL, Roland (Ed.). *La teoría del bien jurídico ¿Fundamento de legitimación del Derecho Penal o juego de abalorios dogmático?* Madrid/Barcelona: Marcial Pons, 2007.

SHECARIA, Sérgio Salomão; SARCEDO, Leandro. O atual estágio da responsabilidade penal da pessoa jurídica no Brasil. In: BOSSA, Gisele Barra (Coord.); RUIVO, Marcelo Almeida. *Crimes Contra a Ordem Tributária*. São Paulo: Almedina Brasil, 2020. Edição do Kindle. p. 734-735.

SILVA, Juary C. *Elementos de Direito Penal Tributário*. São Paulo: Saraiva, 1998.

SILVA SÁNCHEZ, J.-M. Responsabilidad penal de las empresas y de sus órganos en Derecho español. In: SÁNCHEZ, Jesús--Maria Silva (Ed.); SCHÜNEMANN, Bernd; DIAS, Jorge de Figueiredo (Coords.). *Fundamentos de un sistema europeo del derecho penal*. Barcelona: Bosch, 1995.

SILVA SÁNCHEZ, J.-M. Criterios de asignación de responsabilidad en estructuras jerárquicas. In: ZAPATER, Enrique Bacigalupo (Dir.). *Empresa y delito en el nuevo Código Penal*. Madrid: Consejo General del Poder Judicial, 1997.

SOLER, Sebastian. *Derecho Penal argentino*. Buenos Aires: TEA, 1976.

STOCO, Rui et al. *Código Penal e sua interpretação jurisprudencial;* parte especial. São Paulo: Revista dos Tribunais, 1997. v. 1, t. 2.

TAVARES, Juarez. *Teoria do injusto penal*. Belo Horizonte: Del Rey, 2000.

TAVARES, Juarez. *Teoria dos crimes omissivos*. São Paulo: Marcial Pons, 2012.

TAVARES, Juarez. *Teoria do crime culposo*. Florianópolis: Empório do Direito, 2016.

TAVARES, Juarez. *Fundamentos de teoria do delito*. Florianópolis: Tirant Lo Blanch, 2018.

TIEDEMANN, Klaus. Responsabilidad penal de personas jurídicas y empresas en derecho comparado. *Revista Brasileira de Ciências Criminais*, número especial, 1995.

TOLEDO, Francisco de Assis, *Princípios básicos de Direito Penal*. 5. ed. São Paulo: Saraiva, 1995; e 5. ed. 10. tir. São Paulo: Saraiva, 2002.

VASCONCELLOS, Vinicius Gomes de. Colaboração premiada no processo penal [livro eletrônico] 3. ed. São Paulo: Thomson Reuters Brasil, 2020; ePUB. 3. ed. em e-book baseada na 3. ed. impressa.

VILLEGAS, Hector. *Direito Penal Tributário*. São Paulo: Resenha Tributária, 1974.

WELZEL, Hans. *Derecho Penal alemán*. Trad. Juan Bustos Ramirez e Sergio Yáñez Pérez. Santiago: Ed. Jurídica de Chile, 1970.

YACOBUCCI, Guillermo J. La conducta típica en la evasión tributaria. (Un problema de interpretación normativa.) In: ALTA-

MARINO, Alejandro C.; RUBINSKA, Ramiro M. (Coords.). *Derecho Penal Tributario*. Madrid/Barcelona/Buenos Aires: Marcial Pons, 2008. t. 1.

ZAFFARONI, Eugenio Raúl. *Manual de Derecho Penal*. 6. ed. Buenos Aires: Ediar, 1991.

ZUGALDIA ESPINAR, José Miguel. Capacidad de acción y capacidad de culpabilidad de las personas jurídicas. *Cuadernos de Política Criminal*, n. 53, p. 613-627, 1994.